Mann mit vielen Köpfen

E. Everett Evans

Writat

Diese Ausgabe erschien im Jahr 2023

ISBN: 9789359254036

Herausgegeben von
Writat
E-Mail: info@writat.com

Inhalt

Kapitel 1

Kadett George Hanlon stand steif da. Doch während sich die langen, langen Minuten hinzogen, merkte er, dass seine Hände, sein Rücken und seine Stirn vom Schweiß der Angst kalt waren. Er versuchte mannhaft, seinen Blick fest auf das emotionslose Gesicht vor sich zu richten, aber es gelang ihm fast nicht.

Die Spannung im Raum wuchs und wuchs und wuchs, bis es schien, als müssten sich sogar die Wände ausbeulen oder die Fenster platzen, um den Druck zu lindern. Der Kadett hatte das Gefühl, dass er es keine Minute länger ertragen konnte, ohne zu schreien. Warum hat dieses Monster nichts gesagt? Was war das überhaupt für eine Folter? Und warum war er überhaupt hier? Ihm fiel kein einziges Register ein, gegen das er verstoßen hatte – doch warum sollte er sonst vor Admiral Rogers, dem gefürchteten Kommandanten der Kadetten, gerufen werden?

Trotz seiner größten Bemühungen, dem Kommandanten auf Augenhöhe zu sein, konnte Hanlon seinen Blick nicht fest auf dieses gefürchtete Gesicht richten. Seine Augen bestanden darauf, immer wieder abzuschweifen, auch wenn er sie immer wieder zurückdrängte. Er erhaschte flüchtige Blicke auf die Dutzenden Kommunikationsstifte und -platten auf dem riesigen Metallschreibtisch. Er sah das Stück Landschaft durch das Fenster scheinen. Er bemerkte die Bilder großer Corps-Helden, die die Wände schmückten. Tatsächlich musste er alles andere als diese langweiligen, teilnahmslosen Augen betrachten, die so fest auf sein eigenes Gesicht gerichtet waren. Wenn er nur seine Nerven so perfekt unter Kontrolle bringen könnte. Wenn er nur wüsste, worum es geht!

An dem großen Wandchronom sah er, dass er bereits seit fünf Minuten in strammer Haltung dastand. Der Sekundenzeiger kroch wieder herum. Sechs Minuten! Es zog sich noch einmal langsam hin und her. Sieben Minuten.

Dann wurde die unerträgliche Stille gnädig von der Stimme des Admirals unterbrochen.

„In mancher Hinsicht, Herr, sind Sie ein ziemlich dummer junger Mann", sagte er. „Ich neige dazu, von dir enttäuscht zu sein."

Hanlon zuckte überrascht zusammen und zwang sich, das rätselhafte Gesicht genauer zu betrachten.

„Was... was meinen Sie, Sir?"

Die strengen Augen bohrten sich immer noch in ihn hinein. Aber jetzt glaubte der Kadett, eine Spur heimlicher Belustigung hinter ihnen entdecken zu können.

„Warum quälst du dich so? Du weißt, wie man herausfindet, worum es geht."

In George Hanlons Kopf herrschte ein flaues Gefühl. Bedeutete das, was er befürchtete?

Er sandte einen zaghaften Fühler des Nachdenkens in Richtung des Geistes hinter diesem ausdruckslosen Gesicht. Er rechnete damit, dass es schwierig werden würde, dies zu tun, da die Fakultät lange nicht in Anspruch genommen worden war. Aber er war erstaunt sowohl über die Leichtigkeit, mit der die Technik zu ihm zurückkehrte, als auch über das Gefühl warmer Freundlichkeit, das er in diesem Geist empfand – fast wie eine Art väterlicher Stolz.

Er ging etwas tiefer und war sich der Gewissheit bewusst, dass er nichts getan hatte, was eine Strafe verdient hätte. Tatsächlich schien es, als könne er genau das Gegenteil spüren.

Er muss seine Erleichterung gezeigt haben, denn das strenge Gesicht des Kommandanten entspannte sich zu einem breiten Lächeln und er lehnte sich in seinem großen Stuhl zurück.

„Das ist besser. Beruhigen Sie sich und setzen Sie sich."

Langsam und ungläubig über die plötzliche Veränderung ließ sich der erstaunte junge Kadett vorsichtig auf die Vorderkante eines Stuhls sinken. Er musste es tun, seine Beine waren plötzlich gummiartig.

„Ich...ich verstehe überhaupt nicht, Sir."

Der Admiral beugte sich vor und sprach eindrucksvoll. „Glauben Sie, Kadett Hanlon, dass wir jeden Mann innerhalb weniger Wochen nach dem Abschluss kommen lassen würden, ohne alles über ihn zu wissen?"

Die Augen des jungen Mannes weiteten sich und seine Hände umklammerten seine Knie, um zu verhindern, dass sie zitterten.

„Oh ja, wir wissen alles über Sie, George Spencer Newton Hanlon", und bei diesem Namen öffneten sich die Augen des Kadetten noch weiter. „Wir wissen um Ihr Talent zum Gedankenlesen als Kind und wie Sie es unterdrückt haben, als Sie älter wurden, und herausgefunden haben, wie es Sie in Schwierigkeiten brachte. Wir wissen alles über die Schande und das Verschwinden Ihres Vaters, den Tod Ihrer Mutter, Ihr Weglaufen, und Ihre Adoption durch die Hanlons , deren Nachnamen Sie angenommen haben.

„Wie... wie haben Sie das alles erfahren, Sir?"

„Das Corps hat seine Eigenheiten. Und deshalb sind Sie jetzt hier. Oh, alle Kadetten des fünften Jahrgangs werden in der kommenden Woche von mir oder meinen Assistenten interviewt, um ihren ersten Auftrag nach dem Abschluss festzulegen. Aber ich habe Sie heute zu sich gerufen ein ganz, ganz besonderer Grund. Und Ihre Fähigkeit, Gedanken zu lesen, gehört dazu."

Der Kadett richtete sich steif auf. „Ich habe das alles hinter mir, Sir, auf jeden Fall!"

Der Kommandant betrachtete ihn einen Moment lang rätselhaft. „Was genau erwarten Sie im Corps, Mister?"

„Na ja, was auch immer ich tun soll, nehme ich an, Sir. Oder was auch immer ich tun kann."

„Und wie weit werden Sie für das Corps gehen?" Der Admiral beugte sich vor und beäugte ihn kritisch.

„Natürlich den ganzen Weg, Sir."

„Glauben Sie nicht, dass ein Corpsman alle seine Fähigkeiten in seinem Dienst einsetzen sollte?" Die Frage wurde ihm entgegengebrüllt.

"Sicherlich." Aber seine Augen zeigten, dass er erkannte, dass er durch dieses Eingeständnis in eine Falle gelockt worden war.

„Sie sind eine der wenigen bekannten Personen, die jemals tatsächlich in der Lage waren, die Gedanken eines anderen zu lesen. Das ist wichtig – sehr wichtig – für das Corps. *Es muss genutzt werden!*"

Hanlons Augen waren immer noch stürmisch, aber er hielt die Lippen fest geschlossen.

Das Gesicht des Kommandanten wurde wieder freundlich. „Wir wissen, wie es dich als Junge in Schwierigkeiten gebracht hat, weil die anderen Kinder es übel genommen haben und dich gemieden oder beschimpft haben, weil du es bei ihnen angewendet hast. Aber jetzt wird es eine große Hilfe für dich sein – und für das Corps. Wir." Seien Sie sich bewusst, dass Sie dieses Talent mit Bedacht einsetzen werden, denn es wurde immer wieder durch einen Test nach dem anderen bewiesen, dass Sie absolut ehrlich sind. Sie haben bei Kartenspielen mehrmals Ihr Taschengeld verloren, obwohl Sie hätten lesen können, welche Karten Ihre Gegner hatten , und so gewonnen. Sie haben sich bei Prüfungsfragen durchfallen lassen, die Sie nicht kannten, obwohl Sie die Antworten im Kopf Ihres Lehrers hätten lesen können."

„Nein, das nicht, Sir", Hanlon schüttelte den Kopf. „Ich konnte nie so spezifische Informationen wie Antworten auf Fragen oder Probleme aus meinem Kopf lesen."

„Ich kann mir vorstellen, dass das kommen wird, wenn Sie anfangen, Ihr Talent reif einzusetzen", zuckte Admiral Rogers gleichgültig mit den Schultern. „Aber im Moment möchte ich sehr ernsthaft über Ihren Auftrag sprechen. Zunächst muss ich jedoch Ihren feierlichsten Eid ablegen, niemals zu verraten, was ich Ihnen sagen werde, denn es ist unser bestgehütetes Geheimnis."

„Ich schwöre beim Andenken meiner Mutter, Sir, niemals etwas preiszugeben, von dem man sagt, dass ich es vertraulich zu behandeln habe."

„Sehr gut. Ich wurde vom Oberkommando beauftragt, Sie zu bitten, dem Geheimdienst des Interstellaren Korps beizutreten."

Kadett George Hanlon holte scharf und erschrocken Luft und erhob sich halb von seinem Stuhl. „Der … der Secret Service, Sir? Ich wusste nicht, dass es einen gibt."

„Ich habe Ihnen gesagt, dass es streng geheim ist", sagte Admiral Rogers eindrucksvoll. „Wir glauben, dass niemand außer der Mitgliedschaft in diesem Dienst und Offizieren im Rang eines Konteradmirals oder höher etwas über seine Existenz weiß."

Der junge Kadett saß schweigend da, den Blick auf die Spitzen seiner polierten Stiefel gerichtet, als sähe er dort die Antwort auf diese erstaunliche neue Situation, die ihm ins Bewusstsein gedrängt worden war.

Das war alles so völlig unvorhergesehen. Natürlich hatte er davon geträumt, im Corps große Taten zu vollbringen, aber eigentlich hatte er zunächst nie damit gerechnet, etwas anderes als Routinearbeiten zu übernehmen. Sein Geist war ein chaotischer Strudel aus Vermutungen. Wie konnte er in eine solche Organisation passen? Warum wurde er ausgewählt? Sicherlich war die Tatsache, dass er als Kind ein Gedankenleser gewesen sein sollte, nicht genug … oder doch nicht, aus ihrer Sicht?

Nach einiger Zeit blickte er auf. „Ich weiß es nicht, denn ich würde einen sehr guten Detektiv abgeben, Sir."

Admiral Rogers warf den Kopf zurück und lachte und löste so die Spannung. „Ich denke, und die Top-Männer des Secret Service, die Sie gründlich studiert haben, auch, dass Sie bald zu einem seiner nützlichsten Mitglieder werden werden."

Das war ein weiterer Schock, aber daraus wuchs Entschlossenheit.

„Sehr gut, Sir, ich werde es versuchen."

„Gut! Aber versuchen Sie es nicht, Hanlon. Sobald Sie dabei sind, ist es lebenslang gültig Sie dazu bringen, Ihre Meinung zu ändern, was Ihnen immer noch freisteht."

Die Kehle des Kadetten schnürte sich zu und er befeuchtete seine Lippen, als er sah, wie das Gesicht des Admirals bedrohlich wurde.

„Ich möchte, dass Sie das sehr ernst nehmen", sagte er langsam und grimmig, und Hanlons forschender Verstand erfasste die Aura der Wichtigkeit in seinem Verhalten. „Nehmen Sie sich Zeit und denken Sie sorgfältig über alle damit verbundenen Aspekte und Konnotationen nach, denn es wird keine leichte Entscheidung sein."

Er hielt eindrucksvoll inne. „Hier ist es, kalt! Du wirst offenbar in Ungnade aus dem Corps entlassen werden müssen. Das ist furchtbar hart, das wissen wir", fügte er schnell und mitfühlend hinzu, als er den bestürzten Ausdruck sah, der das Gesicht des Kadetten erhellte . „Aber wir haben im Laufe der Jahre herausgefunden, dass es der beste Weg ist, SS-Mitglieder für uns wertvoller zu machen. Jeder von ihnen hat das Gleiche durchgemacht, wenn das eine Ermutigung oder ein Trost ist."

Die Stimmung des jungen Hanlon sank auf den absoluten Tiefpunkt. „Nicht... nicht einmal einen Abschluss?" flüsterte er gequält .

„Nicht öffentlich, mit deiner Klasse, nein. Aber du wirst einen privaten Abschluss machen, denn du wirst immer noch Mitglied des Corps sein."

Er schwieg erneut, um dem jungen Mann Zeit zu geben, sich etwas zu erholen, und fuhr dann mit väterlicher Stimme fort. „Wir wissen, dass es ein schrecklicher Preis ist, von einem Mann die Zahlung zu verlangen. Es erfordert Mut, öffentlich und freiwillig der Schande, dem Verlust von Freunden und dem guten Willen von Menschen, die einen kennen, standzuhalten. In den Augen bedeutet das eine lebenslange Schande." der Öffentlichkeit und der Mitglieder des Corps, die Sie jemals gekannt haben oder von Ihnen hören werden.

Das Blut wich aus Hanlons Gesicht, sein Atem ging schnell und rasselnd. Das Herz des Admirals war mitfühlend für ihn, aber er musste weitermachen. Jetzt versuchte er jedoch, den Schlag abzumildern.

„Dennoch gibt es ehrenvolle Belohnungen von denen, die es wissen. Die Jahre, in denen Sie Ihr Leben und Ihre Fähigkeiten dem enormen Dienst der Aufrechterhaltung von Frieden und Sicherheit für die gesamte Menschheit der gesamten Föderation der Planeten gewidmet haben, werden Ihnen eine tiefe Befriedigung bereiten Die SS tut mehr, um diesen Frieden zu wahren als der Rest des Korps. Daher sind diese Dinge nach der Einschätzung derjenigen, die das durchgemacht haben, jeden Schmerz und jede Demütigung wert, die sie ertragen müssen."

Sein Ton war so freundlich, dass Hanlon ein gewisses Maß an Trost im Aussehen und der Haltung des Offiziers vor ihm fand, der nun plötzlich kein gefürchteter Oger und Martinet mehr war, sondern ein freundlicher, väterlicher, verständnisvoller Freund.

George Hanlon saß mit gesenktem Blick da und dachte schnell, aber schlüssiger nach, als er es jemals zuvor getan hatte. Er war trotz seiner zweiundzwanzig Jahre noch als Junge in diesen Raum gekommen. Jetzt wurde er plötzlich zum Mann gezwungen.

Als solch ein Erwachsener erkannte er schnell, dass dies der entscheidende Punkt in seinem bisherigen Leben war – wahrscheinlich in all den kommenden Jahren. Aber den Respekt und die Freundschaft aller, die er kannte, zu verlieren – es schauderte ihn. Zu verachten, ein Ausgestoßener!

Doch Admiral Rogers sagte, alle SS-Männer hätten es durchgemacht und seien nun der Meinung, dass es all den Schmerz und die Schande wert sei, die Arbeit tun zu können, die sie machten.

Er war sein ganzes Leben lang und insbesondere in der Corps-Schule darin geschult worden, alle verfügbaren Daten für und gegen jedes auftretende Problem zu scannen und dann schnell und intelligent eine Entscheidung zu treffen.

Er stand auf und richtete sich entschlossen auf. „Ich werde es trotzdem übernehmen, Sir, wenn Sie und der Generalstab denken, dass ich würdig bin und nützlich sein werde."

Der Admiral erhob sich schnell, ging um den Schreibtisch herum und ergriff mit beiden Händen die Hände des Kadetten. „Ich bin stolz auf dich, mein Junge. Es erforderte echte Charakterstärke, diese Entscheidung zu treffen. Ich bin mir sicher, dass du es nie bereuen wirst, obwohl es Momente geben wird, in denen es dir besonders in der Seele weh tun wird." die ersten paar Tage.

Die Augen des Kadetten trübten sich erneut und er zitterte krampfhaft. „Dieser Teil hat mich in den Wahnsinn getrieben, kein Narr. Glaubst du, ich kann es aushalten und die Show nicht verraten?"

Wieder ertönte das herzliche, freundliche Lachen des Kommandanten und erfüllte das Büro mit Heiterkeit und ehrlichem Stolz. „Bei Snyder, das wirst du, Sohn, wie ein Vollblut!" Er kehrte hinter den großen Schreibtisch zurück und war plötzlich wieder der strenge Disziplinarist. „Kadett Hanlon, ‚ten-shun!'" er bellte.

Der junge Mann stand starr da.

„Heben Sie Ihre rechte Hand. Schwören Sie vor der Unendlichen Essenz, mit all Ihren Fähigkeiten das Interstellare Korps und die Gesetze und Entscheidungen der Vereinigten Planeten aufrechtzuerhalten?"

„Bei meiner Ehre, Sir, und mit Gottes Hilfe gelobe ich dem Interstellaren Korps und den Menschen und Regierungen aller Vereinigten Planeten Treue!"

Hanlon kam zu einem pünktlichen Gruß, den Admiral Rogers ebenso präzise erwiderte, bevor er seinen Platz wieder einnahm.

„Senior Lieutenant George Hanlon, entspannt."

Er grinste freundlich über die Überraschung des jungen Mannes. „Beförderungen im Geheimdienst gehen schnell vonstatten, Hanlon. Gehen Sie jetzt durch diese Tür. Dort treffen Sie Ihren unmittelbaren Vorgesetzten, der Ihnen Anweisungen geben wird. Und Hanlon, meine aufrichtigsten persönlichen Glückwünsche. Gute Flüge, Lieutenant."

„Vielen Dank, Herr, für alles."

Kapitel 2

Oberleutnant George Hanlon öffnete die vorgesehene Tür und betrat das nächste Büro. Ein grauhaariger Mann, der die Zwillingskometen eines Regionaladmirals trug, saß hinter einem Schreibtisch und studierte einige Papiere. Er saß weiterhin so da, die Papiere so gehalten, dass sie sein Gesicht verdeckten, offenbar war er so in seine Arbeit vertieft, dass er nicht bemerkt hatte, dass jemand eintrat.

Aber Hanlon wusste es instinktiv besser und stand stramm da und wartete auf das Vergnügen des anderen. Bald ließ der Mann die Papiere sinken ... und Hanlon schnappte nach Luft.

„Da...". Sein Mund klappte zu, und seine Augen wurden schnell feindselig, als er sich an den Hass erinnerte, den er all diese Jahre diesem Mann gegenüber hegte. Er wollte davonlaufen, aber seine tief verwurzelte Disziplin fesselte ihn an der Stelle. Allerdings war seine Stimme sehr kalt, als er sprach. „Oberleutnant George Hanlon meldet sich, Sir."

Der große Mann war eine verblüffend ältere Ausgabe des neu ernannten Leutnants, nur grau, wo letzterer blond war, und überzeugt durch lange, bittere Erfahrung, während der andere noch unerprobt war. Jetzt stand er auf und quittierte den Gruß.

„Beruhigen Sie sich. Ich kann mir Ihre Überraschung vorstellen, mich zu sehen." Und wenn sein Gesicht beim Anblick des unversöhnlichen Hasses in den Augen und im Verhalten seines Sohnes einen verletzten Ausdruck zeigte, konnte man es ihm nicht verübeln. „Allerdings denke ich, dass Ihre Erfahrung der letzten Stunde Sie auf meinen Anblick in Uniform vorbereitet hat. Ja", als er die plötzliche Überraschung in den Augen des jungen Mannes sah, „war das der Grund für meine offensichtliche Schande. Ich hoffe, Sie." Ich werde es mir verzeihen, jetzt, wo du weißt, warum es notwendig war.

„Natürlich", steif und gewissenhaft, „nur", seine Augen waren immer noch hart und stürmisch, „war es wichtig genug, um Mutter das Herz zu brechen?"

Die Stimme des älteren Mannes wurde sanft und zitterte vor echter Emotion. „Du und alle mussten das glauben, Spence, all die Jahre. Ich habe gebeterfüllt auf den Tag gewartet, an dem ich es dir erklären konnte. Ich kann dir versichern, mein Sohn", mit aller Aufrichtigkeit, die seine Stimme vermitteln konnte, „das." sie ist nicht an einem gebrochenen Körper gestorben ..."

„Ich weiß, wette ... "

„Du weißt es nicht besser!" unterbrach sein Vater streng. „Bitte warten Sie, bis ich mit der Erklärung fertig bin. Nein, Spence", seine Stimme war ruhig, nachdrücklich, aber jetzt sanfter, fast flehend. „Sie wusste es und stimmte zu. Deine Mutter war eine der größten Heldinnen der Welt."

Hanlon stand immer noch steif da, aber jetzt trübten sich seine Augen vor gemischten Gefühlen, bei denen Zweifel überwogen. Sein Geist berührte den seines Vaters und er schien dort die Wahrheit zu lesen. Aber konnte er das jetzt glauben ... nach all diesen schrecklichen Jahren?

„Eigentlich", fuhr sein Vater fort, „war deine Mutter ein Opfer von Multipler Sklerose geworden. Als wir erfuhren, dass sie weniger als zwei Monate zu leben hatte, sprach ich mit Erlaubnis des Corps mit ihr über meinen Einstieg in den Geheimdienst." . Da ihr Tod so nahe war, konnte es überzeugend umgesetzt werden. Sie glaubte, Sie würden es eines Tages verstehen und zustimmen, stimmte sie zu. Es tut mir furchtbar leid für alles, was Sie in den vergangenen Jahren ertragen mussten. Ich bitte noch einmal um Vergebung."

Während sein Vater redete, verloren Hanlons Augen und sein Herz allmählich ihre Härte, und am Ende rannte er vorwärts und ergriff die Hände des anderen.

„Oh, Papa, es tut mir so leid. Ich habe es gehasst, dich zu hassen. Ohne die langen Gespräche, die Pa und Ma Hanlon mit mir geführt hätten, glaube ich nicht, dass ich jemals in die Kadettenschule gegangen wäre." ."

Der ältere Mann umarmte seinen Sohn hungrig.

„Glaub mir, Spence, es war auch nicht einfach für mich. Aber ich habe dich nicht wirklich im Stich gelassen, auch wenn es so scheinen musste. Ich weiß, wo immer du warst, alles, was du getan hast. Das hast du." Ich wurde ständig bewacht. Ich habe Ihre Adoption durch die Hanlons arrangiert – er war ein pensionierter Corpsman, wissen Sie – und ich habe Ihre Kosten bezahlt. Wissen Sie, ich liebe meinen Sohn wirklich sehr."

„Und ich habe meinen Vater auch so geliebt. Deshalb hat es wehgetan ... sagen wir, jetzt kann ich meinen Namen wieder ändern, nicht wahr? Die Hanlons sind beide gestorben, seit ich mit der Kadettenschule angefangen habe, wissen Sie."

„Nun... nein, vorerst denke ich nicht. Du bist jetzt allgemein als ‚Hanlon' bekannt, und du solltest es besser dabei belassen, zumindest vorerst. Allerdings wirst du Bedarf dafür finden in diesem neuen Job von Zeit zu Zeit einen Pseudonym – dann können Sie ihn verwenden. Ich werde auf jeden Fall stolz sein, wenn Sie wieder meinen Namen tragen."

Aber beide Männer scheuten sich davor, ihre Emotionen offen zum Ausdruck zu bringen, und Hanlon wich einen Schritt zurück.

„Wie kommt es, dass ich Sie hier noch nie in der Nähe der Gebäude oder des Geländes gesehen habe?"

„Niemand sieht mich jemals in Uniform, außer in diesem oder einem anderen Stützpunktbüro zu besonderen Anlässen. Draußen bin ich immer verkleidet. Wenn ich in ein Reservat komme , bin ich ein bärtiger Hausmeister oder so etwas. Das werden Sie bald erfahren. " verkleide dich selbst.

Dann wurde er ganz geschäftstüchtig und sein Gesicht wurde ernüchtert, als er zu seinem Schreibtisch zurückkehrte.

„Setzen Sie sich, Lieutenant. Es gibt Ihnen viel zu sagen, und Sie müssen genau aufpassen und alles in diesem einen Interview erfahren, denn zu diesem Zeitpunkt kann es kein weiteres geben. Es würde zu viel Aufmerksamkeit erregen, als dass Sie es wären." habe hier mehr als einmal angerufen.

Er lächelte wieder mit einem warmen, väterlichen Stolz. „Zuerst möchte ich Ihnen offiziell zu Ihrer Entscheidung gratulieren und Sie herzlich im Secret Service willkommen heißen."

Hanlon verbeugte sich anerkennend, dann setzte er sich und beugte sich aufmerksam vor. „Ich werde versuchen, alles zu bekommen, Sir."

„Zuerst die Angelegenheit Ihrer Entlassung. Sie wird irgendwann in den nächsten Tagen erfolgen, aber nicht einmal ich weiß im Voraus, wann oder wie sie erfolgen wird. Ein auf Terra unbekannter SS-Mann wird hinzugezogen, um sich um ihn zu kümmern." Aber wenn es kommt, werden Sie es fast sofort erkennen, und Sie müssen es groß herausstreichen. Lassen Sie nicht zu, dass Sie vermuten oder wissen, dass es alles andere als echt ist. Sie müssen Ihre Mitstudenten beeindrucken, und an alle anderen, die Sie kennen oder später erfahren, dass es real war und dass es Sie für alle Zeiten im Corps, in allen Gesetzen, in der Ordnung und in der Regierung verärgert hat.

Der junge Mann nickte, sagte aber nichts, denn seine Kehle war verstopft und seine Stimmung zitterte bei dem Gedanken an diese öffentliche Schande. Er war hier so stolz gewesen ... wie konnte er es ertragen, alles aufzugeben? Vielleicht war er ein Narr, jemals zugestimmt zu haben.

Aber der Admiral machte weiter. Er schob einen Stapel Geldscheine über den Schreibtisch. „Hier sind tausend Credits. Damit können Sie nach Ihrer Entlassung Zivilkleidung und Ausrüstung kaufen. Kaufen Sie auch ein paar Aktien – der Betrag oder Wert spielt keine Rolle. Schließen Sie eine kleine Versicherungspolice ab. Ja", als er die seines Sohnes sah fragender Blick: „Es gibt einen Grund."

„Nachdem Sie Ihre Kleidung und Sachen besorgt und Ihre Uniform abgelegt haben, mieten Sie ein Hotelzimmer, gehen Sie dann zur Inter-Stellar-Bank und mieten Sie ein Schließfach. Das ist eines der ersten Dinge, die Sie in jeder Stadt auf jedem Planeten tun." die Ihnen möglicherweise im Auftrag zugesandt werden. Hier sind zwei Schlüssel, die in die Box Nr. 1044 in allen IS-Banken passen. Es handelt sich um spezielle Hauptschlüssel, die wir selbst entworfen haben. Box 1044 wird wegen seiner Nähe zu diesen Privatkabinen in der verwendet Universelles Setup, das alle IS-Banken verwenden. Diese Box ist unser Mittel zur vertraulichen Kommunikation.

„Nachdem Sie den Tresor betreten haben, angeblich um in Ihre eigene Kiste zu gelangen, öffnen Sie mit diesen die Kiste 1044. In jeder Kiste 1044 befindet sich ein kleines elektronisches Gerät. Wenn Sie sofortigen Service für alles wünschen, was Sie in die Kiste legen, drücken Sie den roten Knopf an Der Mechanismus. Gehen Sie ein paar Stunden später noch einmal zurück und es wird erledigt sein. Wenn Sie also jetzt zur Bank kommen, hinterlassen Sie dort einen Zettel mit der Nummer Ihres Hotelzimmers und auch Ihrer neuen Schlüsselnummer für die Kaution. Kommen Sie in ein paar Tagen wieder Stunden und Sie werden einen Schlüssel finden, auf dem Ihre Boxnummer eingeprägt ist, der aber beide Boxen öffnet. Lassen Sie dann Ihren alten Schlüssel und einen davon in 1044 und tragen Sie den anderen und den neuen bei sich.

„Oh, ich verstehe. Die Aktien und die Versicherungspolice in meiner eigenen Kiste sind Lockvögel, nicht wahr?"

„Richtig. Du legst alle deine Berichte ins Feld 1044 und erhältst dort deine Bestellungen. Wir alle nutzen die Nummer 1044, also durchsuche einfach die Umschläge nach Briefumschlägen, auf denen dein Name steht. Derselbe Schlüssel verschließt auch den Schallschutz und den Spionageschutz Sie sind in einer Kabine im Tresorraum untergebracht, damit niemand, nicht einmal ein anderer SS-Mann, Sie unterbrechen kann, es sei denn, Sie möchten sie hereinlassen.

„Meine eigene Box für Lockvögel; 1044 für Serviceangelegenheiten; Schlüssel passt sowohl für Boxen als auch für Kabinen; roter Knopf für schnellen Service. Ja, Sir."

„Wenn Sie in eine neue Stadt oder auf einen neuen Planeten kommen, geben Sie dort so schnell wie möglich Ihre lokale Adresse an. Das ist Ihr einziger sicherer Ansprechpartner. Außerdem finden Sie in jeder Kiste immer ziemlich viel Geld. Sie nehmen, was Sie brauchen." für Spesen und erhalten Sie auf diese Weise Ihr Gehalt. Wenn Ihr Job zu irgendeinem Zeitpunkt mehr erfordert, als in der Box vorgesehen ist, hinterlassen Sie eine Anfrage und drücken Sie den roten Knopf. Es wird sofort mehr gebracht."

„Das ist ein ziemliches Vertrauen, Sir", schluckte Hanlon. „Ich hoffe, ich werde es immer mit Bedacht nutzen."

Sein Vater nickte und lächelte. „Das wirst du, Spence. Wir hätten dich nicht gebeten, dich uns anzuschließen, wenn wir nicht sicher wären. Als dein Vater bin ich mächtig stolz, dich als Sohn zu haben. Als stellvertretender SS-Chef bin ich mir sicher." wird uns eine Ehre sein.

„Jetzt", wieder ganz geschäftlich, „werden ein Schlaflehrer und einige Rollen mit der Sprache und anderen Informationen über Simonides Vier auf Ihr Hotelzimmer geliefert. Simonides Vier ist Ihr erster Auftrag. Da ist etwas faul, da waren wir noch nicht." Wir können es herausfinden, aber wir glauben, dass Sie uns einige gute Hinweise geben können.

„Versuchen Sie nicht, es alleine zu bewältigen – besorgen Sie uns einfach Informationen. Und, mein Sohn, nutzen Sie Ihr Talent, Gedanken zu lesen. Ich habe über die Gegensprechanlage alles gehört, was Sie zu Rogers gesagt haben, und das war zwar nicht der einzige Grund, warum Sie gefragt wurden Die SS, glauben Sie mir, es wird für Ihre Arbeit mit uns enorm wichtig sein – es wird uns dort helfen, wo kein anderer Agent die erste Kontrollstation erreichen kann. Und ich habe auch das Gefühl, dass Sie beides und vieles mehr entwickeln werden andere geistige Fähigkeiten, sobald Ihr Verstand anfängt, den Ball zu schlagen. Sie werden feststellen, dass in dieser Arbeit jedes einzelne Talent und jede einzelne Fähigkeit, die Sie entwickeln können, nützlich und notwendig sein wird."

„Ja", Hanlon nickte langsam, „das wird mir langsam klar. Ich werde viel üben."

„Was Geld angeht, seien Sie nicht geizig – geben Sie aus, was Sie wollen, und tragen Sie für Notfälle immer etwas bei sich. Lebe gut, wenn auch nicht verschwenderisch, es sei denn, der Anlass deiner Arbeit erfordert es. Nicht um Geld zu sparen, sondern um so zu bleiben." möglichst unauffällig.

„Der Dienst hat an alles gedacht, nicht wahr?" Bewunderung leuchtete in den Augen des jungen Leutnants.

„Sie hatten viele Jahre Zeit dafür, Spence. Jetzt gibt es für Notfälle eine andere Kontaktmöglichkeit. Benachrichtigen Sie jeden Offizier im Rang eines Konteradmirals oder höher oder führen Sie ein Interview mit ihm. Die Worte „ „Andromeda Seven" sind die Passwörter, mit denen er weiß, wer und was Sie sind. Sobald Sie diesen Kontakt hergestellt haben, fordern Sie alles oder jeden Dienst an, der zur Unterstützung Ihrer Arbeit erforderlich ist."

„Ich verstehe, Sir." Hanlon bemühte sich, all dieses neue Wissen schnell durchzugehen. Dann: „Ich bin mir sicher, dass ich alles habe. Besorgen Sie sich zivile Ausrüstung, Hotelzimmer, Vorräte und Versicherungen, Schließfächer – meine eigenen und 1044; Schlaf-Lernen-Simonidean; „Andromeda Seven'."

„Richtig. Jetzt werden Sie sich für ein wenig über den Hintergrund des Secret Service interessieren. Es war John Snyder selbst, der ihn kurz nach der Gründung der Snyder Patrol organisierte. Er erkannte fast sofort, dass es sich um einen so unbekannten Undercover-Agenten handelte Eine Staffel wäre ein Muss. Wir sind normalerweise nicht mehr als zweihundert. Neue Mitglieder werden nur als Ersatz aufgenommen oder wenn ein Corpsman mit einer besonderen Fähigkeit, wie zum Beispiel Gedankenlesen, entdeckt wird.

„Wir arbeiten überall im Weltraum, wenn es nötig ist, aber normalerweise sind immer ein oder zwei von uns auf jedem Planeten der Föderation. Wenn wir keinen besonderen Auftrag haben, sind wir auf einem Planeten, der nicht unsere ursprüngliche Heimat ist, beschäftigt und überprüfen den Hintergrund." von Kadetten oder speziell ernannten Regierungsangestellten, der Bewachung von VIPs und anderen lebenswichtigen Angelegenheiten. Aber was auch immer wir sind oder was auch immer wir tun, wir *sind* das Corps!

„Wir sind mächtig stolz darauf, dass noch nie ein SS-Mann sein Vertrauen missbraucht hat, auch nicht, um sein Leben zu retten. Unsere Arbeit ist äußerst gefährlich, aber wir sind ausnahmslos Männer mit hohen geistigen Fähigkeiten – schnell denkend, klug, und ungewöhnlich geschickt darin, aus schwierigen Situationen herauszukommen. Er verzog freudlos das Gesicht. „Das lernen wir in diesem Geschäft sehr schnell … wenn wir durchhalten.

„Und für uns alle ist unsere gefährliche, unangekündigte und öffentlich nicht anerkannte Arbeit höchst befriedigend. Wir wissen, dass wir die Hüter des Friedens der Föderation sind, auch wenn wir von der Bevölkerung, die uns nicht kennt, keine Heldenverehrung erfahren." existieren."

Hanlon nickte langsam und nachdenklich. „Eines verwirrt mich, Dad. Sie und Admiral Rogers haben beide darüber gesprochen, wie geheim das alles ist, und doch wurde mir die Chance gegeben, einen Rückzieher zu machen, nachdem ich davon erfahren hatte."

Sein Vater grinste. „Mehrere haben das im Laufe der Jahre getan. Sie haben sich einer Behandlung unterzogen, um dieses Wissen aus ihrem Gedächtnis zu löschen." Er stand auf und ging um den Schreibtisch herum zu der Stelle, an der auch sein Sohn aufgestanden war. „Vielleicht sehe ich dich nicht wieder, bevor du gehst, Spence … George, meine ich", lächelte er reumütig, dann hellte sich sein Gesicht auf. „Aber viel Glück, mein Sohn, und bedenke, dass du die Ehre der besten Männer des Universums in deinen Händen hast, und versuche immer, dieses Vertrauens würdig zu sein."

„Das werde ich, Sir", ernst. „Für ein Junges wie mich kommt es mir fast zu viel Verantwortung vor, und ich habe Angst. Aber ich werde mein Bestes geben."

„Gehen Sie es zunächst ruhig an. Versuchen Sie nicht zu viel und begeben Sie sich nicht mehr in Gefahr als nötig, bis Sie sich mit den Grundlagen vertraut gemacht haben, und das wird Ihnen schneller gelingen, als Sie jetzt vielleicht denken. Bei dieser Aufgabe alles Wir bitten Sie, uns einige Hinweise zu verschaffen, an denen wir arbeiten können."

„Richtig! Ich will jetzt nicht zu früh aussteigen. Ich habe noch viel zu tun, um meinen Lebensunterhalt zu verdienen, besonders jetzt, wo ich meinen Vater wieder habe. Ich hoffe wirklich, dass wir es schaffen, uns wiederzusehen ziemlich oft."

„Oh, das werden wir zweifellos, außer wenn der eine oder andere von uns einen längeren Job hat. Wir werden uns – irgendwo – ziemlich oft treffen."

„Wegen diesem Auftrag von mir, Dad. Kannst du mir irgendetwas dafür geben?"

„Sie werden das bekommen, was jeder von uns kennt, von den Rollen, und die neueste Entwicklung aus der Box, wenn Sie bereit sind, loszulegen. Oh ja, ich hätte es fast vergessen. Das Papier, das wir verwenden, ist ein verdaulicher Kunststoff, also machen Sie es." eine Mahlzeit von allen Bestellungen und vertraulichen Mitteilungen, die Sie erhalten. Die Box enthält immer einen Vorrat für Ihre Berichte oder Anfragen nach spezifischen Informationen oder Unterstützung."

„Das spart Geld bei den Futterrechnungen, oder?"

Sein Vater grinste anerkennend, dann wurde er ernüchtert. „Stellen Sie sicher, dass Sie zuerst jeden Schritt verstehen, den Sie machen, und versuchen Sie nicht zu rennen, bis Sie krabbeln können. Nun, sichere Flüge, Spence."

„Auch für dich sichere Flüge, Dad, immer. Und ich möchte, dass du weißt, dass ich so froh bin, dass all diese schrecklichen Missverständnisse und Hassgefühle ausgeräumt wurden."

„Ich habe meinen Jungen auch vermisst. Aber ‚große Belohnungen', wissen Sie."

Mit gemischten Gefühlen aus Hochgefühl und besorgter Angst ging der schnell heranwachsende junge Corpsman langsam durch den wunderschönen Park, der den großen Wolkenkratzer aus rostfreiem Stahl

umgab, in dem die Kadetten während ihrer Ausbildungszeit untergebracht
waren. Seine Gedanken waren ebenso verdreht wie die verschlungenen Pfade
und Spaziergänge, die er so blind beschritt.

Kapitel 3

Als Hanlon seinen Schlafsaal betrat, blickte sein Mitbewohner von seinem Arbeitszimmer auf.

„Was wollte der große Messingbulle, Han?"

„Häh?" Hanlon erwachte aus seiner Gedankenlosigkeit und grinste. „Nichts Wichtiges. Du bist bald wach. Es geht gerade um unsere ersten Aufgaben nach dem Abschluss." Er dachte schnell nach. „... Äh, ich bekomme eine zusätzliche Anleitung zum Steuern und eine Chance, die Kontrollen zu übernehmen."

„Mensch, ich hoffe, sie lassen mich an Codes arbeiten."

Hanlon zuckte mit den Schultern. „Das werden sie wahrscheinlich, Dick. Sie versuchen, uns dort unterzubringen, wo wir am meisten Gutes tun können ", sagte Rogers." Er nahm ein Buch und setzte sich, offenbar fleißig studierend, und der junge Trowbridge nahm seinen eigenen Unterricht wieder auf.

Hanlon begann bei jeder Gelegenheit, sein Gedankenlesen zu üben. Zunächst war er sicher, dass er dabei erwischt werden würde, erinnerte sich aber schnell daran, dass seine Opfer als Kind nie geahnt hatten, dass sie psychisch angegriffen wurden, es sei denn, er erzählte es ihnen oder handelte nachlässig auf die so gesammelten Informationen .

Doch damals war es sein naiver, jungenhafter Stolz gewesen, der ihn dazu gebracht hatte, seinen Spielkameraden gegenüber mit seinen Fähigkeiten zu prahlen und diese zu beweisen, indem er ihnen Dinge erzählte, die er über sie gelernt hatte. All das brachte ihm natürlich viel Ärger und nicht wenige Kämpfe ein und führte zum Verlust all seiner Freunde aus der frühen Kindheit. Deshalb hatte er aufgehört, sein wildes Talent zu nutzen, und war fest entschlossen, es nie wieder zu tun, wie er Admiral Rogers zuerst gesagt hatte.

Aber jetzt wurde ihm klar, dass er es mit allen Fähigkeiten und Fertigkeiten nutzen musste, die er erwerben konnte. Denn dieses Gedankenlesen, was immer er auch tun konnte, war eindeutig sein Spezialgebiet. Die SS würde ihm mit Sicherheit alle Aufträge dort geben, wo sie am besten das bekommen konnte, was sie brauchten – wenn er zeigte, dass er leisten konnte.

Doch Hanlon wusste, dass er mit seiner derzeitigen Ausrüstung wenig ausrichten konnte. Wie er dem Kommandanten auch gesagt hatte, konnte er die Gedanken von niemandem wirklich so weit lesen, dass er bestimmte Formulierungen oder spezifische Informationen erhielt. Aber er konnte ganz klare Sinneseindrücke gewinnen, die ihm halfen, auf die Gedanken des Gegenübers zu schließen.

Er hatte teilweise gelernt – und übte nun mit all seinen Fähigkeiten und erlangte Wissen und Intelligenz, um die Technik zu verbessern und zu perfektionieren – das Aussehen, die Blicke, den Gesichtsausdruck, die Muskelbewegungen, die plötzlichen Verspannungen und so weiter des anderen einzuschätzen. Denn diese, zusammen mit den Stimmungseindrücken und flüchtigen Gedankenfetzen, ermöglichten es ihm, fast mit Sicherheit zu wissen, was der andere zum beobachteten Zeitpunkt tatsächlich dachte.

Später am ersten Abend begann er in der Kaserne ein Kartenspiel und konzentrierte sich darauf, mit dieser Methode zu gewinnen. Es war ihm auch nicht bewusst, dass er sich für ein Spiel mit niedrigen Einsätzen entschieden hat – er wäre einfach nicht auf die Idee gekommen, durch solchen „Betrug" zu versuchen, große Summen zu gewinnen.

Eine Zeit lang gewann er konstant und mühelos. Er konnte nicht wissen, welche Karten seine Gegner hatten, nach Farbe oder Zahl, aber er konnte problemlos erkennen, ob jeder der anderen Spieler der Meinung war, dass er eine schlechte, mittlere oder gute Hand hatte. Indem er entsprechend auf eigene Faust spielte, waren seine Gewinne weitaus größer als seine Verluste. Nachdem er etwa eine Stunde lang bewiesen hatte, dass er es kann, und ihm viel Übung gegeben hatte, verschloss Hanlon seine Gedanken gegenüber ihren Eindrücken. Er spielte seine Karten nun so rücksichtslos aus, dass er bald seinen Gewinn verlor. Dann schied er mit der Begründung aus, lernen zu müssen.

Am nächsten Morgen während des ersten Unterrichts öffnete sich die Tür und Admiral Rogers betrat das Klassenzimmer.

„Ten-meiden!' rief der Lehrer und sprang auf.

„So wie Sie. Ich möchte mir für diesen Tag einen Ihrer jungen Herren ausleihen, Major. Ein VIP ist in der Stadt und wir möchten ihm einen Adjutanten zur Seite stellen." Er schaute sich im Raum um, als wollte er einen Kandidaten ausfindig machen, der ihm wahrscheinlich erschien. „Wie wäre es mit Kadett Hanlon? Braucht er die heutige Lektion besonders?"

„Oh nein, Sir, er ist einer unserer besten Schüler."

Admiral Rogers blickte Hanlon direkt an, der aufmerksam geworden war, als sein Name erwähnt wurde. „In meinem Büro, in voller Galauniform, im Doppelpack."

„Entlassen Sie, Hanlon", sagte der Ausbilder und der Kadett rannte hinaus.

Zehn Minuten später erhielt Hanlon im Büro von Admiral Rogers seine Anweisungen. „Melden Sie sich bei der Simonidean-Botschaft und stellen Sie sich Hector Abrams, dem Ersten Sekretär des Simonidean-Premierministers, zur Verfügung. Aber zuerst hängen Sie sich dieses Zeug an. Dieses Paradeschwert ist etwas ungewöhnlich – die Scheide ist runder als Ihres, aber nicht Das ist deutlich zu erkennen. Es ist wirklich ein Blaster; der Auslöser befindet sich hier am Griff, wenn man ihn anfasst. Setzen Sie die Aguiletten dieses Adjutanten auf – die Metallspitzen sind Polizeipfeifen. Nein", als wir Hanlons fragenden Blick sahen, „erwarten wir heute keinen Ärger." „Das ist nur Routine, denn wir möchten für Notfälle bereit sein."

Hanlon befestigte die geflochtenen Schnüre an seinen Schulterklappen und schnallte das zwanzig Zoll lange Blasterschwert um. Der Admiral berührte einen Schalter auf seinem Schreibtisch und sprach in ein Mikrofon. „Mein Privatwagen, um Kadett Hanlon zur Simonidean-Botschaft zu bringen und dann zurückzukehren."

In der Botschaft meldete sich Hanlon bei der Empfangsdame und wurde mit gebührender Ehrerbietung in eines der Privatbüros geführt, wo er mehreren Männern vorgestellt wurde, darunter dem Sekretär, den er begleiten sollte.

„Ich habe heute einige Besorgungen zu erledigen, aber die erste und wichtigste ist die Grundsteinlegung für unser neues Botschaftsgebäude – dieses ist, wie Sie vielleicht wissen, nur gemietet."

„Ich stehe Ihnen voll und ganz zur Verfügung, Sir", salutierte Hanlon knapp und schloss sich direkt hinter dem beleibten Staatsmann an, als dieser das Gebäude verließ.

Sie fuhren in einem offenen Wagen mit einem uniformierten Chauffeur, die anderen folgten in anderen Wagen. Während sie ritten, untersuchte Hanlon die Gedanken des Staatsmannes, fand aber nur Sorgen und Spannungen, die er klugerweise mit der bevorstehenden Rede und nicht mit dem Gedanken an Intrigen oder illegale Machenschaften zu tun hatte.

Als sie in den griechischen Teil der Stadt kamen, nahm ihr Ritt immer mehr die Züge einer Parade an, wie die Simonideaner erkannten.

Hanlon öffnete seinen Geist weit und versuchte, die Gedankenempfindungen zu analysieren, die er von der Menge empfing. Es war voller Fröhlichkeit und Gutmütigkeit und erinnerte ihn daran, wie sein jungenhafter Geist die Gedanken der Feiertagsmassen im Zirkus, der Feierlichkeiten zum 4. Juli, Picknicks und so weiter interpretierte.

Von dem Moment an, als er die Botschaft zum ersten Mal betrat, hatte Hanlon mit jedem Jota seiner Fähigkeiten nachgeforscht, in der Hoffnung, einen Hinweis auf das zu finden, was das Corps an Simonides beunruhigte, hatte aber nichts Unheimliches oder Bedrohliches gefunden und konnte es auch nicht herausfinden irgendwelche solchen Empfindungen aus der Menge.

Doch nun konzentrierte er sich mehr darauf, die immer dichter werdende Menschenmenge zu beobachten, denn das Auto näherte sich seinem Ziel. Die Gebäude hier waren alle mit simonidischen und griechisch-terranischen Flaggen geschmückt, und die Bevölkerung jubelte nun ununterbrochen. Abrams stand jetzt hinten im Auto und quittierte ihren Beifall lächelnd, indem er sich zur einen und zur anderen Seite verneigte.

Hanlon, der steif stramm da saß, ließ seinen Blick dennoch immer wieder hin und her schweifen und hielt so sorgfältig wie möglich Ausschau nach möglichen feindlichen Demonstrationen oder bedrohlichen Gestalten.

Auf der Baustelle angekommen, wurde Abrams von zahlreichen Würdenträgern begrüßt und unter großem Beifall der versammelten Menge mit viel Pomp zur mit Fahnen geschmückten Tribüne eskortiert.

Der Vorsitzende der Veranstaltung trat an das Lautsprechermikrofon und hob die Hände zum Schweigen. Die Musikkapelle brach mitten in einem Stück ab, der Jubel der großen Menschenmenge ließ nach und nach nach und die Zeremonie begann.

Hanlon, der seinen Posten an einer Ecke des Bahnsteigs eingenommen hatte, schenkte dem Geschehen auf dem Bahnsteig kaum Beachtung, da es ihn weder interessierte noch allzu viel davon verstand, obwohl er ziemlich viel Griechisch konnte. Wieder waren seine Augen damit beschäftigt, sich ständig um die große Menschenmenge und die Umgebung zu kümmern.

Es geschah nichts Bemerkenswertes, bis der Vorsitzende begann, Abrams vorzustellen, und dann begannen Zwischenrufe in der Menge zu rufen:

„Freiheit für die Griechen des Simonides!"

„Imperien sind veraltet; lasst das Volk regieren!"

„Demos für immer!"

Anfangs waren es nur wenige dieser Rufe, aber die Männer, die sie riefen, hatten Lederlongen. Das Gesicht des Vorsitzenden wurde rötlich, und er schwankte ein wenig in seiner Rede, dann erhob er seine eigene Stimme, um die Unterbrechungen zu übertönen.

Andere schrien jetzt, wenn auch immer noch nur wenige, aber trotz ihres Geschreis gingen die Zeremonien weiter, und Abrams, ordnungsgemäß vorgestellt, erhob sich und begann seine vorbereitete Rede.

Hanlon, wachsamer denn je, konnte sehen, wie sich die örtliche Polizei durch die Menge drängte und versuchte, die Zwischenrufer festzunehmen und zum Schweigen zu bringen. Aber von seinem Standpunkt aus sah Hanlon, wie sich letzterer schnell von Ort zu Ort bewegte, teils, um seiner Entdeckung zu entgehen, wie er schnell schlussfolgerte, und teils, um den Eindruck zu erwecken, als würden sich immer mehr Menschen der Demonstration anschließen.

Mit einem Seitenblick sah Hanlon, dass der Sekretär über die Störung verärgert war und dass er errötete, obwohl er tapfer weitersprach. Das große Publikum schenkte ihm große Aufmerksamkeit und musste ihn aufgrund ihres häufigen Jubels interessant gefunden haben.

Plötzlich schien es auf der einen Seite eine entschlossenere Demonstration zu geben, und Hanlon riss seinen Blick davon ab und erinnerte sich an die Worte seines Lehrers:

„Ignorieren Sie bestimmte Ablenkungen an einer Stelle! Überlassen Sie diese der Polizei – Sie müssen dann besonders sorgfältig auf Attentäter achten!"

Sofort war er wachsamer, musterte die gesamte Szene vor ihm sorgfältiger und seine Augen wanderten hin und her.

Ein Glitzern des reflektierten Sonnenlichts von einem nahegelegenen Dach riss seinen Blick nach oben, und als er sah, was er sah, zog er mit einer schnellen, sanften Bewegung sein Blasterschwert, zielte sorgfältig und drückte den Abzug.

Es gab einen Knall der Flammen, und ein Schütze, der halb hinter einem Schornstein versteckt war, schrie, erhob sich halb, dann stürzte er, sein Körper von der Wucht der Explosion verkohlt, vom Dach auf die Straße darunter, wobei sein Gewehr in seine Nähe fiel. Hanlon drehte sich um . „Deckt Abrams!" Seine Stimme erklang befehlend, und er selbst sprang vor den Sekretär, während andere auf der Plattform aufsprangen, um den Simonideaner vollständig zu umzingeln und ihn vor möglicher weiterer Gefahr zu schützen.

Hanlon hob eine der Quastenpfeifen und blies einen durchdringenden Ton. Jetzt konnte er mehrere örtliche Polizisten auf den Bahnsteig rennen sehen, und schon nach wenigen Augenblicken wurde Abrams, umgeben von einer bewaffneten und aufmerksamen Eskorte, in einen wartenden Polizeiwagen gedrängt, der zurück zur Botschaft raste.

Der Simonideaner war bleich und zitterte, verärgert über den Vorfall.

"Warum?" er fragte immer wieder, aber niemand hatte eine Antwort. „Ich bin nicht wichtig genug, als dass irgendjemand töten möchte", schüttelte

Abrams den Kopf. „Dem Volk von Simonides gefällt der Imperiumsstatus –
warum sollte irgendjemand hier auf Terra Einwände erheben?"

„In jeder Menschenmenge tummeln sich immer Spinner", sagte ein
Polizeihauptmann. „Fast jedes Mal, wenn es eine öffentliche Zeremonie gibt,
kommt es zu Ausschreitungen wie dieser. Die meisten von ihnen sind
schlichtweg verrückt – nur ab und zu gibt es jemanden, der das Gefühl hat,
einen echten Kummer zu haben, einen persönlichen."

„Aber bei so vielen Teilnehmern sah es wie geplant aus", wandte Hanlon ein.
„Ich war höher und schaute zu, und ich konnte sehen, wie am Anfang
mindestens ein Dutzend Männer riefen, die alle gleichzeitig anfingen, obwohl
noch viel mehr mitmachten. Es muss eine Art Verschwörung gewesen sein."

Seine Gedanken rasten. War dies Teil dessen, was er zur Untersuchung zu
Simonides geschickt hatte? Er hatte versucht, die Gedanken der Menge zu
erforschen, aber es gab so viele widersprüchliche Gedankenausstrahlungen,
ein solches Wirrwarr von Empfindungen, dass er nicht in der Lage war,
einzelne, individuelle Stimmungen oder Gedanken zu isolieren.

Zurück in der Botschaft schien sich Abrams etwas zu entspannen. Er wandte
sich nun Hanlon zu.

„Mein aufrichtiger Dank, junger Mann, für Ihre Schnelligkeit und
Wachsamkeit bei der Rettung meines Lebens. Ich werde auf ewig dankbar
sein."

Hanlon wedelte abfällig mit der Hand. „Es war meine Aufgabe, Sir. Es tut
mir leid, dass Ihnen der Tag dadurch verdorben wurde."

„Ich verstehe immer noch nicht, warum?" Sagte der Simonideaner langsam,
und Hanlon konnte beim Nachforschen spüren, dass sein Kopf voller
Fragezeichen war. „Ich bin nicht so wichtig. Wenn es der Kaiser gewesen
wäre" – Hanlon spürte den Eindruck von Loyalität und Liebe zu diesem
Würdenträger – „oder sogar dem Minister" – hier spürte er ein Gefühl des
Zweifels und einer gewissen Abneigung –, „könnte es sein." Ich verstehe
nicht, warum ich zu diesem Zweck hierher geschickt werden sollte. Es ist
fast …" Er schwieg, und Hanlons Nachforschungen fanden nur Verwirrung.

„Verrückt!" Der junge Corpsman war frustriert. „Wenn ich nur wirklich
Gedanken lesen könnte! Ich glaube, dieser Typ weiß etwas, was ich lernen
möchte, aber ich bekomme nicht die geringste Vorstellung davon, was es
ist."

Aber er versuchte es weiter, und nicht nur mit dem Geist dieses einen
Mannes, zu dessen Bewachung er hierher geschickt worden war. Er
kontaktierte alle anderen Köpfe im Raum, aber keiner von ihnen schien sich
Gedanken über den Grund dieses unerwarteten Ereignisses zu machen. Es

herrschte vor allem Ärger darüber, dass ihr wunderschönes neues Botschaftsgebäude nicht ordnungsgemäß eingeweiht worden war und ihre Zeremonie ruiniert worden war.

Abrams war in einen Stuhl gesunken, und Hanlon wurde schnell klar, dass er an diesem Tag nicht vorhatte, auch nur eine seiner anderen Besorgungen zu erledigen.

„Wollen Sie mich noch mehr , Sir?" fragte er schließlich nach einer beträchtlichen Zeit unruhigen Herumzappelns . Der Simonideaner brach aus seiner Gedankenlosigkeit aus und stand auf.

„Nein, ich werde zumindest für den Rest des Tages hier bleiben. Sie können genauso gut zu Ihren anderen Pflichten zurückkehren. Nochmals vielen Dank persönlich für die Rettung meines Lebens, und bitte drücken Sie dem Corps meinen Dank für die Entsendung aus. Aber ich kann es immer noch nicht verstehen ..." Er wandte sich murmelnd ab.

Hanlon begrüßte die anderen Mitarbeiter der Botschaft und fuhr auf den Rutschen zurück zum Stützpunkt, wo er Admiral Rogers Bericht erstattete, dem er einen ausführlichen und prägnanten Bericht über alles gab, was geschehen war.

„Was auch immer Herr Abrams und die Polizei denken mögen, ich glaube immer noch, dass alles sorgfältig geplant war", schloss er nachdenklich. „Es war nicht nur ein Mann, denn ich konnte mindestens ein Dutzend sehen. Allerdings", fügte er schnell hinzu, „kann natürlich ein Mann dahinterstecken."

„Zweifellos", sagte der Admiral. „Es bestand die Chance auf so etwas, deshalb habe ich Sie für den Job ausgewählt, in der Hoffnung, dass Sie daraus einige Hinweise gewinnen könnten."

„Ich habe Ihnen gesagt, dass ich bestimmte Gedanken oder Informationen nicht lesen kann", sagte Hanlon. „Wenn Sie und die Führungsspitze mich für die SS ausgewählt haben, weil Sie dachten, dass ich es könnte, sollten Sie mich besser davon entbinden. Ich kann überhaupt nicht in einer Menschenmenge arbeiten, denn da ist so ein Durcheinander von Gedanken-Emanationen, die ich kann." Ich kann sie nicht trennen. Selbst wenn ich mit einem Individuum arbeite , kann ich nur etwas von seinen Gefühlen spüren. Genauso wie jetzt", er grinste freudlos, „du bist enttäuscht, weil ich keine Daten bekommen habe und über mein sogenanntes Gedankenlesen nachdenke." ist alles eine Fälschung.

Der Admiral zuckte fast zusammen. „Na ja, ich bin nicht ...", dann sah er überrascht aus und lachte. „Bei Snyder, das war ich auch!" Er wurde nüchtern. „Aber wenn Sie das können, auch wenn Sie die Worte des

Gedankens nicht wirklich lesen können, werden Sie trotzdem helfen können, da bin ich mir sicher. Nein, Sie lernen weiter. Ich wette, Sie werden es tun." bald in der Lage sein, viel mehr zu tun.

„Das hoffe ich wirklich." Hanlon öffnete langsam die Aiguellettes , nahm Schwert und Gürtel ab und legte sie auf die Ecke des großen Schreibtisches. Als er diese Waffe berührte , wurde ihm plötzlich klar, was er damit angerichtet hatte, und er schauderte, während sein Gesicht weiß und angespannt wurde.

"Was ist los?" fragte der Admiral besorgt.

„Ich … habe … einen … Mann getötet", zitterte Hanlon.

„Nein! Du hast eine Schlange getötet!" Admiral Rogers legte tröstend seinen Arm um die Schultern des jüngeren Mannes. „Es ist überhaupt nicht dasselbe. Lass dich davon nicht stören."

Hanlon versuchte mannhaft, aus seiner düsteren Stimmung herauszukommen. „In gewisser Weise haben Sie recht, Sir, und ich werde versuchen, es so zu sehen. Was das Gedankenlesen angeht, werde ich es weiter versuchen, und ich hoffe, dass ich einen Nutzen daraus erweisen kann."

Der Admiral klopfte ihm aufmunternd auf die Schulter. „Das wirst du. Entlassen."

Kapitel 4

Die Kadetten waren ganz aufgeregt wegen des bevorstehenden Abschlusses, und die meisten von ihnen beschäftigten sich bei jeder Gelegenheit mit den Fächern, in denen sie sich mangelhaft fühlten. Eine solche Anspannung ist vor Abschlussprüfungen normal, in diesem Fall jedoch stärker, als es in einer normalen Schule oder Universität der Fall gewesen wäre.

Denn erst nach Bekanntgabe der Abschlussnoten dieser letzten Prüfungen und der Noten für die gesamten fünf Jahre würde einer von ihnen – außer Hanlon natürlich – mit Sicherheit wissen, dass er seinen Abschluss machen und ein ständiges Mitglied der Inter werden würde -Stellar Corps. Und wie sehr wollte jeder von ihnen dazugehören!

Vier Tage waren nun seit George Hanlons schicksalhaftem Interview mit dem Kommandanten der Kadetten und seinem unerwarteten Ausgang vergangen. Er konnte noch kaum glauben, dass er nun tatsächlich Mitglied des unbekannten Geheimdienstes des Corps war.

Nur die große innere Freude, die er über die Genesung seines einst geliebten Vaters empfand, und die völlige Abschaffung all dieser schwarzen Hassgefühle bewiesen, dass es sich nicht nur um einen fantastischen Traum handelte.

Hanlon hatte im Kadettenalltag nichts Ungewöhnliches erlebt und wurde immer nervöser, was genau mit ihm passieren würde. Er zitterte immer noch jedes Mal, wenn er an die bevorstehende, gefürchtete Tortur dachte. Und all dieses Warten, dieses Sorgenmachen, dieses Fragen wann – es machte das Leben nicht einfacher. Wenn sie es nur hinter sich bringen würden!

Aber er bemühte sich, sich so gut wie möglich darauf vorzubereiten, und es war ein Zeichen seiner inneren Stabilität, dass er seinen Kameraden, nicht einmal seinem Mitbewohner, nie anmerken ließ, wie besorgt er war.

Nun war der Tag ihres ersten Finales gekommen. Hanlon machte sich nie Sorgen um Prüfungen, denn er war immer an der Spitze seiner Klasse gewesen. Vor allem jetzt, da er bereits seinen Abschluss hatte und Oberleutnant war, hätte er es ruhig angehen können. Aber der Stolz auf seine Gelehrsamkeit weckte in ihm wie immer den Wunsch, sein Bestes zu geben.

Ihre erste Prüfung war Geschichte, eines von Hanlons Lieblingsfächern, denn er liebte die Geschichte der Menschheit, ihre Höhen und Tiefen und ihr allmähliches Wachstum.

Als ihm die Prüfungsunterlagen ausgehändigt wurden und er sich die erste Frage notierte, lächelte er. Wenn sie doch nur so einfach wären.

Hanlon öffnete seinen Brief und begann:

„In der Mitte des 20. Jahrhunderts tendierten die verschiedenen Regierungen der Erde alle entweder zu einem totalitären Staat oder zu einem Wohlfahrtsstaat. Immer mehr Macht wurde der Exekutive übertragen; immer mehr Bürger arbeiteten entweder direkt für die Regierung oder ..." wurden durch Hilfsfonds unterstützt. Die Wirtschaft wurde immer stärker durch übermäßige Kontrolle erstickt. Die Staatsschulden wurden zu einer erdrückenden Belastung, und den Arbeitern stand immer weniger von ihrem Einkommen für den Lebensunterhalt zur Verfügung.

„Als die Vereinigten Staaten zum ersten Mal Atomenergie in Form einer Bombe während eines Krieges freisetzten, übernahm das Militär die vollständige Kontrolle darüber. Weder private noch industrielle Wissenschaftler oder Techniker durften mit Möglichkeiten experimentieren, Strom direkt aus der Atomspaltung zu gewinnen." .

„1958 wurde ein junger Mann namens Travis Burkett aus Kalifornien in den Kongress der Vereinigten Staaten gewählt. Während seiner vier Amtszeiten als Mitglied des Unterhauses wurde er immer bekannter als einer der klügsten Köpfe des öffentlichen Lebens. Im Jahr 1966 wurde er wurde in den Senat befördert und wurde bald dessen führendes Mitglied.

„Im Jahr 1976 (prophetisches Jahr) kandidierte er für das Amt des Präsidenten mit der einfachen Devise: ‚Gebt dem Volk das Land zurück'. Seine Ideen und Ansichten beflügelten die Gedanken und Hoffnungen der Bürger Amerikas, die durch das Krebsgeschwür reglementiert und niedergeschlagen wurden der Bürokratie, dass sich sogar die meisten Bürokraten und Hilfskräfte zusammenschlossen, um ihn mit einer der größten Wählerstimmen aller Zeiten zu wählen.

„Während seiner beiden Amtszeiten erfüllte er mit Hilfe eines Kabinetts von Männern, die so glaubten wie er, seine Versprechen. Die enorme Macht der Exekutive wurde nach und nach an die Legislative zurückgegeben, wo sie hingehörte. Unnötige, sich überschneidende, und doppelte Büros und Agenturen wurden auf ein Minimum reduziert. Nur tatsächlich Bedürftige wurden aus öffentlichen Mitteln unterstützt. Während bei seinem Amtsantritt fast 80 % der Bürger für die Regierung gearbeitet oder von ihr unterstützt worden waren, waren es weniger als 15 % als er in den Ruhestand ging.

„Steuerbeschränkungen und staatliche Eingriffe in Industrie und Wirtschaft wurden reduziert, bis auf einige notwendige Schutzmaßnahmen in Bezug auf Mindestlohn- und Höchstsicherheitsgesetze. Diese Beschränkungen wurden aufgehoben und die Kontrolle über so viele lebenswichtige Wissenschaften und Technologien wurde dem Militär entzogen." , Erfindungen erlebten einen beschleunigten Aufschwung.

„Die Völker anderer Länder, angefeuert von der Erkenntnis, was getan werden konnte, inszenierten Revolutionen, glücklicherweise weitgehend unblutig, und bald wurde durch den Rat der Vereinten Nationen eine Regierung der Vereinten Nationen ins Leben gerufen, und Burkett wurde einer ihrer ersten Präsidenten."

„Ein Amerikaner namens John Snyder hatte Jahre zuvor heimlich eine einfache und kostengünstige Methode ausgearbeitet, um praktisch unbegrenzte Energie direkt aus der Atomspaltung zu gewinnen. Jetzt konnte er diese legal der Öffentlichkeit zugänglich machen, und bald nutzten Haushalte, öffentliche Verkehrsmittel und die Industrie seine Methode." Power-Methode.

„Snyder zog eine Gruppe begabter Wissenschaftler und Techniker an sich. Diese richteten ihre Aufmerksamkeit nun auf die Raumfahrt und der Mensch, der Unersättliche, begann, gierige Hände nach den Sternen auszustrecken.

„Sie brachten in weniger als zwei Jahren eine Roboterrakete auf den Mond. Ihre dritte Rakete beförderte zwei Wissenschaftler, die die Rückreise nicht antraten – sie blieben, um zu studieren und zu lernen. Fünf Jahre später landete das erste Schiff auf dem Mars, und innerhalb von einer ... Jahrzehntelang war dieser Planet weitgehend kolonisiert. Zwei Jahre später war es auch auf der Venus der Fall. Weitere fünfzehn Jahre waren die Kolonisierung der meisten Monde der äußeren Planeten.

„Denn mithilfe neuer Techniken und Erfindungen aus vielen Experimenten wurden den Monden und Planeten je nach Bedarf Luft, Wasser und Wärme zugeführt. Android-Roboter, entwickelt von Varney, einem von Snyders Wissenschaftlern, haben bei dieser Arbeit sehr geholfen, insbesondere eine junge Androidin." der ein wahres Genie war.

„Dann erreichte der Mensch die Sterne ... und die Planeten dieser fernen Sonnen. Hier erwies sich der inzwischen gealterte Snyder erneut als einer der größten Humanisten, die je gelebt haben. Er verkündete das noch immer geltende Urteil:

„Der Mensch darf niemals einen Planeten kolonisieren, dessen Bewohner intelligent genug sind, um kulturelle Aktivität und Wachstum zu zeigen'."

„Da Snyder alle Transportmittel zwischen den Planeten kontrollierte, weil er alle Grundpatente besaß, konnte er diese Entscheidung durchsetzen. Zu diesem Zweck organisierte er die ‚Snyder Patrol', die später von den

Vereinigten Planeten übernommen wurde." Diese Organisation wurde gegründet und wurde zum heutigen Inter-Stellar Corps.

„Heute gibt es siebenundfünfzig Planeten, die von ehemaligen Bewohnern von Tellus oder ihren Nachkommen von kolonisierten Planeten kolonisiert wurden. Jeder von ihnen hat seine eigene Souveränität und gewählte Regierungsform, ist aber in einer lockeren Föderation vereint, die lediglich als Schiedsgericht dient Interplanetare Angelegenheiten. Das IS C ist die Ermittlungs- und Durchsetzungsabteilung der Föderation, keine Regierungs- oder Militärpatrouille."

Hanlon hatte diese und die zweite Frage beendet, in der er nach den Daten des Krieges zwischen den Kolonisten des Mars und denen der Jupiter-Satelliten fragte. Er gönnte seinen Augen eine Pause, indem er sich einen Moment lang blind im Raum umsah, bevor er mit der dritten Frage begann, als er die laute, wütende Stimme des verantwortlichen Lehrers hörte.

„Kadett Hanlon, auf die Beine, Sir! Wie, Herr, können Sie Ihrer Meinung nach bei einer Abschlussprüfung mit Schummeln davonkommen?"

Hanlons Kopf schnellte hoch und sein Gesicht wurde totenbleich, als das Blut aus ihm herausfloss. Er kam stolpernd auf die Füße und blickte, als er die erstaunten Gesichtsausdrücke seiner Klassenkameraden bemerkte, zum Lehrer auf.

„Bu...aber ich verstehe es nicht, Sir. Ich habe nicht geschummelt."

„Lüg mich nicht an!" Die Stimme war ein Schleudertrauma. „Ich habe deutlich gesehen, wie Sie sich die Arbeit von Cadet Fox angesehen haben. Die Vorstellung, dass irgendein Kadett, der so kurz vor dem Abschluss steht, so etwas Schändliches versucht!"

Hanlons Verwirrung verwandelte sich in Wut über solch eine ungerechtfertigte Anschuldigung, als ihm plötzlich ein Gedanke kam ...

Das war's!

Betrug bei Prüfungen bedeutete immer Rauswurf und Schande.

Er hatte alles, was er konnte, um sich davon abzuhalten, sich selbst zu verraten, während er auf dem Podium schnell nach dem Geist suchte. Jetzt spürte er das Gefühl des Mitleids, das die strengen, heißen Augen des offenbar empörten Lehrers nicht verrieten.

Hanlon erinnerte sich an die Anweisungen seines Vaters, „es groß herauszufordern". Er zwang sich dazu, den Lehrer anzustarren, und seine blauen Augen nahmen die Härte von Gletschereis an.

„Sie machen einen kolossalen Fehler, Sir", seine Stimme war lauter und wütender, als sie jemals hätte sein sollen. „Wenn unser regulärer Lehrer diese Prüfung abhalten würde , würde er niemals einen solchen Vorwurf erheben. Ich habe diese Klasse während der gesamten Schulzeit stufenweise geleitet. Und auch nicht durch Schummeln."

„Senken Sie Ihre Stimme, Herr, und erwidern Sie nichts!" Aber Hanlons Gedankengänge fanden jetzt Zustimmung. „Ich habe gesehen, wie du betrogen hast, und ich weiß, was ich gesehen habe. Willst du zurücktreten oder wirst du mich zwingen, dich zum Kommandanten zu bringen?"

„Ich weiß nicht, wer du bist, aber du bist ein dummer Idiot!" Hanlon verlor offenbar die Kontrolle über sich selbst und seine Stimme und sein rotes Gesicht zeigten die Wut, die er so gut simulierte. „Wenn du denkst, dass du mich von diesem Kurs und meinem Abschluss abhalten willst, bist du ein verdammter Idiot! Frag einen dieser Kerle hier – sie alle wissen, dass ich kein Betrüger bin."

Aber die Kadetten waren zwar verwirrt und bestürzt, aber viel zu klug, um sich in diese unerwartete Schlägerei einzumischen. Sie saßen alle da, den Blick gesenkt, aber mit dem Gesicht geradeaus, die Arme vor der Brust verschränkt, und hatten überhaupt nichts damit zu tun.

Der Prüfungslehrer, ein Mann, der viel größer und schwerer war als Hanlons 1,70 m und 175 Pfund, stürzte von der Plattform herunter. Er packte die Arme des Kadetten, aber Hanlon drehte sich weg, trat dann wieder ein und schlug auf den Offizier ein.

Das war Meuterei! Es war undenkbar, dass ein Kadett einen Offizier schlagen würde, unter welchen Umständen und bei welcher Provokation auch immer.

Der Lehrer jedoch fesselte den Kadetten in einen Neo-Judo-Griff, den kein Neuling, egal wie geschickt oder stark er auch sein mochte, durchbrechen konnte. Er zerrte den kämpfenden Hanlon zum Podium und aktivierte mit seinem Ellbogen die Gegensprechanlage.

„Bitten Sie den Kommandanten, in Raum 12-B zu kommen. Ein Kadett, der bei Prüfungen beim Schummeln erwischt wurde, hat meutert."

Der Ausbilder-Offizier hielt immer noch den kämpfenden, wütenden Hanlon fest und verärgerte sein Opfer wegen dieser Verletzung der Kadettenehre. Hanlon schrie unterdessen Beleidigungen und Flüche. Er drehte und wand sich, als wollte er fliehen, obwohl ihm schnell klar wurde, dass er jetzt in einem lockeren, aber scheinbar gültigen Griff gehalten wurde, den er leicht hätte lösen können, wenn er es gewollt hätte.

Doch während all dem hatte Hanlon im Kopf des Offiziers den deutlichen Eindruck, dass dieser hasste, was er tat, und dass er gleichzeitig die Art und

Weise, wie der neue SS-Mann seine Rolle spielte, guthieß. Darüber hinaus spürte Hanlon, dass er in der Gemeinschaft dieser unbekannten SS-Männer willkommen geheißen wurde, deren Bruder er nun war.

Bald darauf rannte Admiral Rogers, gefolgt von zwei riesigen Space Marines, in den Raum.

"Was ist denn hier los?" er bellte.

Schnell wiederholte der Lehrer seine Anschuldigungen, während Hanlon den schwachsinnigen Idioten, der es wagte, ihn eines solchen Verrats zu beschuldigen, mit Dementis und Beschimpfungen anbrüllte.

„Ich schäme mich für dich, Hanlon!" sagte der Admiral kalt. „Wir hatten große Hoffnungen in Sie gesetzt, wie ich Ihnen schon sagte, als ich Sie zu Ihrem ersten Auftrag interviewte."

„Warum hörst du mir dann nicht zu, anstatt dem Wort dieser Schleimschlange zu vertrauen, die sich selbst als Ausbilder bezeichnet? Bah! Er sollte Gräben ausheben!"

"Das wird gehen!" Abscheu zeigte sich auf dem Gesicht des Admirals, als er auf die Marines deutete, die vorsprangen, Hanlons Arme packten, sie hinter seinem Rücken drehten und ihnen Handschellen anlegten.

„George Hanlon, Sie werden hiermit offiziell aus der Kadettenschule des Inter-Stellar Corps entlassen!"

Mit diesen Worten riss Admiral Rogers alle Erkennungszeichen von Hanlons Uniform und wandte sich dann wieder an die Marines. „Bringen Sie ihn aus dem Reservat."

Sie zerrten Hanlon, der immer noch schrie und fluchte, aus dem Zimmer, aus dem Gebäude, durch den Park und zum Tor des Corps-Geländes.

Dort wurden ihm die Handschellen abgenommen, und die höhnischen Marines stießen ihn buchstäblich und nicht allzu sanft auf die Straße, wo er mit dem Gesicht nach unten in einer schlammigen Pfütze lag.

Hanlon richtete sich auf, offenbar völlig verrückt. Er schüttelte die Faust in Richtung der grinsenden Marinesoldaten, die sich direkt hinter dem Tor versammelt hatten. Er verfluchte sie fließend mit jedem üblen Fluch und jedem Namen, den er je gehört hatte, soweit er sich erinnern konnte. Da er von Natur aus frei von Sprache und Gedanken war, hätte ihn dieses Fluchen fast zum Würgen gebracht. Aber er habe „eine gute Leistung gezeigt".

Sie ertrugen seine Beleidigungen eine Zeit lang, aber als er zu persönlich wurde, gingen ein paar von ihnen auf ihn zu, ohne dass ihr spöttisches Lachen verstummt war. Um „seine Tat zu verbessern", tat Hanlon nun, er sei verängstigt und feige, und floh, begleitet vom Spott der zivilen Zuschauer, die sich schnell versammelt hatten, um zu sehen, worum es bei dem Aufruhr ging, die Straße entlang, weg von der Stadt Reservierung.

Bei der ersten Gelegenheit, nachdem er seine Verfolger überholt hatte, duckte sich Hanlon in eine Gasse. Er rannte diesen entlang, bis er die Hintertür eines kleinen Cafés entdeckte, und schlüpfte hinein. Dort, im Waschraum, reinigte er sich, so gut er konnte.

Wieder einigermaßen vorzeigbar ging er durch die Haustür und fuhr über die Rutschen zu einem Teil der Stadt, wo er gute, aber nicht zu teure Kleidung kaufen konnte.

Jetzt unauffällig gekleidet, bekam er ein Hotelzimmer, ging dann zur Bank, wo er einige Aktien kaufte, eine Versicherung abschloss und ein Schließfach mietete.

Kapitel 5

In dem ihm zugewiesenen Hotelzimmer warf sich George Hanlon auf das Bett und lag eine Stunde lang da, um diese plötzliche, seltsame Wendung der Ereignisse und alles, was sie ankündigte, Revue passieren zu lassen. Er versuchte vergeblich, die erstaunte Bestürzung seiner Klassenkameraden, das höhnische Grinsen der Marinesoldaten und den Spott der Zivilisten dort am Tor zu verdrängen, die seine Schande gesehen hatten. Jetzt fast in Tränen aufgelöst, wurde ihm endlich klar, dass dies nur der Auftakt zu den Jahren war, in denen er als verachteter Ausgestoßener verachtet und verunglimpft wurde.

Schließlich beruhigte er sich etwas, dann stand er auf, ging im Raum auf und ab und fragte sich, was der nächste Schritt sein würde. Die Antwort kam fast sofort. Ein Klopfen an der Tür offenbarte einen Boten mit einem Paket für ihn. Als Hanlon es öffnete, nachdem der Mann gegangen war, fand er den Schlaftrainer und die Rollen. Oben war eine kleinere Rolle mit der Aufschrift „Nr. 1. Hören Sie sich das wach an."

Er steckte die Maschine ein und schaltete die Spule ein. Es war die Stimme seines Vaters.

„Sie sind so weit gekommen, jetzt beginnt Ihre eigentliche Arbeit. Sie sollten sich den Inhalt dieser Rollen in zwei Wochen merken können. Kurz gesagt, hier ist, was sie enthalten. Simonides Vier wurde unter der Leitung eines griechischen Kaufmanns kolonisiert, der gab Es ist sein Name. Vier ist der einzige bewohnbare Planet. Die meisten der ursprünglichen Bewohner unter ihm gehörten seiner Nationalität an, und die heutige Sprache ist ein Ergebnis des Neugriechischen, das Sie einigermaßen kennen. Es gibt jetzt natürlich viele Variationen und neue Wörter, Begriffe, die ihrer wachsenden und sich entwickelnden Kultur eigen sind. Die Walzen geben all dies noch umfassender wieder.

„Die letzte Rolle erzählt ihre Geschichte, Geographie und wirtschaftliche Situation von heute. Außerdem Einzelheiten über ihre verschiedenen Großstädte, insbesondere Neu-Athen, ihre Hauptstadt. Wir glauben, dass Sie diese Stadt als den besten Ausgangspunkt für Ihre Nachforschungen ansehen werden. Wenn ja Wenn Sie diese Rollen auswendig gelernt haben, gehen Sie zur Bank, holen Sie Ihre letzten Anweisungen aus der Box und Ihr Geld für die Reise.

„Was das Problem betrifft, so ist es noch einmal kurz: Im letzten Jahr oder so haben Agenten der Föderation dort eine Bewegung gespürt, waren aber nicht in der Lage, sie zu interpretieren. Was auch immer es ist, es ist sehr, sehr geheim – die Agenten können" Ich kann nicht einmal sagen, ob es politischer, religiöser oder nur sozialer Natur ist. Außerdem haben sie herausgefunden, dass viele wichtige Männer sowie Dutzende – vielleicht Hunderte – weniger wichtiger Männer auf mysteriöse Weise verschwunden sind. All dies riecht nach Ärger für die Föderation.

„ Endlich wurde der Geheimdienst gerufen. Wir schickten zuerst einen Mann, dann einen zweiten. Sie versuchten, ‚von innen heraus zu langweilen‘, indem sie sich der Bewegung anschlossen. Ich habe es getroffen und bin abgeprallt. Der zweite ist immer noch da und versucht es immer noch.

„Tatsächlich haben wir überhaupt keine Beweise, lediglich eine Art ‚Ahnung‘ oder Vorahnung einer Verschwörung gegen den Frieden und das Wohlergehen der Vereinigten Planeten. Es mag überhaupt nichts Falsches sein, aber wir tun es nicht.“ „Ich gehe kein Risiko ein. Mit Ihrer Fähigkeit, Gedanken zu lesen, können Sie es vielleicht herausfinden. Wir hoffen es.“

Hanlon dachte, die Nachricht sei beendet, aber dann begann die Stimme erneut. „Mir wurde gesagt, dass du deine Schande-Szene sehr gut überstanden hast. Ich weiß genau, was du im Moment zweifellos fühlst, Spence – wie krank du im Herzen bist – und ich wünschte nur, es gäbe eine Möglichkeit, deinen Schmerz zu lindern. Aber es wird bestehen.

„Viel Glück, mein Sohn, und sichere Flüge. Passen Sie auf sich auf. Wir stehen alle hinter Ihnen, und Sie wissen, dass Sie durch die verschlagenen Wege, die Sie kennen, bei Bedarf jeden oder jeden von uns anrufen können. Diese Rollen sind alle wasserlöslich, also lösen Sie sich auf.“ Geben Sie sie in die Waschschüssel und spülen Sie sie in den Abfluss, sobald Sie mit jedem fertig sind.

Hanlon blieb die nächsten zwei Wochen ziemlich nah an seinem Zimmer und lernte tagsüber aus Büchern, die er in der Bibliothek besorgt hatte, die Dinge, die er nachts durch den Schlaflehrer lernte.

Am Abend des Abschlusstages saß er unglücklich vor einem Videobildschirm in seinem Zimmer und sah sich die Übertragung der stattlichen Zeremonie an, an der er teilgenommen hätte, wenn er sich nicht entschieden hätte, dem Secret Service beizutreten.

All die Sehnsüchte der Jahre, in denen er sich gewünscht hatte, Teil des Interstellaren Korps zu werden; all die Hoffnungen und Pläne, die er während seiner fünf langen Jahre an der Kadettenschule gemacht hatte; Der ganze überwältigende Stolz, von dem er gewusst hatte, dass er Teil der größten Organisation im Universum sein würde, schwoll in ihm an und erstickte ihn.

Als sich die Klasse schließlich erhob, um den Treueeid zu leisten, stand Hanlon stramm auf und wiederholte das beeindruckende Ritual laut mit ihnen.

Jetzt fühlte er sich trotz seiner Entscheidung und seines privaten Abschlusses zum ersten Mal wirklich als wichtiger Teil des Corps.

***

Als Hanlon am nächsten Tag auf dem Weg zur Bibliothek war, traf er zufällig eine kleine Gruppe seiner ehemaligen Klassenkameraden, die jetzt ihre brandneuen Ausgehuniformen in Himmelblau und Purpur trugen und deren Barren als neuer Unterleutnant hell leuchteten.

„Hallo, Leute!" Er begrüßte sie, wurde aber von stummen, verächtlichen Blicken begrüßt.

„Ach, seht mal, Leute, ihr wisst, dass ich reingelegt wurde", Hanlon baute sich vor ihnen auf und tat so, als ob er verletzt aussah, und das war keine Anstrengung. Das ist wirklich tiefgreifend. Aber er musste es „ausspielen"; Er musste sie dazu bringen, weiterhin zu glauben, dass seine Schande real sei.

„Ihr wisst, dass ich so etwas niemals tun würde", fuhr er klagend fort. „Ich habe nicht betrogen – das war auch nicht nötig. Ich weiß, dass ich den Verstand verloren habe, als er mich beschuldigte, aber das würde jeder tun."

„Du meinst, du wurdest noch nie beim Schummeln erwischt", höhnte Trowbridge. „Du hast mich ... uns ... alle wirklich zum Narren gehalten. Jetzt abhauen, sonst ..." Er ballte seine Fäuste und machte einen Schritt auf Hanlon zu.

Letzterer spielte immer noch seine Saite, aber sein Herz war krank. Er mochte die Kerle – sie gehörten seit fünf langen, glücklichen Jahren zu seinen besten Freunden. Erst jetzt begann er wirklich zu begreifen, was für einen enormen Preis er zahlte ... und den er sein ganzes Leben lang zahlen musste.

Er trat ein und schwang ... und war sofort das Ziel fliegender Fäuste. Er wurde mehrmals niedergeschlagen, konnte aber immer wieder aufstehen. Er war in Kämpfen aller Art gut ausgebildet gewesen – und nun setzte er all sein Wissen und Können ein – allerdings nur zur Verteidigung und zum Vortäuschen eines Angriffs.

Trotzdem wurde er schwer verletzt, denn sie waren genauso gut trainiert – und waren fünf gegen ihn. Seine Kleidung war schmutzig und zerrissen, und von seinem Mantel war ein Knopf abgerissen. Seine Knöchel waren aufgeschürft und er spürte, dass sich in seinem Gesicht eine Masse voller Blutergüsse bildete. Eine harte Linke traf seinen Mund und er spuckte einen abgebrochenen Zahn aus.

„"Ten-meiden!' Plötzlich brach eine befehlende Stimme ein.

Sofort sprangen die fünf Korpsmänner zurück, und da die Ausbildung, die er erhalten hatte, so tief verwurzelt war, tat Hanlon es auch, um zu salutieren, als sie einen Hochadmiral am Straßenrand aus einem Bodentaxi steigen sahen.

Hanlon, der sofort merkte, dass er keine Uniform trug und angeblich ein entlassener Sanitäter war, ließ schnell seinen Gruß fallen und beugte sich widerspenstig vor.

"Was ist denn hier los!" fragte der Beamte eisig.

„Dieser Mann ist ein in Ungnade gefallener Kadett, Sir. Bei den Abschlussprüfungen betrogen", erklärte einer von ihnen. „Er hat versucht, mit uns zu reden."

„Das ist eine miese Lüge!" Hanlon krächzte. „Mir wurde etwas reingelegt. Das Corps. Paugh!" Er spuckte vorgetäuscht aus. „Ich komme so schnell ich kann und so weit ich kann hier raus. Ich werde zu Andromeda Seven gehen, wenn ich genug Credits auftreiben kann!"

Nur er sah offenbar, wie sich die Augen des Admirals bei diesem Codewort weiteten. Der Offizier blickte die neuen Leutnants streng an.

„Ein Corpsman sollte in der Lage sein, mit fünf Zivilisten umzugehen, nicht mit fünf Corpsmen pro einem. Wenn dieser Mann ein in Ungnade gefallener Kadett ist, haben Sie das Recht, so über ihn zu denken. Aber lassen Sie ihn in Ruhe – die Jahre werden ihm mehr bringen Kummer und Schmerz, als du mit deinen Fäusten verkraften kannst. Und du, Kerl", wandte er sich an Hanlon. „Glauben Sie nicht, dass ich mich nur einmische, um Ihre wertlose Haut zu retten", sein Tonfall klang äußerst verächtlich. „Ich möchte einfach nicht, dass Sanitäter auf der Straße kämpfen. Entlassen."

Die fünf salutierten elegant und marschierten davon. Der Admiral zwinkerte Hanlon kurz und respektvoll zu, bevor er wieder in sein Taxi stieg.

Doch als der junge Mann zurück in sein Hotel eilte, um aufzuräumen, wurde ihm das Herz gebrochen, als er sich an die vielen, vielen Monate angenehmer Gesellschaft mit diesen Jungen erinnerte. Besonders Dick Trowbridge, der während der gesamten Kadettenschule sein Zimmergenosse und besonderer Kumpel gewesen war und heute in diesem Kampf besonders angeekelt und bösartig wirkte.

Alles aufzugeben, was das Leben so glücklich und wunderbar gemacht hatte, war mehr, als ein Kerl ertragen konnte, gingen ihm bittere Gedanken durch den Kopf. Was für ein Idiot war er doch gewesen, sich dazu überreden zu lassen, diese Aufgabe anzunehmen. Wo waren all diese „riesigen

Belohnungen", von denen sein Vater und Admiral Rogers so eloquent gesprochen hatten? Wie konnte irgendetwas den Verlust des Respekts und der Freundschaft aller, die er jemals gekannt hatte, wettmachen?

Allerdings musste er, wenn auch immer noch zweifelnd, zugeben, dass Dad das sogar so weit durchgemacht hatte, dass er seinen Sohn und die letzten paar Wochen mit seiner geliebten Frau aufgegeben hatte, und doch schien er jetzt zufrieden und zufrieden zu sein. Vielleicht ... vielleicht steckte etwas dahinter, das würde die Zeit beweisen. Aber es war trotzdem sehr schwer zu ertragen.

Und dieser pochende Zahnschmerz half seinen Gefühlen auch nicht gerade. Der freigelegte Nerv in diesem gebrochenen Zahn ließ ihn wie Flammen schmerzen. Er sollte es besser reparieren lassen, bevor es ihn verrückt macht.

Er fing an, auszugehen, hörte dann aber mit der Erkenntnis auf, dass er kein eigenes Geld hatte, um einem Zahnarzt die Zahnentfernung und eine Brücke zu bezahlen.

„Was mache ich in so einem Fall?" er fragte sich. „Ist es in einer so rein persönlichen Angelegenheit ethisch vertretbar, Korpsgelder zu verwenden? Dad hat solche Dinge nicht erwähnt. Andererseits sagte er, dass wir auf diese Weise unsere Gehälter und Ausgaben bekamen. Außerdem könnte man sagen, dass ich das verloren habe." Zahn im Dienst, und das Corps sollte ihn ersetzen.

Er machte weiter, suchte einen Zahnarzt auf und ließ die Arbeit erledigen. Er hatte auch nie wieder Zweifel daran, das Geld des Corps für Dinge auszugeben, die er tatsächlich brauchte ... aber er gab auch nie etwas für rein persönliche Freuden oder zusätzliche Annehmlichkeiten aus, es sei denn, er musste dies tun, um seiner Position, die er einnahm, gerecht zu werden bei der Ausführung seiner verschiedenen Aufgaben.

Am Abend hatte er jedoch immer noch dieses unterdrückte Gefühl des Selbstmitleids wegen seines Streits mit den Kameraden, und es hielt an, selbst nachdem er zu Bett gegangen war. Beim Schatten von Snyder, es wäre nicht fair, einem einfachen Kind so etwas aufzubürden.

Erst nach ein paar Stunden ununterbrochener Schlaflosigkeit fiel ihm ein, dass er den Schlaflehrer nicht eingeschaltet hatte. Halb rebellisch stand er dennoch auf und tat es ... und diese kleine Geste brach seine Stimmung. Er schlief fast sofort ein, nachdem er ins Bett zurückgekehrt war.

Am Ende der zwei Wochen hatte Hanlon das Gefühl, dass er sowohl die simonidische Sprache als auch ihre Bräuche gut genug beherrschte, um mit der Arbeit zu beginnen. Er ging zur Bank und unter Umgehung zum Postfach 1044.

Als er einen dicken Stapel Umschläge durchging, fand er einen mit seinem Namen darauf. Er brachte es zu einer der Kabinen, deren Tür er von innen verschloss und so eine vollständige Überwachung herstellte.

Während er las, schossen ihm die Hintergründe der Situation auf diesem anderen Planeten durch den Kopf. Aufgrund seiner Kenntnisse der politischen Geschichte innerhalb der Föderation wusste er, dass es eine eiserne Vereinbarung gab, dass jeder Planet seine eigene Regierungsform wählen konnte. Die meisten von ihnen wählten die demokratische Form, einige hatten jedoch eine Art faschistischen Staat. Ein oder zwei – die fortschrittlichsten – hatten sogar einen anarchistischen Staat mit einem Minimum an Gesetzen und Regierungsführung.

Simonides war etwa ein Jahrhundert zuvor zum Imperium zurückgekehrt – der einzige Planet innerhalb der Föderation, dem dies gelang. Ursprünglich war es als Weltrepublik kolonialisiert worden, zerfiel später jedoch in fünf unabhängige Länder, da verschiedene Teile stärker mit Menschen anderer nationaler Herkunft als der Griechen bevölkert waren. Diese fünf Länder waren schließlich nach einem spektakulären Putsch wieder zu einem Imperium vereint worden.

Dann kam die Überzeugung des Korps, dass sich dort etwas zusammenbraute, das den Frieden der Föderation beeinträchtigen würde, und das Scheitern ihrer Agenten, dies bisher herauszufinden.

Nun lautete der Befehl von SSM Hanlon, sich mit dem Schiff nach Simonides Vier zu begeben und so schnell wie möglich zu versuchen, so viel wie möglich über diese vermuteten Zustände herauszufinden. Wenn er irgendwelche Eindrücke darüber gewann, wer oder welche Gruppe hinter dieser Bewegung steckte, sollte er versuchen, sich ihr anzuschließen und dieses Geheimnis aufzuspüren, damit darüber berichtet werden konnte.

Mit solchen Informationen würde das Korps wissen, ob es sich um etwas handelt, das dem Frieden und der Sicherheit der Föderation schadet, und die notwendigen Schritte unternehmen.

Seine Anweisungen endeten mit den Worten: „Die Kosten für ein Ticket erster Klasse nach Simonides betragen siebenhundertfünfzig Credits, Sie sollten also genug abheben, um mindestens fünfzehnhundert für alle erforderlichen Ausgaben zu haben. Nehmen Sie die , Hellene ‘, die am Freitag den Raumhafen Centropolis verlässt." Woche. Wir haben guten Grund zu der Annahme, dass bestimmte interessante Leute an Bord dieses Schiffes sein werden.

Hanlons Gedanken rasten. Offensichtlich wollte jemand, dass er sah, welche Eindrücke oder Beweise er von diesen verdächtigen Personen sammeln konnte. Er verzog das Gesicht, als ihm klar wurde, dass die SS es ausschließlich ihm überlassen hatte, herauszufinden, wer diese „interessanten Leute" waren. Vielleicht betrachteten sie es als eine Art Test.

Aber er war begeistert, als ihm plötzlich klar wurde, was für eine wunderbar effiziente und kompetente Organisation die SS war – wie sie alle ihre Mitglieder sorgfältig überwachte und ihnen auf jede erdenkliche Weise half.

Er „speiste" auf den essbaren Plastikfolien und verließ dann den Tresorraum. Er besorgte sein Ticket und die Reservierung im Reisebüro der Bank und ging dann zurück in sein Hotel, um zu packen.

Kapitel 6

So kam es, dass George Hanlon, natürlich immer noch in Zivil gekleidet, am frühen Freitagmorgen auf dem großen Passagierschiff ankam, das ihn ins ferne Simonides bringen sollte. Er war begeistert von der Idee, eine solche Reise zu unternehmen, denn er liebte die Tiefen des Weltraums – seine Unermesslichkeit und sein unergründliches Geheimnis erfüllten ihn mit einem Gefühl der Erhabenheit.

Dennoch war er nie weit außerhalb des Sonnensystems gewesen. Letzteres war auf seinen Ausbildungskreuzfahrten nicht notwendig, da alle Details des Jobs eines Piloten – der Zweig des Dienstes, in den er einzutreten gehofft hatte – sowohl für interplanetare als auch für interstellare Reisen gleich waren. Auf längeren, schnelleren Fahrten zu Zielen, die man beim Start nicht sehen konnte, war die Aufgabe des Navigators umso schwieriger und komplizierter.

Dieser „ *Hellene* ", auf dem er reiten sollte, hatte einen Durchmesser von etwa fünfundsechzig Fuß und war etwa dreimal so lang. Der Antrieb war, wie die Bauherren und Ingenieure einräumten, keineswegs das Nonplusultra. Sie experimentierten immer noch ständig und hofften auf eine viel schnellere Reise. Trotzdem haben sie es ganz gut gemacht.

Sie verfügten über ein gewisses Maß an Antigravitation, um das Schiff von einem Planeten zu heben. Ungefähr 22 %, erinnerte sich Hanlon. In der Nähe eines Planeten mussten sie immer noch Raketen einsetzen – aber diese heutigen Raketen waren weit entfernt von den frühen einfachen Raketen, mit denen Snyder und seine Männer die ersten Schiffe auf den Mond und die Planeten gebracht hatten. Diese könnten einen weitaus stärkeren Schub liefern als die ersten.

Für lange Strecken nutzten sie eine Art „Warping", das das Schiff entlang der Kraftlinien „hüpfen" ließ, die den gesamten Raum durchdringen. Hanlon hatte sich nie ganz im Klaren darüber, wie das gemacht wurde, insbesondere über die Technik der Motoren, die es ermöglichte. Das waren „fortgeschrittene Dinge", die den Kadetten in ihren regulären Kursen nicht beigebracht wurden – es war eine Postgraduiertenarbeit für diejenigen, die einen Ingenieur-Master machen wollten.

Als er die Rolltreppe zum Schiff hinaufstieg, wurde Hanlon an der Außenschleuse von einem Decksteward empfangen, der ihn zu der Ebene führte, auf der sich seine Kabine befand.

Dies war Hanlons erstes Mal an Bord eines dieser Luxusliner – wie sehr unterschieden sich die hochflorigen Teppiche, die prachtvoll mit Fresken bemalten Durchgangswände, die tief gepolsterten Möbel von der zweckmäßigen Schlichtheit der Kriegsschiffe des Corps, auf denen er seine Übungsfahrten gemacht hatte.

„Wie Sie vielleicht wissen, Sir", sagte der Steward, als sie weitergingen, „gibt es im Weltraum weder Nacht noch Tag, aber wir nutzen die terranische Zeit auf dem Schiff, und die Lichter werden ein- und ausgeschaltet, um sich an den regulären terranischen Tag anzupassen." . Das Frühstück wird von sieben bis neun Uhr serviert, das Mittagessen von zwölf bis vierzehn Uhr und das Abendessen von achtzehn bis einundzwanzig Uhr."

"Danke." Eine Gutschrift wechselte von Hand zu Hand – Trinkgeld war immer noch in Mode. Der unterwürfige Steward gab ihm weitere Anweisungen, wie er die Spiel- und Aufenthaltsräume sowie andere Sehenswürdigkeiten an Bord finden könne.

Hanlon packte sein Gepäck aus, verstaute es in den kompakten Schränken und eilte dann, nachdem er die erste und zweite Warnung gehört hatte, zum Beobachtungsschalter, um den Start zu beobachten. Er hatte es kaum erreicht und war in den Beschleunigungsstuhl geschnallt, der sich der langen, schmalen Quarzitöffnung zuwandte, als die Sprengsirenen ihre dritte und letzte Warnung zu heulen begannen.

Die schiffsinternen Kommunikatoren dröhnten: „Alle Passagiere und das Personal schnallen sich an. Fünf Minuten bis zum Start … vier Minuten … drei … zwei … eins … dreißig Sekunden … fünfzehn … zehn … fünf, vier, drei, zwei, eins, BLAST!"

Durch den isolierten Rumpf war schwach zu hören, was Hanlon als gewaltiges Crescendo-Gebrüll wahrnahm, und er wurde tief in die elastischen Federkissen seines Stuhls gedrückt. Ein einengendes Band schien um seine Brust geklemmt zu sein, während gleichzeitig das seltsame Gefühl aufkam, dass er weniger wiegen sollte, was aber nicht der Fall war. Das war das eigenartige Gefühl, das die Kombination aus Anti-Schwerkraft und dem Schub der Rocker immer hervorrief.

Aus Erfahrung wusste er, wie er seine Atmung regulieren und seine Muskeln und Nerven so weit wie möglich entspannen konnte, sodass es für ihn nur einen kurzen Moment des Unbehagens gab. Dann konnte er beobachten, wie sich die Szene vor und unter ihm abspielte.

Der Boden und der äußere Strahl fast unerträglicher Flammen verschwanden schnell und innerhalb weniger Minuten weitete sich die Szene aus, bis er Hunderte Quadratmeilen Stadt, Land und Meer sehen konnte. Bald konnte er die fernen Berge sehen; Doch nach und nach nahm die Szene eine Unschärfe an Details an, die anhielt, bis sie sich weit außerhalb der

Atmosphäre befanden. Dann wurden die großen Kontinentalmassen als Ganzes sichtbar, ohne dass kleinere Details erkennbar waren.

Zweieinhalb Stunden später waren sie am Mond vorbei und begannen, die enorme Geschwindigkeit aufzubauen, die sie innerhalb weniger Tage durch interstellare Tiefen bringen sollte. Und als Luna hinter ihnen zu einer kleinen Kugel schrumpfte, spürte Hanlon, wie die Beschleunigung konstant zunahm, also schnallte er sich ab und stand auf. Er streckte sich kräftig, um das verkrampfte Gefühl in seinen Muskeln zu lindern, und drehte sich dann um, um seine Mitpassagiere zu betrachten.

Er bemerkte mehrere Männer in Corps-Uniform und hoffte, dass keiner von ihnen ihn kannte – oder, wenn ja, so freundlich sein würde, seine Schande nicht zu verbreiten. Das würde die Reise unangenehm, einsam und unproduktiv machen, denn dann wäre es für ihn besser, die meiste Zeit in seiner Kabine zu verbringen. Er dachte an die „interessanten Menschen", von denen man ihm erzählt hatte … was auch immer dieser Hinweis bedeuten mochte.

Denn George Hanlon, der jüngste Mann, der jemals dem Geheimdienst des Interstellaren Korps zugeteilt wurde – obwohl er das erst später wusste –, hatte das in sich, das Pflichtfragen stets an die erste Stelle setzte.

Er war fast sein halbes Leben lang daran gewöhnt, sein Talent zum Gedankenlesen verborgen und ungenutzt zu halten, und nun wusste er, dass er kontinuierlich daran arbeiten musste, um es auf die höchstmögliche Effizienzstufe zu bringen. Nur wenn er alle Facetten seiner Fähigkeiten kannte, konnte er das tun, was in seiner neuen Aufgabe zu tun war.

Er setzte sich wieder hin und schloss die Augen, um dieses Problem besser studieren zu können, ohne dass äußere und fremde Dinge dazwischenkamen. Er war voller Ehrfurcht und ein wenig verängstigt, als ihm die Last seiner neuen Pflichten und Verantwortlichkeiten bewusst wurde, obwohl er das schon mehrere Male zuvor durchgemacht hatte. Irgendwie schien die Tatsache, dass er sich auf dem Weg zu seiner eigentlichen Arbeit an Bord eines Schiffes befand, diese enorme Verantwortung noch schwerer zu machen .

Warum musste er mit einer solchen Last belastet werden, wie sie ihm auferlegt wurde? Was dachten sich die Spitzen des Corps überhaupt, einem unerfahrenen Jungen, der gerade die Schule verlassen hatte, so viel zuzumuten?

Schließlich begann er, weniger an seine eigene Last zu denken und sich darauf zu konzentrieren, herauszufinden , was er geistig aufnehmen konnte. Er hielt die Augen geschlossen, öffnete aber seinen Geist weit und ließ die Flut der Gedankeneindrücke ungehindert auf sich wirken.

Er war von viel Gelächter und unbeschwerter Fröhlichkeit geprägt, wie es auf einem solchen Luxusliner selbstverständlich ist. Es gab auch eine gewisse Angst vor dem Weltraum und der Leere; eine echte Krankheit durch Weltraumangst. Es gab viele mentale Unterströmungen, und in ein oder zwei Fällen glaubte er, vage Hinweise auf eine finstere Intrige zu erkennen, war jedoch nie in der Lage, diese ganz zu isolieren oder klarer zu fokussieren. Ganz offensichtlich konnten die Männer – oder Frauen – die solche Gedanken hatten, ihren Geist bis zu einem gewissen Grad verschließen – sonst war er zu eingerostet im Lesen. Ihm wurde auch klar, dass sie vielleicht gar nicht an so etwas dachten – er erinnerte sich, dass er einmal als Junge geglaubt hatte, er hätte so etwas gedacht, und später herausgefunden, dass es nur ein Nachbar war, der eine Geschichte mit einer finsteren Verschwörung las.

Gedankenlesen, sagte er sich, sei das Fachgebiet, in dem er arbeiten würde. Das Corps und die SS würden ihm mit Sicherheit alle Jobs übertragen, bei denen andere Agenten versagt hatten, so wie sie es in diesem Fall getan hatten, in der Hoffnung, dass er ihnen erste Anknüpfungspunkte verschaffen könnte. Es lag also an ihm, sich zu beschäftigen und zu lernen, wie man es besser macht.

Als er zum Mittagessen anrief, lernte er noch, war aber hungrig und ging zum Essen. Er könnte dort sowieso genauso gut arbeiten wie auf der Aussichtsplattform.

Als er ins Esszimmer ging, teilte ihm der Oberkellner einen Tisch fast in der Mitte des großen und geschmackvoll eingerichteten Raumes zu. Einige Augenblicke beschäftigte er sich damit, die Speisekarte zu studieren, und als er bestellt hatte, blickte er wieder zu seinen Tischnachbarn auf.

Er war dieser Matrone und ihrem Sohn vorgestellt worden, der ungefähr in seinem Alter zu sein schien. Er schaute kurz nach und stellte fest, dass sie eine gute Frau war, aber ein wenig zu beeindruckt von ihrer eigenen Bedeutung – Neureiche, vermutete er. Den Jungen mochte er auf den ersten Blick nicht – er schien ein egoistischer, verhätschelter Bengel zu sein.

Also vergaß er sie und konzentrierte sich darauf, seine Gedanken im großen Raum umherschweifen zu lassen, nach Informationen zu suchen und zu versuchen, seine Fähigkeit zum Gedankenlesen zu verfeinern und zu entwickeln. Es kam ihm so vor, als würde sich letzteres bis zu einem gewissen Grad verbessern ... doch er erkannte, dass dies ebenso gut eine Wunscherfüllung wie die Realität sein konnte.

Nach dem Mittagessen kehrte er zur Aussichtsplattform zurück und saß dort, während der lange Nachmittag langsam verging, mit geschlossenen Augen und weit geöffneten Gedanken in seinem Liegestuhl.

Mehrmals fing er einen Gedankeneindruck auf, der deutlicher war als der allgemeine Verlauf, und konzentrierte sich darauf, ihn gedanklich zu verfolgen; um es klarer und genauer zu lesen. Aber da er keinen großen Erfolg hatte, fing es an, ihn zu irritieren ... und das machte ihn nur noch wütender.

„Bleiben Sie dran und erwarten Sie keine Wunder", schimpfte er sich selbst. „Sicher, du hast etwas, aber alles – jede geistige oder muskuläre Fähigkeit – erfordert Training und Übung, um irgendwohin zu gelangen!"

Nach dem Abendessen an diesem ersten Abend ging Hanlon in die Freizeithalle. Es gab Dutzende Tische, an denen die Leute verschiedene Spiele spielten. Er sah, dass viele dieser anderen Leute um ihn herum standen und das Stück sahen, und wusste daraus, dass die gesellschaftlichen Bräuche auf dem Schiff solch stilles Kibitzen nicht missbilligten.

Deshalb wanderte er umher, bis er einen Tisch fand, an dem vier Männer Stud Poker spielten. Hier stand er und beobachtete das Spiel, konzentrierte sich jedoch auf die Gedanken des Mannes gegenüber, der seine mentalen Eindrücke mit den Siegen und Niederlagen des Mannes abgleichte.

Er stellte fest, dass er zu keinem Zeitpunkt im Kopf des Mannes tatsächlich erkennen konnte, was seine „Hole Card" war. Aber er konnte am Kopf des Spielers ganz leicht erkennen, ob dieser es für gut, sehr schlecht oder nur für einen möglichen Gewinner hielt. Indem Hanlon das Spiel beobachtete und die Gefühle, Gesichtsbewegungen und Muskelzuckungen oder Verspannungen des Mannes studierte , konnte er bald einige bemerkenswert genaue Vorhersagen darüber treffen, um welche Karte es sich handelte. Als er seine Schlussfolgerungen mit der Karte überprüfte , als sie ihm gezeigt wurde, stellte er fest, dass er sich nach und nach einer perfekten Punktzahl im Bereich „Lesen" näherte.

Am nächsten Tag saß Hanlon wieder die meiste Zeit mit geschlossenen Augen in der Lounge und ließ seinen Geist alle Eindrücke und Schwingungen aufsaugen, die er konnte. Wenn einer besonders stark schien, versuchte er, ihm zu folgen und die Person zu lokalisieren – mit seinem Verstand, nicht mit seinen Augen – und den ganzen Gedanken zu lesen.

Vor allem fand er wieder Aufregung und Vergnügen. Fast alle an Bord schienen eine tolle Zeit zu haben und die Reise in vollen Zügen zu genießen. Es war das, was man erwarten konnte – ein fröhliches, unbeschwertes Feiertagspublikum.

Dennoch war da, ab und zu, dieser unheimliche Unterton, der ihn so verwirrt hatte, seit er ihn am Tag zuvor zum ersten Mal gespürt hatte. Es war zu keinem Zeitpunkt auffällig und auch nicht andauernd ... eher, als ob nur ein oder zwei Geister den Gedanken hegten, und zwar diejenigen, die sich nicht die ganze Zeit im Aufenthaltsraum aufhielten, sondern ein- und auswanderten.

Er versuchte, das Gefühl dieser Gedanken zu analysieren. Sie waren böswillig – das hatte er von Anfang an gespürt. Und schließlich, später am Nachmittag, verbrachten die Person oder die Personen, die sie dachten, offensichtlich einige Zeit in seiner Nähe im Aufenthaltsraum, denn das Gefühl wurde dem SS-Mann viel klarer.

Hanlon hielt immer noch die Augen geschlossen. Er machte sich zu diesem Zeitpunkt keine Mühe herauszufinden, wer diese bedrohlichen Gefühle ausstrahlte. Das würde später kommen. Im Moment war er mehr daran interessiert herauszufinden, was diese unheimlichen Eindrücke zu bedeuten hatten.

Und nach und nach wurde sein Verstand zu dem Schluss gezwungen, dass es nur eines bedeuten konnte – einen Mord.

Hanlon widmete fast seine ganze Aufmerksamkeit diesem Problem, als ein anderer geistiger Eindruck in ihn eindrang, der stärker wurde und seine Aufmerksamkeit immer mehr forderte.

Es war ein Gefühl mitfühlender Besorgnis, aber dennoch schüchtern und entschuldigend. Er spürte, wie es stärker wurde, sich ihm zu nähern schien und auf ihn gerichtet zu sein schien.

Für einen Moment hörte er auf, sich um die andere Sache zu kümmern, und beobachtete diesen neuen Gedanken.

Mit jedem Augenblick wurde es stärker und näher. Er wusste das irgendwie. Er richtete seine Aufmerksamkeit auf die Quelle, von der er glaubte, dass sie sie verursachte, war aber halb verärgert darüber, dass sie seine wichtigeren Gedanken unterbrochen hatte. Es war vor ihm ... und plötzlich, wie ein heller, weißer Lichtstrahl, streckte sein Geist die Hand aus und berührte direkt den Geist, der diesen Gedanken hatte.

Ich habe es berührt ... es war sofort, unglaublich, *in* diesem Geist!

Er war tatsächlich in der Lage, die oberflächlichen Gedanken zu *lesen !*

Klar, deutlich, als wäre es sein eigener Verstand, wusste Hanlon, dass er mit einem Decksteward eins war, der ihn den ganzen Tag und am Tag zuvor mit geschlossenen Augen und angespanntem Gesicht dort sitzen gesehen hatte. (Seine Konzentrationsbemühungen müssen zu offensichtlich gewesen sein – er musste lernen, sich davor zu hüten und sein Gesicht teilnahmsloser zu halten.)

Jetzt kam der Verwalter, um zu sehen, ob er krank war. Und in diesem Moment erklang eine sanfte, entschuldigende Stimme vor ihm – Worte, die er bereits in diesem Geist gelesen hatte.

„Bitte verzeihen Sie, Mr. Hanlon, Sir, aber ist etwas nicht in Ordnung?"

Er öffnete träge die Augen und lächelte, als er das besorgte Gesicht des weiß gekleideten Dieners sah.

„Ich? Nicht wirklich. Nur ein bisschen mulmig , aber mir geht es immer besser."

„Das freut mich. Aber seien Sie sicher und rufen Sie an, wenn ich Ihnen weiterhelfen kann."

"Danke ich werde." Hanlon griff in seine Tasche und drückte dem Mann eine Gutschrift in die Hand.

Und als der Verwalter wegging, wirbelten Hanlons Gedanken sofort über diese neu entdeckte Fähigkeit. Er war natürlich erstaunt und erfreut ... aber auch ein wenig beunruhigt.

„Ich war tatsächlich in den Gedanken des Kerls!" dachte er erstaunt. „Das ist neu! Das konnte ich noch nie. Ich habe wirklich seine Gedanken gelesen! Ich muss mehr darüber herausfinden. Mal sehen, wie habe ich das gemacht?"

Kapitel 7

George Hanlon blickte sich auf der Aussichtsplattform um und sah in einiger Entfernung den jungen Mann, der am selben Esstisch gesessen hatte. Hanlon grinste ein wenig und lenkte seine Gedanken in diese Richtung.

Soweit er sich erinnern konnte, konzentrierte er sich darauf, das Gleiche zu tun, was er getan hatte, als er in die Gedanken des Verwalters eingedrungen war. Lange, ängstliche Minuten lang versuchte er es. Er fühlte sich angespannt und die Anstrengung ließ sein Herz schneller schlagen. Schließlich sank er in seinen Stuhl zurück .

„Der andere war nur ein Zufall, schätze ich", er runzelte frustriert und angewidert über sich selbst die Stirn. „Ich denke ständig, dass es mir gut geht – dann *Flooie* !" Er richtete seine Gedanken wieder träge auf den Jungen ... und fand sich plötzlich wieder in den Gedanken einer anderen Person wieder.

Es war ein seltsames, seltsames Gefühl ... zwei Gedanken gleichzeitig zu haben. Außerdem hatte Hanlon ein wenig das Gefühl, ein Eindringling in einen verbotenen Tempel zu sein. Dennoch blieb er beharrlich und versuchte herauszufinden, ob er dort etwas lesen konnte ... und war enttäuscht, als er feststellte, dass er nur die flüchtigen oberflächlichen Gedanken lesen und verstehen konnte.

Mit all seiner Kraft und auf jede nur erdenkliche Weise versuchte er, diesen vorübergehenden Gedankengängen auf die Spur zu kommen, konnte aber keinerlei Informationen über die Vergangenheit oder das Wissen des jungen Mannes erhalten. Ihm standen nur leere, egozentrische Gedanken zur Verfügung, die träge durch den Geist des Jugendlichen flossen.

Er fragte sich, ob er den anderen beeinflussen könnte, etwas zu tun. Wenn er den Geist eines anderen kontrollieren könnte – und sei es auch nur ein wenig –, würde das ihm bei seiner Arbeit wirklich helfen. Also versuchte er nun jede erdenkliche Methode, um den Kerl dazu zu bringen, das Buch aufzuheben, das neben seinem Stuhl lag. Er konzentrierte sich darauf, er bestand darauf, er wollte es. Aber vergebens – er konnte überhaupt keinen Eindruck hinterlassen.

Hanlon zog seine Gedanken zurück. „Ich habe keine Kontrolle", dachte er bei sich. „Ich kann seine Gedanken in keiner Weise übernehmen. Ich kann auch nicht seine Vergangenheit lesen, sondern nur seine gegenwärtigen Gedanken. Das ist nicht so schlimm, obwohl ich gehofft habe, dass ich endlich den Jackpot geknackt habe."

Nach einigem Nachdenken kam mir der Gedanke: „Vielleicht kann ich es mit jemand anderem besser machen."

Während des restlichen Tages versuchte er immer wieder, die Gedanken anderer seiner Mitpassagiere zu lesen, kam aber in jedem Fall zu den gleichen Ergebnissen. Er entwickelte jedoch die Technik, viel schneller in den Geist einzudringen – er konnte diese Lektüre schneller durchführen und wusste dennoch, dass er Recht hatte.

„Jetzt verstehe ich es. Ich muss entspannt an die Sache herangehen, nicht so angespannt wie am Anfang", wurde ihm schließlich klar.

Aber wenn es darum ging, den gesamten Geist zu erforschen und zu lesen, in seine vergangenen Gedanken und Kenntnisse, nein. Nur das ... nein!

Pessimistisch begann er zu glauben, dass er mit seinem „Gedankenlesen" nicht so viel erreichen würde, wie er – und seine Vorgesetzten – gehofft hatten.

Bedeutete das, fragte er sich trostlos, als er in seine Kabine ging, dass er im Geheimdienst ein Versager sein würde? Oder, so wurde es ihm augenblicklich heller, könnte er andere Methoden entwickeln, um Informationen aufzuspüren? Aber das, sagte er sich ehrlich, war out. Was wusste er über Detektivarbeit? Die SS hatte bereits die besten Detektive im Universum.

Diese düstere Stimmung hielt an, während er zu Bett ging und schließlich einschlief. Aber als er am nächsten Morgen aufwachte , fühlte er sich wieder fröhlich. Er hatte viel – und er würde noch mehr bekommen.

Er frühstückte gut, ging dann zurück zu seinem Liegestuhl und öffnete dort entschlossen seine Gedanken noch einmal für allgemeine Eindrücke. Er würde weiter daran arbeiten, und es würde bestimmt noch mehr kommen. Schauen Sie, wie weit er bereits fortgeschritten war. Viel weiter als zu Beginn. Und außerdem könnte er bei bestimmten Problemen wahrscheinlich – nein, zweifellos – mehr tun als jeder andere. Soweit er wusste – und Dad und Admiral Rogers hatten geredet, als wäre er der Einzige, den sie kannten –, konnte niemand sonst auch nur oberflächliche Gedanken lesen.

Also blieb er fleißig dabei. Und sehr bald, so stark er schlussfolgerte, dass der Geist ihm sehr nahe sein musste, fand er wieder diese unheimlichen Eindrücke, die ihn so sehr geplagt hatten.

Diesmal blickte er sich scheinbar beiläufig neugierig um, berührte aber dennoch die Gedanken der Menschen, die ihm am nächsten standen. Dann klicken Sie auf Pay Dirt!

Nun, es war dieser freche, herzhaft aussehende, rothaarige Mann auf dem dritten Stuhl zu seiner Rechten. Er sah nicht bösartig aus, das stand fest, auch wenn sein Kiefer grimmig wirkte. Doch seine oberflächlichen Gedanken zeigten, dass der Mann hart, kalt und rücksichtslos war – ein reiner Killertyp. Hanson spürte, dass er zu den Männern gehörte, die einen solchen Willen zur Macht haben, dass das Leben und die Rechte anderer geringschätzig und verächtlich behandelt werden. Der Typ, der, wenn ihm ein anderer in die Quere kommt, ihn entfernt ... aber vorsichtig, damit seine eigene wertvolle Haut nicht in Gefahr gerät. Wenn er jemand anderen mit der Drecksarbeit beauftragen könnte, umso besser. Hanlon wusste, dass solche gewissenlosen Mörder normalerweise arrogante Feiglinge waren.

Es gab jemanden auf diesem Schiff, der diesem Mann im Weg stand – da war sich Hanlon sicher. Der Mörder war entschlossen, diesen anderen bei der ersten Gelegenheit zu zerstören . Sein Verstand wog jetzt Chancen und mögliche Gelegenheiten ab – und Hanlon las und lernte.

Ja, das muss einer dieser „interessanten Menschen" sein, die ein unbekannter SS-Tippgeber auf Terra erwähnt hatte. War das Opfer ein anderes? Wahrscheinlich. Denn Hanlon hatte im Kopf dieses Mörders noch keine Gedanken über irgendwelche Konföderierten gelesen.

Hanlon beobachtete diesen Mann und seine Gedanken genau und nahm viele andere vereinzelte Informationen auf, darunter seinen Namen, Panek . Keiner schien im Hinblick auf die vorliegende Angelegenheit von allzu großer unmittelbarer Bedeutung zu sein. Dennoch vermittelten sie dem Secret-Service-Mann insgesamt ein recht gutes Bild von der Persönlichkeit des Attentäters.

Plötzlich, und nur ein kaum flüchtiger Gedankenhauch, begriff Hanlon, dass der Tod des beabsichtigten Opfers für den Putsch, den „sie" gegen Simonides planten, notwendig war.

Hanlon wurde durch diesen Planetennamen sofort alarmiert. Vielleicht war dies ein eindeutiger Hinweis für ihn. Er bemühte sich, mehr zu bekommen. Der Mörder dachte gelegentlich an einen Mann, den er „The Boss" nannte, aber weder an den Namen dieses Würdenträgers noch an seine tatsächliche Position – politisch, sozial, wirtschaftlich oder anderweitig.

Der SS-Mann tobte innerlich, weil er sich kein klares Bild von diesem „Boss" machen konnte. Dieser Mörder hatte verdammt noch mal keinen visuellen Verstand. Er konnte keine der Personen oder Szenen, über die er nachdachte, bildlich klar erkennen.

Hanlon war jedoch nach und nach von der Erkenntnis beeindruckt gewesen, dass dieser Mann große Angst vor seinem Chef hatte. Jedes Mal, wenn er an seinen Arbeitgeber dachte, überkam ihn ein geistiger Schauder. Da war etwas an einem früheren Misserfolg und was zweifellos passieren würde, wenn es nicht jetzt getan würde, aber Hanlon konnte nicht genug davon bekommen, um für ihn einen Sinn zu ergeben.

Wieder Panek begann, wenn auch sehr skizzenhaft, über „Sime“, wie er Simonides nannte, und die „Verschwörung“, die dort ausgeheckt wurde, nachzudenken. Hanlon spürte die höhnische Verachtung des Mannes für „diese Bestien“ – konnte sich aber überhaupt nicht vorstellen, was diese Anspielung bedeutete.

In vielerlei Hinsicht schien dieses Rätsel immer schlimmer statt besser zu werden, und Hanlon erlebte einen Moment der Frustration. Aber sein Sinn für Humor kam ihm zu Hilfe. „Möchten Sie, dass Ihnen das Ganze schwarz auf weiß aufgeschrieben wird?“ er spottete über sich selbst. „Hör auf damit! Hör auf, ein Defätist zu sein.“

Immer intensiver und intensiver versuchte er, in die Gedankenwelt des Mannes einzudringen. Oh, wenn er nur lernen könnte, unter diesen oberflächlichen Gedanken zu lesen; ihnen entlang der Erinnerungsketten hinab und zurück in den gesamten Geist zu folgen! So aufschlussreich die Gedanken, die er erfassen konnte, auch waren, um vollständige und schnelle Ergebnisse zu erzielen, musste er die Technik erlernen, Gedanken vollständig zu lesen. Wenn so etwas möglich wäre.

Doch so sehr er auch nachforschte, der Weg zu diesen tieferen, vergrabenen Erinnerungen und Gedanken blieb ihm weiterhin verschlossen.

Und dann stand Panek auf und verließ die Aussichtsplattform.

Eine leichte Berührung seines Knies ließ George Hanlon einige Zeit später die Augen weit aufreißen, und als er nach unten schaute, sah er einen kleinen, zappeligen Hund, der ihm ins Gesicht blickte, dessen Schwanz hektisch mit der Perücke wedelte, um ihm Freundschaft zu signalisieren, und dessen kleine Zunge Leckbewegungen machte in Richtung der Hand, die der Welpe nicht ganz erreichen konnte.

„Nun, hallo, Kerl“, Hanlon griff nach unten und hob den kleinen Hund auf seinen Schoß, wo dieser sich in einer Ekstase der Freude zappelte und verzog, über den jungen Mann kletterte, seine Hände leckte und versuchte, sein Gesicht zu erreichen. Der Welpe war so überglücklich und begierig darauf, Freunde zu finden, dass Hanlon bald fast krampfhaft lachte und versuchte, diesen gut gemeinten, aber sehr feuchten Küssen auszuweichen.

„Warte jetzt, Junge. Lass es ruhig angehen. Ich mag dich und all das, aber lass uns nicht zu sehr mitreißen.“

Hanlon kratzte den Welpen hinter einem seiner Schlappohren und drückte ihn fest, aber sanft nach unten, sodass er auf seinem Schoß lag.

„Das ist besser. Leg dich einfach hin und lass es ruhig angehen."

Ein plötzlicher Gedanke brachte ein Grinsen auf die Lippen des jungen Mannes. Er versuchte, in die Gedanken des Welpen einzudringen ... und erlebte eine echte Überraschung. Denn nach ein paar ängstlichen Momenten des Testens und Ausprobierens schaffte er es – und bekam tatsächlich die Freudengedanken des Hundes, einen so wundervollen neuen Freund mit solch einem verführerischen Ausfluss gefunden zu haben. Hanlon versuchte dann herauszufinden, ob er in die tieferen Teile des Geistes des Hundes vordringen konnte, und mithilfe des Wissens über die Technik, das er bei seinen früheren, wenn auch erfolglosen Versuchen mit Menschen abgeleitet hatte, stellte er nach vielen weiteren ängstlichen Minuten fest, dass er dem Gedanken folgen konnte – und - Die Erinnerung wandert immer wieder zurück, bis der ganze Geist des Hundes für ihn offen war.

Der Welpe hatte eine viel stärkere Mentalität, als Hanlon jemals bei Hunden vermutet hätte – und er wusste, dass sie alles andere als dumm waren. Der Verstand dieses Mannes war, wie er jetzt sah, unreif, aber latent fähig.

Sag mal, das war großartig! Hanlon recherchierte weiter und fand viele lückenhafte Fakten – lückenhaft, weil die Gedanken für den Welpen unvollständig waren und über seine Erfahrung hinausgingen, und nicht, weil der Mann nicht perfekt lesen konnte, was da stand. Der Hund kannte offenbar eine Frau – Hanlon hatte den Eindruck von Röcken – und antwortete, als diese Göttin das Wort „Zigeuner" rief.

„Zigeuner, was?" Sagte Hanlon laut, und sofort wand sich der Hund unter seiner zurückhaltenden Hand hervor und versuchte erneut, hochzuklettern und Hanlons Gesicht in rasender Bewunderung zu lecken.

„Legen Sie sich hin, Herr, und seien Sie ruhig!" Sagte Hanlon streng und der Welpe tat dies sofort, ohne zu fragen oder zu zögern.

Hanlon war begeistert, als ihm sofort klar wurde, dass nicht das, was er gesagt hatte, den Ausschlag gab, sondern die Tatsache, dass er sich immer noch im Kopf des Hundes befand und dieser eher seinem Willen als seinen Worten gehorcht hatte.

„Hey, das muss untersucht werden!"

Ohne die Worte dieses Mal laut auszusprechen, befahl Hanlon dem Hund – oder besser gesagt, er prägte den Befehl direkt in den Geist des Welpen ein –, von seinem Schoß auf das Deck zu steigen.

Sofort sprang es herunter.

"Hinlegen." Der Hund tat es.

"Sich umdrehen." Wieder still. Aber jetzt blickte der Welpe nur flehend zu ihm auf und zitterte offenbar vor Unentschlossenheit. Hanlon erkannte, dass der Welpe nicht wusste, wie man sich „umdreht".

„Ich schätze, ich muss lernen, wie man es macht, bevor ich es ihm beibringen oder besser gesagt befehlen kann", grinste Hanlon schief. Denn er erkannte, dass er dazu lernen musste, jeden Muskel des Hundes zu kontrollieren, und dass er dazu erst wissen musste, welcher Teil des Gehirns die Nerven kontrolliert, die diese Muskeln dazu bringen, seinen Befehlen zu gehorchen.

Und das würde, wenn überhaupt möglich , eine ganze Galaxie voller Studium und Übung erfordern.

In den nächsten Minuten konzentrierte er sich dann darauf, den Welpen eine Reihe einfacher Tricks ausführen zu lassen, wobei er die ganze Zeit aufmerksam beobachtete, um, wenn möglich, die Verbindungsglieder zwischen Gehirn, Nerven und Muskeln zu erkennen.

Er begann gerade ein wenig voranzukommen, diesen dreifachen Zusammenhang zu verstehen, als er plötzlich ein Keuchen hörte. Als er aufblickte, sah er eine junge Matrone vor sich stehen, deren Mund und Augen vor Überraschung weit aufgerissen waren.

„Warum ... warum, Gypsy hat noch nie irgendwelche Tricks gemacht. Was bist du, ein Tiertrainer?"

Hanlon sprang auf. „Das Beste im Universum, Madam", grinste er. „Das ist ein wirklich toller Welpe, den du hast. Er kam vorbei und stellte sich vor, und wir hatten viel Spaß zusammen."

„Ja, er ist weggelaufen und ich habe überall nach ihm gesucht. Aber wie um alles in der Welt hast du es ihm jemals so schnell beigebracht?"

„Es ist ein Geschenk", spottete Hanlon und wurde dann ernst. „Ehrlich gesagt, Madam, ich weiß es nicht", sagte er leise. „Ich scheine einfach ein Händchen für Hunde zu haben, das ist alles. Würden Sie mir übrigens den Welpen verkaufen?"

„Zigeuner verkaufen? Nein, danke", und sie machte sich auf den Weg und rief dem Hund zu, er solle ihr folgen. Aber es stand unentschlossen da, blickte von einem zum anderen und schien nicht zu wissen, ob es seinem geliebten Herrchen folgen oder bleiben und mit diesem netten neuen Freund spielen sollte.

Hanlon wandte sich schnell an die Gedanken des Hundes und prägte ihm ein, dass er der Frau folgen und immer tun müsse, was sie ihm sagte. Dann trottete der Welpe zufrieden davon.

George Hanlon sank in seinen Liegestuhl. Das erforderte einen guten Gedanken – einen sehr ernsthaften Gedanken –, sagte er sich. Daran müsste er ebenso viel arbeiten wie am menschlichen Geist. Denn wenn er Tiere kontrollieren könnte – würde das bei Vögeln oder Insekten funktionieren? Vielleicht sogar angeln? – dann konnte er an Orte gelangen, an die er als Mann nicht gehen durfte.

Die Dame und der Hund waren verschwunden, als Hanlon die Inspiration bekam, zu sehen, ob sein Verstand sie finden könnte; ob er den Hund erneut kontaktieren könnte, wenn er nicht in Sicht war und er nicht genau wusste, wo er war.

Sofort und mühelos, es schien, als ob es nur geschah, weil er es wollte, fand er sich wieder im Kopf des Welpen wieder. Lag es daran, dass er das Muster dieses Geistes bereits kannte, fragte er sich?

Wie auch immer, da war er, und jetzt versuchte er zu sehen, ob er durch Gypsys Augen schauen konnte ... und nach langem Studieren gelang es ihm. Aber die Sicht war so verzerrt, dass er sich fragte, ob seine Kontrolle daran schuld sei, und dann fiel ihm ein, irgendwo gehört oder gelesen zu haben, dass die Augen eines Hundes nicht genau so funktionieren wie die eines Menschen.

Schließlich gewöhnte er sich so weit an sie, dass er sehen konnte, dass sie durch einen schmalen Korridor gingen, und dann blieben sie vor einer Tür stehen, die sich nach einem Moment öffnete. Der Hund sprang ohne Befehl durch die Tür in die Kabine und rannte zu seinem Korb, wo er keuchend lag und zu seiner Herrin aufblickte.

Kapitel 8

George Hanlon zog sich aus den Gedanken des Welpen zurück und dachte ernsthaft nach. Ja, diese Frage der Kontrolle des Geistes von Tieren erforderte viel Nachdenken und Studium sowie eine enorme Menge an Übung. Aber es schien wichtig genug zu sein, um diese Ausgaben zu rechtfertigen.

Er machte Jagd auf seinen Verwalter. „Wo halten die Passagiere ihre Haustiere?"

„Einige halten sie in ihren Kabinen, Sir, andere in den Zwingern unten auf dem H-Deck."

sie anzusehen ? Ich mag Tiere, besonders Hunde."

„Oh nein, Sir. Da kann jeder hinabsteigen. Es ist auf der rechten Seite, etwa auf halber Höhe."

Als Hanlon in den Zwingern ankam, stellte er fest, dass sich in den Käfigen etwa ein Dutzend Hunde verschiedener Rassen, Altersgruppen und Größen befanden. Hier gab es viele Tiergeister für seine Experimente und Studien.

Nachdem er herumgelaufen war und sie einige Minuten lang betrachtet hatte, setzte er sich auf eine Bank an einer Seite der Käfige und konzentrierte sich auf den Hund, der ihm am nächsten stand. Es war ein großer weißer Bulle, und er schätzte sein Alter auf etwa fünf oder sechs Jahre. Das war genau das, was er wollte – den Geist eines Erwachsenen zum Studieren, nicht den eines unreifen Welpen.

Es fiel ihm nicht schwer, sich in die Gedanken des Hundes hineinzuversetzen, und über eine Stunde lang saß er da und studierte es Zeile für Zeile, Kanal für Kanal, Stecker für Stecker, während der Hund dalag, als würde er schlafen. Allmählich hatte Hanlon das Gefühl, etwas über den Zusammenhang zwischen Geist und Körper eines Hundes und dessen Funktionsweise zu wissen.

Dann, und nur dann, weckte er den Hund und begann mit Kontrollversuchen. Es fiel ihm leicht, den Hund dazu zu bringen, alles zu tun, was er wollte und das im Rahmen der Vorkenntnisse und Erfahrungen des Tieres lag. Er wollte sehen, ob er es dazu bringen konnte, Bewegungen und Aktionen auszuführen, die außerhalb seiner vorherigen Konditionierung und seines vorherigen Trainings lagen. Nach einigem Herumfummeln stellte er zu seiner Freude fest, dass nun selbst einige der einfacheren Dinge nicht allzu schwierig waren, während andere mit seinem derzeitigen Wissen nicht zu bewältigen waren.

Seine Studie brachte ihm in gewissem Maße bei, wie man die Gehirnzentren aktiviert, die die Nerven steuern, die Nachrichten an die richtigen Muskeln senden, die es dem Hund ermöglichen, seinen Befehlen zu gehorchen. Aber es bedurfte noch einer Menge Studium. Er wusste, dass er gerade erst den Anfang gemacht hatte, um zu lernen, was man wissen musste, um es schnell und einfach zu erledigen.

Der Zwingerverwalter muss die seltsamen Possen des Bullen bemerkt haben und dann, als er Hanlons konzentrierte Aufmerksamkeit sah, vermutete, dass es möglicherweise einen Zusammenhang zwischen den beiden geben könnte. Denn er trat an die Bank heran und blickte etwas feindselig auf den Mann herab, der dort saß. Aber seine Stimme war sehr höflich, als er sprach.

„Kann ich etwas für Sie tun, Sir?"

Hanlon hatte sich so sehr konzentriert, dass er niemanden kommen hörte, und die Stimme, die so plötzlich direkt vor ihm sprach, erschreckte und verwirrte ihn. Er schaute auf und sein Geist fühlte sich träge und schwach an, fast so, als wäre er unter Drogen gesetzt worden.

„Häh?" fragte er dumm.

„Ich fragte", der Ton des Mannes war etwas schärfer, „ob ich irgendetwas für Sie tun könnte?"

„Oh nein. Nein danke." Hanlon zwang sich, aufmerksam zu sein. „Ich mag Hunde einfach und bin hierher gekommen, um sie zu beobachten. Ich muss eingenickt sein."

„Haben Sie hier einen eigenen Hund?"

„Nein, ich habe derzeit keinen Hund."

„Was hast du mit diesem weißen Bullen gemacht? Er verhält sich sehr eigenartig, seit du hier bist."

"Mich?" Hanlon machte einen überraschten Eindruck. „Warum, nichts. Ich habe nur hier gesessen und mit keinem von ihnen ein Wort gesagt."

„Nun, ich bin mir nicht sicher, ob es angemessen ist, dass Sie hier sind, solange Sie hier keinen Hundezwinger haben . "

„Tut mir leid. Wenn es dich stört, gehe ich."

Hanlon machte sich auf den Weg ... dann blieb er abrupt stehen. Er hatte sich über dieses seltsam träge Gefühl in seinem Kopf gewundert. Jetzt, mit einem Schrecken, den er kaum verbergen konnte, wurde ihm plötzlich eine verblüffende Tatsache bewusst!

Er hatte diesen Gesprächsaustausch von zwei verschiedenen und unterschiedlichen Punkten aus gesehen und gehört! Und jetzt sah er zu, wie er ging!

Er hatte beides von sich selbst gehört und gesehen ... und vom Verstand des Hundes!

jedes Wort dieser kurzen Unterhaltung gehört und *verstanden hatte – nicht wie ein Hund, sondern wie ein Mann* !

Plötzlich war Hanlon von kaltem Schweiß durchnässt und wusste, dass er nicht nur im Gehirn des Hundes gewesen war, ihn beobachtet und kontrolliert hatte, sondern dass er tatsächlich einen Teil seines eigenen Geistes in das Gehirn des Hundes *übertragen hatte!*

Kein Wunder, dass sein eigener Verstand – was in seinem eigenen Gehirn noch übrig war – sich im Moment etwas unzulänglich und mangelhaft angefühlt hatte. Es war nicht sein vollständiger Verstand. Als der Verwalter ihn erschreckte, hatte er vergessen, sich aus dem Gehirn des Stiers zurückzuziehen.

Nun tat er dies vorsichtig und rannte mit völliger Besinnung fast zurück in seine Kabine.

Hanlon warf sich auf das Bett und lag da, zitternd vor Ehrfurcht, als ihm die Unermesslichkeit dessen bewusst wurde, was er getan hatte.

Wie in Snyders Namen war so etwas möglich? Die Eindrücke eines Geistes zu lesen, sogar die oberflächlichen Gedanken, lag durchaus im Bereich der Möglichkeiten, die er kannte, denn er hatte es selbst getan. Schon Hunderte von Jahren zuvor hatte man solche Dinge für möglich gehalten und sie ausführlich und wissenschaftlich untersucht. Viele Menschen hatten im Laufe der Jahrhunderte behauptet, Gedanken lesen zu können, obwohl nur wenige ihre Fähigkeiten jemals unter sorgfältig kontrollierten Laborbedingungen zufriedenstellend unter Beweis gestellt hatten.

Er selbst war bis vor etwa einem Tag nicht in der Lage gewesen, Gedanken direkt zu lesen, und er konnte es auch bei Menschen noch nicht einmal perfekt.

Er räumte außerdem ein, dass es eine vernünftige Vorstellung sei, dass, wenn er überhaupt über geistige Fähigkeiten bei Menschen verfüge, diese bei Tieren größer und effizienter sein müssten. Denn sie verfügten über weniger tatsächliche Gehirnleistung; Ihr Geist war weitaus weniger komplex als der menschliche Geist.

Aber in der Lage zu sein, einen Teil seines Geistes zu übertragen ... ihn zu trennen – zu dissoziieren – und ihn außerhalb seines Körpers und im Geist eines anderen Körpers zu haben!

„ Ist das nicht ein Sumpf ?" er pfiff voller Ehrfurcht und Erstaunen.

Mit großer Willensanstrengung nahm er sich zusammen und nahm sich vor, die ganze Episode noch einmal sorgfältig durchzugehen und herauszufinden, wo das alles in die anstehende Angelegenheit passen könnte.

„Als ich mich zum ersten Mal an diesen Welpen erinnerte, dachte ich, dass es eine große Hilfe sein würde, und das wird es auch. Aber das wird umso mehr, wenn ich Tiere wirklich kontrollieren und mit ihren Augen und Ohren sehen und hören kann. Und wenn ich sie dorthin schicken kann, wo ich sie haben möchte, und meinen Geist oder einen Teil davon mit ihnen schicken kann und trotzdem weiß, was er und sie tun, dann wird das großartig sein!"

Er erinnerte sich, wie es ihm gelungen war, in die Gedanken des Welpen einzudringen, nachdem dieser außer Sichtweite war, und schickte seine Gedanken nun in die Zwinger. Wieder befand er sich ohne Probleme, ohne Verzögerung oder Zögern im Kopf des Bullen und konnte durch die Käfigdrähte hinausschauen und den Rest des Zwingerdecks sehen.

Er zog sich zurück und lag fast sprachlos da.

„Wie habe ich jemals eine solche Fähigkeit bekommen?" er fragte sich. „Niemand sonst in unserer Familie hat es. Bin ich eine Art Mutant? Aber wenn ja, wie oder warum? Ich habe weder Vater noch Mutter davon erwähnen hören."

Er hatte viele Fragen, aber keine Antworten.

Aber als er an diese neue Fähigkeit und seinen Job beim Secret Service dachte, erinnerte er sich plötzlich an den potenziellen Mörder, den er beobachtet hatte. Mit Bestürzung stellte er fest, dass er diesen Aspekt in seiner Aufregung über diese neueste Entwicklung völlig vergessen hatte. Er sollte besser wieder an den Ball kommen, aber schnell!

Er stand auf, spritzte sich kaltes Wasser ins Gesicht, trocknete es, fuhr sich mit einem Kamm durch die Haare und ging zurück ins Wohnzimmer.

Der Mann Panek war nicht in der Beobachtungslounge, also machte sich Hanlon auf die Suche nach ihm. Gerade als er sich auf seiner Runde den Spielräumen näherte, sah er, wie sein Mann sie verließ. Hanlon ließ den Fremden etwas Abstand vor sich her, folgte ihm so vorsichtig er konnte und versuchte die ganze Zeit zu erkennen, was der Mörder vorhatte.

Nicht ganz zu seiner Überraschung stellte Hanlon fest, dass er die oberflächlichen Gedanken jetzt noch leichter lesen konnte als zuvor. So wusste er bald mit Nachdruck, dass der Mann definitiv auf den geplanten

Mord aus war – dass das Opfer sich in seiner Kabine befand, diese aber aufgrund eines gefälschten Videoanrufs bald verlassen würde.

Hanlon erfuhr auch, dass der Mörder ein Messer in seinem Ärmel versteckt hatte – und geschickt damit umgehen konnte.

Der Verstand des SS-Mannes schoss schnell in die Höhe. Was sollte er tun? Er wollte nicht, dass ein Mord begangen wurde, aber er wollte auch nicht, dass dieser Mann getötet oder eingesperrt wurde – zumindest nicht, bis er viel mehr über ihn und seine Beteiligung an dieser „Verschwörung" gegen Simonides oder über Hanlon und die anderen erfahren hatte Das Corps versuchte so verzweifelt, eine Lösung zu finden.

„Ich muss lernen, alle Aspekte selbst der scheinbar unbedeutendsten Dinge sehr sorgfältig abzuwägen", dachte er sorgfältig. „Ich kann nicht das Risiko eingehen, die Dinge zu vermasseln, aber andererseits möchte ich, wenn ich kann, bei dieser Bande reinkommen."

Dem jungen Agenten kam eine Möglichkeit in den Sinn – und er zitterte ein wenig, dann grinste er bei dem Gedanken wolfsartig. Es war ziemlich gefährlich, aber wenn er es überwinden könnte, würde es ihm vielleicht den nötigen „In" geben, den er brauchte.

Er beeilte sich und holte den großen Mann ein, gerade als dieser kurz anhielt, um vorsichtig um die Ecke und einen Korridor zu spähen, der, wie Hanlon in Gedanken lesen konnte, zur Kabine des Opfers führte.

Hanlon tippte dem Mann auf die Schulter, und als der Kerl mit einem Knurren im Gesicht herumwirbelte, trat Hanlon einen Schritt zurück und hob die Hände in der „Ich bin nicht bewaffnet"-Geste. Dann, bevor Panek etwas sagen konnte, trat er näher und flüsterte.

Aber der Schläger war sowohl wütend als auch frustriert über die Vereitelung seines sorgfältig ausgearbeiteten Plans und hatte keine Lust auf ein Gespräch. Das tödliche Messer schien in der starken, schnellen und geübten Hand des Mörders aus seinem Ärmel auf Hanlon zu springen.

Der SS-Mann sprang nach hinten, dann schossen seine eigenen Hände hervor und packten die Handgelenke des anderen, wie es ihm beigebracht worden war. Er erwischte die rechte Hand, also die Messerhand, aber der große Kerl war genauso geschickt wie er, auch wenn er nicht so schnell zu handeln schien. Seine andere Hand entzog sich Hanlons Griff, und mit ihr schlug und stieß Panek zu – schwere Schläge in Hanlons Gesicht und Körper.

Hanlon parierte die Schläge so gut er konnte und versuchte gleichzeitig, seine leisen Worte durchdringen zu lassen.

„Hör auf damit, du Narr! Ich versuche dir zu helfen, nicht dich zu behindern! Hör auf, verprügel dich und hör zu!"

Aber er hätte genauso gut mit den Metallwänden reden können. Ein Auge schwoll schnell an und er hatte eine Kerbe in seinem Arm, die seinen Jackenärmel durchnässte. Als er merkte, dass er den Kerl nicht zum Zuhören bringen konnte, warf Hanlon ihn mit einem Super-Judo-Trick und setzte sich dann auf ihn.

„Halt den Mund und hör mir zu, Panek!" Er zischte eindringlich und nutzte währenddessen seine ganze Kampftechnik, um die Dreschgestalt des anderen unbeweglich zu halten. „Ich versuche Sie zu warnen, dass der Idiot, den Sie suchen, eine dieser neuen Nadelpistolen trägt und die Nadeln mit Giftspitzen versehen sind. Außerdem ist er der schnellste Mann bei der Auslosung, den ich je gesehen habe – ich habe ihn beobachtet übe. Nur eine dieser Nadeln und du wärst kaputt, bevor du schreien könntest.

„Warum ... wie ... was meinst du, huh, was meinst du?"

Der Mann hörte für einen Moment mit seinen Kämpfen auf, während sein Gesicht deutlich zeigte, wie entsetzt er darüber war, dass dieser störende Fremde offensichtlich von seinen Absichten wusste.

„Wer bist du, hm, und was ist dein Spiel, was ist dein Spiel?"

Hanlon ließ seine Stimme sowohl freundlich als auch berechnend klingen und fuhr mit seiner fadenscheinigen Erklärung fort, bevor der Kerl erneut zu kämpfen begann.

„Ich hatte den Hinweis bekommen, dass bei Simonides etwas los sei, wo ein guter Stricher sich jede Menge Credits verdienen könnte. Und ich bin auf der Suche nach Credits in großer Menge ..."

„Was hat das mit mir zu tun, was hat das?"

„... und ich bin auf dem Weg dorthin, um zu sehen, wie hoch meine Chancen sind, an dem Spiel teilzunehmen. Deshalb habe ich natürlich versucht, im Voraus so viel wie möglich darüber zu erfahren. Mir wurde gesagt, dass dieser Vogel, den Sie suchen, der ist." Dort war er ein wichtiger Mann, also habe ich ihn studiert. Eines der ersten Dinge, die ich über ihn herausfand, war, dass er einen dieser Needler bei sich trug. Wenn er Ihnen im Weg steht, sollten wir ihn gemeinsam loswerden können ... aber lasst uns Gehen Sie auf Nummer sicher, oder?"

Der Fremde warf ihm mit seinen harten, misstrauischen Augen einen kalten, berechnenden Blick zu. „Lass mich hoch, Bub, lass mich hoch. Ich werde brav sein, während wir reden."

Hanlon erhob sich, blieb aber vorsichtig stehen, während der andere langsam aufstand. Aber er war nicht scharfsinnig genug – Paneks Hand blitzte hervor, noch bevor er aufrecht zu stehen schien, und ergriff geschickt die Brieftasche aus der Innentasche von Hanlons Jacke.

Aber der SS-Mann, der sah, was der andere wollte, blieb stehen und leistete keinen Widerstand.

sie dir anzusehen , Kumpel", sagte er leichthin. „Ich bin sauber. Ich bin hier völlig auf mich allein gestellt. Bin gerade aus dem Schlangennest einer Corps-Schule auf Terra geworfen …"

Als er das Corps erwähnte, schnellte der Kopf des Mörders hoch und er starrte Hanlon härter und misstrauischer als je zuvor in die Augen.

„... Sie sagten, ich hätte bei Prüfungen geschummelt und mir keine Chance gegeben, mich zu verteidigen", fuhr Hanlon schnell, aber hitzig fort. „Das hat mich sauer gemacht , aber gut! Also sage ich mir: Verdammt, John Law! Von jetzt an bin ich auf der anderen Seite. Alles, was er will, muss für jeden, der ihn austricksen kann, viel wert sein. Ich kenne seine Seite davon und wie er funktioniert, ich glaube, ich bin einfach so gut!"

Er sagte das alles mit so todernster Stimme, dass Panek erkennen konnte, dass es zwar Tapferkeit, aber auch Selbstvertrauen war. Hanlon hatte gedacht, dass diese Direktheit seine beste Wahl sei. Erzählen Sie zuerst seiner Seite davon, denn wenn er bei ihnen – oder einer anderen Bande – einsteigen würde, würden sie das sicher überprüfen und ohnehin herausfinden, dass er ein Kadett gewesen war. „Schlagen Sie ihnen zuvor, bevor sie irgendwelche gegenteiligen Schlussfolgerungen ziehen", lautete sein Urteil.

Sein Plan schien aufzugehen, denn als seine Erklärung weiterging und zu Ende ging, blickte der Mörder ihn mit einem gewissen Maß an Respekt an, obwohl seine Augen und sein Verhalten immer noch voller Misstrauen waren.

„Ich kann es dir nicht verübeln, dass du dich wund fühlst, ich kann es dir nicht verübeln, wenn sie dich wirklich rausgeschmissen haben. Aber ich vertraue niemandem, der jemals irgendeine Verbindung zu den Bullen hatte, vertraue ihnen nicht ! "

„Schau, Kumpel, benutze deinen Kopf! Wenn ich ein John Law wäre , hätte ich dich einfach aufgehalten? Ich würde dich verhaften – oder dich töten, weil du dieses Messer auf mich gerichtet hast. Ich sage dir, ich bin sauber – und dass ich Ich will etwas über Simonides erfahren.

„Ich habe auch gehört, dass es bei Sime gute Beute gegeben hat", sagte der Mann langsam. „Natürlich bin ich selbst in nichts Besonderes verwickelt, nicht darin. Das hier ist ein rein persönlicher Grollhandel. Aber du hast mir wahrscheinlich einen guten Dienst erwiesen, einen guten Dienst, und wenn du mich sehen willst." Wenn wir nach der Landung aufstehen, könnte ich Ihnen vielleicht ein oder zwei Männer vorstellen. Ich wusste nicht, dass der alte Abrams einen dieser Needler trug, das wusste ich nicht."

Der Dank in seiner schroffen Stimme zeigte seinen Respekt vor diesen leisen, tödlichen kleinen Waffen.

Dieser Name – Abrams – kam Hanlon in den Sinn, obwohl er schnell beschloss, dass er ihn lieber für den Moment liegen lassen und ihn für zukünftige Untersuchungen ablegen sollte.

Er lächelte kameradschaftlich. „Die Art und Weise, wie du hineingegangen bist, hat mich überzeugt, dass du es nicht wusstest. Und danke. Vielleicht werde ich dich aufsuchen. Ich kenne niemanden auf Simonides, und es kann nicht schaden, ein oder drei Freunde zu haben. Wo finde ich dich dort?

„Abends bin ich oft in der Bacchus-Taverne. Und", mit einer finsteren Grimasse, „wenn du kommst, bete lieber, dass ‚ er ' dich mag, das würde dir sicher besser gehen!"

Kapitel 9

Der SS-Mann George Hanlon ging langsam in sein Zimmer zurück, wo er ernsthaft nachdenken konnte, ohne auf die Abstraktionen von außen zu verzichten, denen er in jedem der öffentlichen Räume mit Sicherheit begegnen würde.

Er hatte, dachte er, ein gutes Angebot abgegeben, um Kontakt mit der Gruppe aufzunehmen, mit der er mit Sicherheit Kontakt aufnehmen wollte. Hanlon empfand Paneks Aussage, dass er persönlich nicht daran beteiligt gewesen sei, einfach nur Quatsch. Dieser letzte Satz über „Du solltest besser beten, dass er dich mag" war ein fast sicherer Beweis.

Aber was bedeutete es? Wer war dieser „er" und warum sollte Hanlon besser beten, dass „er" ihn mochte? Wahrscheinlich der Anführer ... und wenn ja, zweifellos ein gefährlicher Mann, mit dem man herumspielen kann. Hanlon erinnerte sich an die Angst vor seinem Chef, die er in Paneks Gedanken gelesen hatte .

Und was ist mit Abrams? Hanlon war sich sicher, dass es derselbe Mann war, den er an diesem Tag bewacht hatte. Oh, oh, war dieser „Misserfolg", den er in Paneks Gedanken gelesen hatte, auch dieser erfolglose Versuch, den er, Hanlon, vereitelt hatte? Steckte Panek – und durch ihn dieser bisher unbekannte Anführer – hinter diesem Attentat auf Abrams?

Dies waren Fragen, die er noch nicht beantworten konnte – nicht genügend Daten. Aber irgendwann würde er die Antworten finden müssen. Und sobald er in Paneks Bande ist, könnte er sie vielleicht finden. Und selbst wenn diese spezielle Bande nicht diejenige war, die die Verschwörung plante, an der das Corps so interessiert war, war Hanlon der Meinung, dass es ein Schritt in die richtige Richtung wäre, auch nur einer der organisierten Banden auf Simonides beizutreten.

Aber er würde aufpassen müssen, wie er vorgeht. Mit diesen Kerlen wäre das Spielen ungefähr so sicher wie mit einer Grube voller Kobras. Für einen langen Moment wurde ihm vor Angst kalt; ein tödlicher, lähmender Schrecken, der seine inneren Organe in harte, harte Knoten verwandelte. Was hatte er damit zu tun, sich mit reifen, tödlichen Killern wie diesen zu vermischen?

Andererseits tröstete er sich nach einer Weile , dass die Fähigkeit, ihre oberflächlichen Gedanken zu lesen, ihn warnen sollte, wenn er anfing, aus der Reihe zu geraten. Dann, wenn oder wann er es tat, würde er sanfter gehen, Zentimeter für Zentimeter reisen und keine Versuche unternehmen, mitten ins Geschehen zu springen, bis er viel mehr Informationen hatte ... und mehr Erfahrung mit den Mitteln und Wegen des Gangstertums.

Doch plötzlich spürte er, wie diese kalte Angst zurückkehrte. Diese Männer waren allesamt harte, ausgebildete Killer. Dieser Panek war nicht einmal der Boss – er war nur ein Sack. Und diese Höheren wären viel schlimmer als Panek – rücksichtsloser und verächtlicher gegenüber dem Leben und den Rechten der Menschen. Sie müssten es sein, um die Höheren zu sein. Denn Hanlon spürte, dass in einer solchen Gruppe die Macht eindeutig über Recht und Macht herrschte.

Es dauerte einige Zeit, seine kreischenden Nerven zu beruhigen. Er vergaß auch nie die schreckliche Angst, die ihn beinahe außer Kontrolle gebracht hätte. Andererseits erreichte er nie wieder so tiefe Panik.

Schließlich stand er auf, badete und zog sich für das Abendessen an. Doch während des Essens war sein Geist so aufgewühlt, dass es ihm schwer fiel, äußerlich ruhig zu bleiben. Zum ersten Mal seit mehr Jahren, als er sich erinnern konnte, spielte er nur mit seinem Essen ... und er war schon immer ein guter Grabenschneider gewesen.

Aber er hatte heute Abend etwas sehr Wichtiges zu tun und er würde sich durch nichts davon abhalten lassen. Also ging er in die Bibliothek *des Hellenen* und studierte aus den Büchern über Biologie und Physiologie, die er finden konnte, alles über das Gehirn und die Nerven, die die Verbindungsglieder zwischen ihm und den Muskeln bildeten. Er studierte, bis das Dimmen der Lichter ihm sagte, dass der „Tag" vorbei war.

Dann schickte er seine Gedanken in das Gehirn der Bulldogge und beobachtete sie durch ihre Augen, bis er sah, wie der Zwingerverwalter für die Nacht aufbrach. Dann ging Hanlon zum Zwingerdeck hinunter.

Hanlon saß auf derselben Bank wie zuvor und richtete seine Gedanken auf den weißen Stier. Wieder hatte er keine Probleme, einen Teil seines Geistes mit dem Gehirn des Hundes zu verbinden. Ein kleines Experiment zeigte bald, wie viel von seinem Geist dieses Gehirn enthalten konnte.

Dann untersuchte er von *innen heraus* das Gehirn, Linie für Linie, Muskel- und Nervenkanäle und -verbindungen, sogar noch sicherer als zuvor.

Das erste, was er lernte und in die Praxis umsetzte, war, den Hund schlafen zu lassen, damit er nicht zu sehr müde wurde. Nach fast drei Stunden intensiven Lernens war er überzeugt, dass er es allmählich recht gut zu verstehen begann, obwohl ihm klar wurde, wie viel es noch zu lernen gab – wie viel Studium und Übung er benötigen würde.

Dann weckte er den Hund, und während er diesen Teil seines Geistes noch in seinem Gehirn beließ, scannte er den nächsten Käfig, in dem sich ein wunderschönes Airedale-Weibchen befand. In ihr Gehirn schickte er einen weiteren Teil seines Geistes. Dann eine weitere Portion zum nächsten Hund und so weiter, bis er mehr als drei Viertel seines Geistes losgelöst hatte und direkt acht Hunde kontrollierte.

Sein Körper fühlte sich schwach und lustlos an, als er auf der Bank zusammensackte, und er zwang ihn, sich dort im Halbdunkel hinzulegen. Er befürchtete damals, dass in seinem Körper kaum mehr als genug Geist übrig war, um die halbautomatischen Funktionen aufrechtzuerhalten.

Es war das seltsamste Gefühl, das man sich vorstellen kann, Teile seines Geistes gleichzeitig an neun Orten zu haben – und neun verschiedene und unterschiedliche Standpunkte zu vertreten!

Er stellte fest, dass er neun verschiedene Dinge gleichzeitig und gleichzeitig tun konnte, wenn auch zunächst nicht besonders gut, oder dass er alle Körper, die er kontrollierte, gleichzeitig dazu bringen konnte, dasselbe zu tun.

Er „drillte" die Hunde, indem er sie dazu brachte, sich in einer Reihe aufzustellen, nach links oder rechts zu gehen oder rückwärts zu gehen, alles im Einklang. Er stellte fest, dass sein Geist zwar geteilt war und verschiedene Körper kontrollierte, es aber einen Gedankenfaden gab, der sie alle miteinander verband, sodass er wusste, was jeder der anderen tat. Dennoch handelte es sich nicht um einen zentralen Befehl – jeder einzelne Teil des Geistes konnte und tat seine eigenen Entscheidungen und Befehle.

Hanlon übte stundenlang mit den Hunden, bis er das Verfahren so weit ausgearbeitet hatte, dass er wusste, dass er sie dazu bringen konnte, – einzeln, in der Gruppe oder jeder für eine andere Sache – fast jede Aufgabe auszuführen, zu der ihre Körpermuskeln fähig waren. ob sie vorher wussten, wie es geht oder nicht.

Nachdem er ihnen den Befehl zum Schlafen gegeben hatte, brachte er seine Geistesanteile von sieben der Hunde zurück in sein eigenes Gehirn und ging zu dem Käfig des Airedale, den er immer noch kontrollierte. Er ging vor den Gitterstäben in die Hocke und holte einen Bleistiftstummel und ein Stück Papier aus der Tasche. Diese reichte er durch die Gitterstäbe und legte sie ihr zu Füßen.

Dann, während er mit seinem eigenen Verstand durch seine eigenen Augen zusah, nutzte er nur den Teil seines Geistes, der sich in ihrem Gehirn befand, und ließ die Airedale den Bleistift zwischen ihren Zähnen und dem stumpfen Ende in ihrem Mund aufheben. Sie hielt es so und versuchte, auf das Papier zu schreiben, das sie mit ihren beiden Vorderpfoten festhielt.

Bangige Minuten vergingen, während Hanlon schwitzend experimentierte. Endlich gelang es dem Hund, sehr grob und ungeschickt ein paar Buchstaben zu drucken. Sie waren groß und sehr grob. Es war nicht so, dass er ihre Muskeln nicht kontrollieren konnte – es lag einfach daran, dass die Muskeln nicht dafür gebaut waren, solche Dinge ohne endloses Training zu tun.

Als es schließlich so nahe am „Morgen" war, dass er wusste, dass er aufhören musste, verließ Hanlon die Zwinger und ging zu Bett. Er war immer noch erstaunt, aufgeregt und begeistert von dieser seltsamen und seltsamen Fähigkeit, aber er war auch mit seinem Studium sehr zufrieden. Wenn die Zeit kam, in der er bei seiner Arbeit Tiere einsetzen wollte oder musste, fühlte er sich in der Lage, mit ihnen umzugehen. Wieder einmal wurde ihm klar, wie viel es zu lernen gab; dass er bei jeder Gelegenheit weiter üben und lernen muss.

Hatten Katzen oder Pferde – oder Vögel oder Insekten – Gehirne, die genauso funktionierten wie die Hunde? Er würde experimentieren müssen, um das herauszufinden, die erste Chance, die er bekam.

Aber jetzt gab es ein weiteres sehr ernstes Problem, das seine Aufmerksamkeit erforderte. Er hatte einen wunderbaren Start hingelegt, als es darum ging, bei Panek , dem Simonide-Schläger, reinzukommen. Wie könnte er das nun am besten zu seinem Vorteil nutzen?

Es dauerte einige Zeit, bis er vor lauter Müdigkeit einschlief, und er hatte das Problem auch nicht vorher gelöst.

Als er am nächsten Morgen spät aufwachte, wusste er, dass er die Antwort hatte. Sein Unterbewusstsein muss es für ihn gelöst haben, während er schlief.

Beim Brunch hielt er die Augen offen, und schon bald kam Panek zum Mittagessen ins Esszimmer. Hanlon machte ein Zeichen und sein neuer Bekannter kam an seinen Tisch. Nachdem ihre Befehle erteilt worden waren und der Kellner sich auf den Weg machte, öffnete Hanlon den Tisch.

„Schau, Pard, ich möchte mich nicht in deine Angelegenheiten einmischen, aber wenn du diesen Abrams aus deinem Weg haben willst, werde ich es gerne für dich versuchen."

Der Simonideaner sah ihn verächtlich an. „Denkst du, du bist so gut, was? Besser als ich darin, einen Mann zu verarschen, oder? Besser als ich?"

„Oh nein", Hanlon ließ sein Gesicht sehr entschuldigend wirken, und sein Tonfall war derselbe. „Ich bin Ihnen keineswegs voraus und kritisiere auch nicht Ihre Arbeitsweise …"

„Besser nicht, auch nicht!"

„...aber jeder Mensch hat seine eigenen Techniken. Sehen Sie, in diesem Fall an Bord eines Raumschiffs, wo man weder fliehen noch sich verstecken kann, ich denke, dass mein Weg am besten funktionieren würde.“

Der andere begann sich gegen seinen Willen zu interessieren und seine Aufsässigkeit ließ etwas nach, auch wenn sein Ton immer noch höhnisch war. „In Ordnung, Master Mind, wie sind Sie damit umgegangen, wie würden Sie?“

„Eine Waffe oder ein Messer ist bei manchen Arbeiten in Ordnung“, Hanlon beugte sich näher und sprach halb flüsternd, aber ernst. „Aber es gibt Zeiten, in denen es einfach dumm ist, sich von hinten an einen Mann heranzuschleichen und ihn mit einem Knüppel auf den Kopf zu schlagen.“

„Ja, da hast du etwas, hast etwas.“

„In einem solchen Fall ist es meiner Meinung nach viel besser, sich mit dem Kerl anzufreunden, ihn zum Abendessen einzuladen und ihm dann ein wenig Zyankali in den Kaffee zu mischen – so etwas in der Art.“

Panek war beeindruckt. Hanlon las die schnellen Gedanken, die dem anderen durch den Kopf gingen. Die Idee, hier auf diesem Schiff sein Messer zu benutzen, hatte ihm nicht gefallen. Aber er wagte es auch nicht, diesem gefürchteten „Boss“ zu berichten, dass es ihm nicht gelungen sei, Abrams zu töten.

Panek sprach zweifelnd. „Ja, das mag in Ordnung sein, aber nicht, wenn der Typ dich kennt, dann kommst du mit so etwas nicht durch, nicht, wenn er dich kennt.“

„Genau das, worauf ich hinaus will“, sagte Hanlon eifrig. „Ich, ich bin die unbekannte Größe. Niemand kennt mich. Ich kann den alten Abrams erreichen und alles natürlich erscheinen lassen.“

„Er ist nicht leicht zu täuschen, nein, das ist er nicht .“

„Das ist er sicher nicht. Aber da ich irgendwo anfangen muss, wenn ich mich mit Simonides befassen will, ist es meiner Meinung nach den Versuch wert, Ihnen eine Unterstützung zu geben.“

„Nun“, Panek zögerte und seine kalten Augen bohrten sich in die dieses rätselhaften jungen Mannes. „Ich vertraue dir immer noch nicht ganz, ich kann nicht sicher sein, ob ich dir vertraue. Ich denke immer noch, dass du eine Art Polizist bist ...“

Hanlon erhob sich halb, sein Gesicht war dunkel vor intensiver Wut. „Nenn mich niemals einen Polizisten!“ er strahlte, wenn auch immer noch flüsternd. „Ich hasse sie . Als Kind dachte ich, sie wären die Besten, und habe alles getan, was ich konnte, um in ihre Schule zu kommen. Aber ich habe sehr schnell herausgefunden, wie falsch ich lag. Ich hatte sie gut und satt und war kurz davor, es zu tun. " Ich habe aufgehört, als sie mich wegen dieser Betrugslüge vor Gericht gestellt haben ... Sagen wir mal, ich wusste mehr als ihre verrückten Lehrer, warum musste ich also schummeln?"

„Ganz ruhig, Kumpel, sei ruhig."

„Sie wollen nur ihre hohe und mächtige Autorität nutzen", Hanlon ignorierte Paneks Schweigen. „Sie schubsen die Leute einfach gerne herum, weil sie eine hübsche Uniform tragen."

Seine Stimme war immer lauter geworden, bis Panek ihn am Arm packen und schütteln musste, damit er still blieb. Die Leute am nächsten Tisch begannen, sie anzusehen. Aber Panek war jetzt beeindruckt von Hanlons Aufrichtigkeit – das konnte der SS-Mann in seinem Kopf lesen.

„In Ordnung, Kumpel, in Ordnung. Mach dir keine Sorgen. Du erwischst den alten Abrams, ohne erwischt zu werden, und ich bringe dich zu einer Bande auf Sime, wo du dir wirklich etwas Gutes tun kannst, wirklich etwas Gutes." "

Hanlon nickte kurz und stand auf. „Ich bleibe in Kontakt. Und dein Mann ist im Moment so gut wie tot."

Sein Herz sang – sein Plan funktionierte reibungslos. Wenn dieser Regierungsmann jetzt Köpfchen hätte und mitspielen würde ...

Hanlon fand Abrams in der Bibliothek und setzte sich neben ihn. Hanlon öffnete eine Zeitschrift, hielt sie ziemlich hoch vor sein Gesicht, während er sie offenbar las, und begann mit leiser, aber durchdringender Stimme zu reden.

„Schauen Sie nicht auf, Mr. Abrams, sondern hören Sie mir zu. Sie wissen es vielleicht oder auch nicht, aber es gibt eine Verschwörung gegen Ihr Leben. Ich habe es gestern geschafft, es hinauszuzögern, aber sie hatten vor, Sie zu holen, bevor wir den Hafen erreichen. Jetzt." Ich habe einen Plan. Ich bitte Sie dringend, mir zuzuhören und mit mir zusammenzuarbeiten."

Der Simonideaner war leicht zusammengezuckt, als er Hanlons erste Worte hörte, aber er war in einer harten Schule gut ausgebildet worden und hatte auf keine andere Weise gezeigt, dass er hörte. Jetzt jedoch sprach er genauso zurückhaltend wie Hanlon. „Wer versucht mich zu töten?"

„Ein Mann namens Panek , aber jemand steht hinter ihm, den ich nicht kenne. Aber die Frage ist: Wirst du mit mir zusammenarbeiten?"

„Ja, wenn ich kann."

Hanlon gab seine Versuche der Geheimhaltung auf und begann laut zu lachen, als würde er über etwas lesen, das er gerade las. Als Abrams überrascht aufblickte, beugte sich Hanlon vor, hielt dem Simonideaner sein Magazin hin und zeigte darauf.

„Spielen Sie jetzt auf", sagte er leise, und der Diplomat, der es schnell verstanden hatte, tat so, als würde er sehen, was Hanlon ihm zeigte, und begann dann seinerseits zu lachen. Danach war das Eis gebrochen, soweit alle Zuschauer wissen konnten, und die beiden unterhielten sich ganz natürlich, wie es Schiffsbekannte tun würden.

„Warum", Abrams sah Hanlon zum ersten Mal wirklich an, „Sie sind der junge Mann, der mir auf Terra das Leben gerettet hat, nicht wahr?"

„Ja, aber bleiben Sie ruhig. Ich möchte, dass wir den Rest des Tages mehr oder weniger zusammenbleiben, als hätten wir uns gerade erst kennengelernt und gemocht. Dann essen wir zusammen zu Abend. Haben Sie einen eigenen Diener?"

„Mein Kammerdiener, ja, und er ist absolut vertrauenswürdig. Warum?"

„Während wir essen , scheine ich etwas in Ihr Getränk zu tun, während Sie nicht hinsehen. Wenige Augenblicke später tun Sie so, als ob Sie plötzlich krank wären, und gehen in Ihr Zimmer. Bitten Sie Ihren Kammerdiener, es später zu vermieten Teilen Sie ihm mit, dass Sie sehr krank sind, und schicken Sie per Weltraumvideo eine Nachricht, dass ein Krankenwagen das Schiff abholen soll. Lassen Sie ihn kurz vor der Landung sagen, dass Sie gestorben sind. Der Krankenwagen kann Sie dorthin bringen, wo Ihr Körper natürlich hingebracht werden würde , und Sie bleiben einige Zeit in Deckung, bis ich Sie benachrichtige. Können Sie das machen?"

"Hmmm." Der andere dachte einige Minuten lang schnell, aber überzeugend nach. „Mit ein paar kleineren Abweichungen, ja. Aber warum? ... Oh, ich verstehe. Du willst in die Bande einsteigen, oder?" Als Hanlon nickte, fuhr Abrams fort: „Sie spielen ein gefährliches Spiel, aber das ist es, was wir von Ihren Corpsmen erwarten dürfen. Eine wundervolle Gruppe!"

"Danke." Hanlon wollte nichts erklären, also beließ es dabei, und die beiden unterhielten sich freundschaftlich über viele Dinge, während sie sich ganz natürlich auf dem Schiff bewegten. Sie hörten eine Weile einem Konzert im Musikzimmer zu und spielten dann ein paar Kartenspiele. Jedes Mal, wenn der Diplomat versuchte, Fragen zu stellen , wich Hanlon aus.

Der SS-Mann hatte gesehen, wie Panek sie von Zeit zu Zeit vorsichtig ausspionierte, und als die beiden zum Abendessen hineingingen, nahm der Schläger in der Nähe Platz, wo Abrams ihn jedoch nicht sehen konnte.

Hanlon hatte die ganze Zeit über Abrams' Gedanken erforscht, konnte aber keinen Hinweis auf eine Verschwörung finden, die den Frieden seiner Welt oder der Föderation stören könnte. Hanlon erkannte, dass der Mann ein überzeugter Patriot war, und kam zu dem Schluss, dass Abrams den Premierminister nicht besonders mochte. Aber das „Warum" dieser Abneigung blieb ihm verborgen.

Die beiden waren fast mit dem Abendessen fertig und ihr Kaffee war serviert. Hanlon machte seinen Begleiter auf etwas hinter ihm aufmerksam. Als dieser sich umdrehte, um zu schauen, blitzte Hanlons Hand hervor und schwebte einen Moment über der Tasse des anderen.

Wenige Augenblicke später spielte der Simonideaner seine Rolle perfekt. Er trank einen Schluck, dann noch einen, und kaum hatte er die Tasse abgesetzt, stöhnte er und fasste sich an Bauch und Hals.

Zitternd erhob er sich und wankte schwerfällig auf dem Arm eines besorgten Verwalters davon, der herbeigeeilt kam.

Obwohl Hanlon schnell aufstand und sein Gesicht besorgt und mitfühlend wirken ließ, setzte er sich wieder hin und trank seinen Kaffee aus. Als der Verwalter zurückkam, rief er ihn herbei und schien beruhigt zu sein, als dieser berichtete, dass Herr Abrams gesagt hatte, es handele sich offenbar nur um einen Anfall von Verdauungsstörungen, zu denen er anfällig sei, und dass sein Mann sich um ihn kümmern könne.

Doch am nächsten Tag verbreitete sich auf dem Schiff die Nachricht, dass Abrams sehr krank sei und nicht damit gerechnet habe, den Tag zu überstehen.

Panek schlenderte an der Stelle vorbei, an der Hanlon saß und las, und blieb stehen, um um Feuer zu bitten.

Zigarre anzündete . „Sehen Sie mich im Bacchus."

Doch während Hanlon sie durchforschte, murmelte er bösartig: „Ich schneide ihm die Eingeweide heraus, wenn er vorhat, ‚seine' Pläne zu vereiteln, dann werde ich ihn auf jeden Fall zerstückeln!"

Und etwas später, als Hanlon die gesamte Folge Revue passieren ließ, dankte er seinen Stars dafür, dass Panek weitaus weniger als ein intellektueller Riese sei. Ein klügerer Mann hätte sich gefragt, woher Hanlon von seinen mörderischen Plänen wusste; und wie es dazu kam, dass Hanlon einen Vorrat an Gift bei sich trug. Es gab keinen Hinweis darauf, dass Panek sich eine der beiden Fragen gestellt hatte .

Kapitel 10

Als er das Schiff verließ und in die Stadt Neu- Athen ging , konnte er es spüren. Es herrschte eine Atmosphäre des Geheimnisvollen, der Geheimniskrämerei, der Intrige, die einem, der so empfindlich auf emotionale Eindrücke reagierte wie dem SS-Mann George Hanlon, auffiel.

Er stieg am Eingang eines großen Parks im Zentrum der Stadt aus seinem Bodentaxi, wies den Fahrer jedoch an, sein Gepäck zum Hotel zu bringen. Dann ging Hanlon hinein und setzte sich auf eine Bank unter einem wunderschönen, blühenden Ba'amba- Baum.

Dort angekommen, öffnete er seinen Geist in vollem Umfang und ließ alle Eindrücke und Empfindungen dieser neuen Welt auf sich wirken. Auf diese Weise konnte er natürlich keine sachlichen Einzelheiten erfahren und hatte es auch nicht erwartet. Was er wollte und zu bekommen begann, war das „Gefühl" der Stadt. Und je länger er saß, desto weniger gefiel es ihm.

Denn er konnte so deutlich spüren, dass sich hier irgendwo mit Sicherheit „ein Mercutianer in der Treibstoffgrube" befand. Aber was es war; Was dieses seltsame Gefühl bedeutete, konnte er nicht ganz erkennen.

Beiläufig bemerkte er, dass es in diesem Park die üblichen Müßiggänger und Hunderte von Kindern mit ihren Kindermädchen oder Eltern gab. Aber es gab keine der Verfallenen, die man in so vielen Großstadtparks sieht. Die meisten Leute schienen gut gekleidet und nicht zu arm zu sein. Er konnte gelegentlich Gedankenfetzen über große Geschäftsabschlüsse auffangen.

Nach einer Weile bemerkte Hanlon, dass hier, wie in den meisten Parks, Hunderte von einheimischen, taubenähnlichen Vögeln herumflogen und hüpften, auf der Suche nach Krümeln, die sie aus dem Mittagessen der Picknicker herausholen konnten, oder nach Nüssen, die sie von interessierten Faulenzern gefüttert bekamen.

Er fragte sich, ob er in die Gedanken eines Vogels vordringen könnte, und schickte seinen Vogel los, um mit ihm Kontakt aufzunehmen. Er stellte fest, dass seine Fähigkeit ähnlich war wie bei den Hunden – er konnte nicht nur „lesen", welchen Geist die Taube hatte, sondern konnte ihn auch kontrollieren … konnte tatsächlich einen Teil seines Geistes in das Gehirn des Vogels projizieren.

Die Gehirnstruktur war anders, aber als er eine weitere Stunde dort saß, lernte er den Unterschied. Im Moment wusste er, wonach er suchen musste, und es dauerte nicht lange, bis er es genau wusste. Schließlich gelang es ihm, zu sehen und zu verstehen, was die Menschen um ihn herum taten – nicht durch seine eigene direkte Beobachtung, sondern durch die Sinne der Taube.

Er schickte mehrere Flügelflieger hoch in die Luft und verschaffte sich einen guten Überblick über die gesamte Stadt.

Schließlich brachte er seine Gedanken zurück in sein eigenes Gehirn, zuckte gedanklich mit den Schultern und erhob sich dann von der Bank .

„Du zögerst nur hin, weißt du", schimpfte er sich selbst. „Gehen Sie ins Hotel, checken Sie ein und schauen Sie dann im Banktresor nach. Sie haben eine Aufgabe zu erledigen, also machen Sie sich an die Arbeit!"

Vom Hotel aus ging er zur Bank und meldete sich für ein Paket an. Da im Feld 1044 noch nichts für ihn war, hinterließ er eine Notiz mit der Aufschrift „An jeden SS-Mann", in der er erklärte, er sei hier und bereit, mit seiner Arbeit zu beginnen.

Zurück im Hotel packte er aus, duschte und machte dann ein kurzes Nickerchen. Es war nicht abzusehen, was die Nacht bringen würde, und er brauchte all seine Kraft und Kräfte.

Neu-Athen war eine wunderschöne Stadt, wie es sich für die Hauptstadt des reichsten Planeten der Föderation gehörte. Denn Simonides Vier war genau das geworden und übertraf sogar Terra an Reichtum aus seinen Fabriken und Exporten. Ihre Lieferungen von Erzen, Juwelen, ungewöhnlichen Pelzen, Industriegütern, Präzisionswerkzeugen und Kunstprodukten sowie rohen und verarbeiteten Lebensmitteln beliefen sich jedes Jahr auf Billionen von Krediten.

Der große Platz zeigte deutlich, dass hier ein Architekt oder Stadtplaner mit einer Vorliebe für klassische Linien das Sagen hatte. Die Gebäude waren alle moderne Darstellungen der großen Tempel und öffentlichen Gebäude des Goldenen Zeitalters Griechenlands auf Terra. Sie lagen weit auseinander und waren jeweils von prächtigen Rasenflächen und Gärten umgeben.

Tausende von kunstvoll versteckten Lichtern betonten die Schönheit dieser wundervollen Gebäude, und Hanlon stockte vor Freude der Atem, als er zum ersten Mal den wunderbaren Platz bei Nacht sah. Tagsüber hatte er es wunderbar gefunden – jetzt gab er vorbehaltlos zu, dass es der großartigste Anblick war, den er je gesehen hatte.

Schließlich gab er einem Bodentaxi – Neu-Athen hatte keine Gleitbahnen – das Zeichen, zum Bacchus zu fahren. Es war mehrere Blocks vom Platz entfernt, aber jede der Straßen, durch die er ging, war fast genauso schön.

Die Taverne war in einem großen, aber einstöckigen Gebäude mit Säulenfassade untergebracht. Der Hauptraum lag auf gleicher Höhe mit einer Gartenterrasse, fünf Stufen über der Straße.

Innen war die Taverne geschmackvoll in gedämpften Farben dekoriert. Es war schwach beleuchtet durch Darstellungen von Fackeln, die schräg in die Wände gesteckt waren. In der Mitte des Raumes standen Dutzende Tische unterschiedlicher Größe, während sich an einer Seite und einem Teil der Rückseite mit Vorhängen versehene Nischen befanden. Auf der anderen Seite verlief eine reich verzierte Bar.

Hanlon ging zu Letzterem und setzte sich auf einen der gepolsterten Hocker. Die Barmädchen waren, wie er mit Interesse bemerkte, aufschlussreich in Pseudo-Peplos aus einem violetten, spinnwebartigen, seidigen Stoff gekleidet. Sie trugen keine Blusen, sondern lange Schärpen, die hinter dem Hals gingen, die Brüste kreuzten und um die Taille gebunden waren, um den kurzen Rock zu halten. Eines der Mädchen kam herbei, um seine Bestellung abzuholen.

„Ich bin neu auf dem Planeten", lächelte er. „Gib mir deinen besten einheimischen leichten Wein."

Sie brachte ihm ein Glas mit einer prickelnden, goldenen Flüssigkeit und wartete, während er anerkennend seinen ersten Schluck nahm. „Wir nennen es ‚Goldener Nektar'", lächelte sie.

Er schmatzte mit den Lippen. "Wunderbar!" Dann, als sie wegging, rief er sie zurück. „Kennen Sie einen Herrn Panek ? Ich sollte ihn hier treffen, aber ich sehe ihn nicht."

Bei diesem Namen weiteten sich ihre Augen ein wenig. „Ich werde sehen, ob ich ihn für Sie finden kann, Sir", und sie entfernte sich.

Einige Minuten später, während er immer noch so tat, als würde er an seinem Getränk nippen, spürte Hanlon einen herzlichen Klaps auf die Schulter.

„Na ja, das ist mein Kumpel vom Schiff. Willkommen bei Sime, Kumpel, willkommen bei Sime."

„Hallo, Panek ! Ich hoffe, das hast du so gemeint, als du nach dir gesucht hast, denn hier bin ich."

Hanlon warf einen Kreditschein auf die Bar und folgte Panek . Er wurde in eine hintere Ecke geführt, aber statt in eine der Kabinen zu gehen, drängte sich Panek durch eine fast versteckte Nische. Er klopfte eigenartig an eine Tür und ein Guckloch wurde geöffnet. Als der Wächter sah, wer es war, wurde die Tür so weit geöffnet, dass die beiden hindurchschlüpfen konnten.

Hanlon erkannte mit einem kurzen, umfassenden Blick, dass es sich um ein ziemlich großes Büro handelte, in dem derzeit vier Männer beschäftigt waren.

„Das ist George Hanlon", stellte Panek ihn vor, „der Typ, der diesen Job beim alten Abrams gemacht hat, derselbe Typ."

Hanlon bemerkte, dass Panek die Namen der Männer dort nicht nannte, aber er konnte erkennen, dass sie anscheinend alles über ihn wussten und ihn genau musterten. Hanlon blickte zurück und berührte schnell einen der drei, die in großen Sesseln saßen, in Gedanken. Nur ihre oberflächlichen Gedanken waren lesbar, und er wusste auf den ersten Blick, dass sie nur Untergebene waren, genau wie Panek . Er las einen positiven Eindruck von sich selbst, allerdings mit Vorbehalten.

Er richtete seine Aufmerksamkeit auf den gut gekleideten, beeindruckend aussehenden Mann hinter dem Plastikschreibtisch, und auch seine anderen Sondierungen hatten nicht länger als ein paar Sekunden gedauert. Mit Interesse bemerkte er das runde, glatte Gesicht, die etwas übergroßen grünlichen Augen, das silberne Haar, das feiner und seidiger wirkte als alles, was Hanlon jemals bei einem Menschen gesehen hatte. Es war fast wie feines Fell, dachte er plötzlich.

Dann bekam er einen Schock! Dieser Mann war anders ... Hanlon konnte diesen Geist überhaupt nicht berühren! Da war eine Art... ein fremdartiges Gefühl, das er nicht ganz ergründen konnte. Es war wie kein anderer Geist, den er jemals zu lesen versucht hatte.

Aber er achtete darauf, dass sein Gesicht nichts von seinen inneren Gedanken verriet, als er sie nach dieser ersten kurzen Pause ernst begrüßte.

Dann zeigte sein Gesicht plötzlich eine jungenhafte Begeisterung ... fast eine Naivität. „Vielleicht hat Herr Panek Ihnen bereits von mir erzählt. Ich suche nach einer Chance, eine Menge Credits zu verdienen ... und ich bin nicht allzu wählerisch, wie ich sie bekomme . "

Aber sein Geist war angespannt und ängstlich. Was war ihr Spiel? Und dieser Kerl hinter dem Schreibtisch, dieser Anführer. Wer war er? Hanlon wusste, dass es eine echte Aufgabe für ihn sein würde, diese Antworten herauszufinden ... aber er wusste, dass er es tun musste!

Der Anführer nickte höflich. „Das ist ein sehr ... äh ... lobenswerter Wunsch", sagte er mit leiser, sanfter Stimme, die perfekt zu seinem äußeren Erscheinungsbild von hoher Vornehmheit passte. „Wir können immer einen guten Mann gebrauchen", fuhr er fort, „der weder Angst hat noch zu zimperlich ist."

„Ein Abzugsmann?" Hanlon zuckte mit den Schultern. „Wenn es sich gut auszahlt, okay."

Der Mann schien zurückzuweichen, seine zarten Hände flatterten fast feminin in der Luft. „Nein, nein, mein lieber junger Mann. Du hast mich völlig missverstanden. Wir machen nichts so Grobes, so Vulgäres, so ... so Brutales. Oh, manchmal ... äh ... manchmal passiert jemandem ein Unfall. Aber Sie verstehen, nichts, womit wir irgendetwas zu tun haben. Ihre Technik mit dem armen Mr. Abrams, der so plötzlich ... krank ... war, hatte mich zu der Hoffnung veranlasst, dass Sie mehr Fingerspitzengefühl hätten.

„Ich bitte um Verzeihung", Hanlons Ton war nun entschuldigend. „Ich kann gut reden, klar, aber ich wusste nicht, dass du wolltest, dass ich unter vier Augen so rede. Ich werde mich erinnern und deine Wünsche von nun an respektieren."

Innerlich war er verwirrt. Er versuchte immer wieder, diesen Geist zu berühren, aber es gelang ihm nicht. War der Kerl ein Mensch – oder verfügte er über eine Art Gedankenkontrolle? War er an Gedankenlesen gewöhnt, sodass er eine Abwehr dagegen entwickelt hatte?

Oder – und Hanlon stockte vor Angst fast der Atem – war dieser Affe ein Gedankenleser? Ein echter, kein Dub wie er?

Aber der Anführer antwortete immer noch in diesem sanften Ton, als wäre nichts passiert. „Also ... also ... das ist gut. Ich hasse den Gedanken an Blutvergießen und ich werde keine Rauheit in Handlungen oder Reden dulden. Es ist natürlich bedauerlich, dass Männer manchmal dumm genug sind, sich uns zu widersetzen, aber ... .." und wieder diese fast weibliche Geste.

Das war das seidigste, schleimigste ... *Ding* ..., das George Hanlon je begegnet war, und wieder zitterte sein Herz für einen Moment. „Wenn ich alleine wäre", schauderte er innerlich, „würde ich mich bestimmt nie mit so einem Kerl zusammentun!"

Denn in diesem eiskalten Geist hinter diesem sanften Gesicht steckte kein Funke Gnade oder Mitgefühl – dessen war sich Hanlon sicher.

Es entstand ein langer, bedeutungsvoller Moment der Stille, während die fünf Männer Hanlon genauer musterten. Schließlich sprach der Mann hinter dem Schreibtisch langsamer. „Vielleicht – nur vielleicht, verstehen Sie, und noch nichts Bestimmtes – haben wir bald einen kleinen Job für Sie. Auf einem anderen Planeten. Sie haben keine Einwände gegen eine Reise?"

„Nicht, wenn es am Ende der Reise ein Bündel davon gibt, nein", grinste Hanlon geizig. Aber sein Verstand suchte nach Antworten. Warum wollten sie ihn wegschicken? War das ein echter Job oder eine Falle? Sollte er auf einen anderen Planeten gehen? Würde er dadurch die besten Leads bekommen? Vielleicht – wenn es nicht zu lange dauerte, natürlich.

Der Anführer lächelte plötzlich, während Hanlon so nachdachte, und die anderen grinsten, als hätten sie darauf gewartet, dass sein Anführer ihre

Wachsamkeit lockerte. „Es wird ein sehr großes ... äh ... Bündel geben." Er
hielt einen Moment inne und fuhr dann fort: „Wir brauchen mehr Aufseher
auf ... einem bestimmten Planeten. Er ist reich an verschiedenen Metallen.
Die Eingeborenen bauen ihn unter unserer Leitung ab und ..."

Hanlon unterbrach ihn. „Ich habe keine Ahnung vom Bergbau. Wird das
einen Unterschied machen?" Hier, dachte er schnell, war die Prüfung. Wenn
sie ihn immer noch wollten – und eine vernünftige Antwort hatten –, könnte
es durchaus ein echter Job sein.

„Überhaupt keine", lächelte der Anführer erneut. „Wir haben
Bergbauingenieure an der Spitze. Ihre Aufgabe wäre lediglich, die
Einheimischen auf Höchstgeschwindigkeit arbeiten zu lassen. Es ist ... äh
... bedauerlich, dass sie auf der kulturellen Skala so weit oben stehen, dass
wir es nach dem Snyder-Diktum nicht können , kolonisieren ihren Planeten
und bearbeiten ihn selbst. Aber wir werden ... " Er brach ab, als sei ihm klar
geworden, dass er zu viel sagte, und Hanlon versteifte sich innerlich.

Das war ein echter Hinweis. Von welchem Planeten sprach der Mann? Seine
eindringlichste Gedankenforschung konnte von keinem der Geister dort eine
Antwort finden – für die anderen war es lediglich „ein Planet", mehr nicht.
Und dieser Affe ließ mit seiner perfekten mentalen Kontrolle nichts
durchsickern.

Aber der Anführer hatte sich gefasst und fuhr fort, fast so, als hätte es keine
Pause gegeben: „... Chance, Sie auszunutzen, denke ich. Wenn ja, beträgt Ihr
Gehalt tausend Credits pro Monat, zuzüglich aller Ausgaben. Und ein
schöner Bonus." ab und zu, je nachdem, wie wenig Ärger Sie mit Ihrer Crew
haben und wie viel Erz sie herausbekommen."

Hanlon zeigte wieder diesen Anflug von Geiz. „Klingt sehr interessant."
Dann beugte er sich vor. „Eines, noch etwas. Wie lange dauert der Job?"

„Auf mehrere Jahre, wenn Sie es wünschen, und wenn wir weiterhin mit
Ihnen zufrieden sind. Aber wir holen die Männer alle paar Monate für einen
Urlaub zurück. Das finden wir bei den meisten am besten – das Klima dort
ist nicht allzu angenehm, und die Bedingungen sind eng."

„Es gibt nichts zu tun außer zu arbeiten, was?"

„Genau so. Die Schichten dauern ungefähr acht Stunden unserer Zeit, und
dazwischen isst, schläft, liest oder spielt man Karten ... aber man erforscht
nicht oder so etwas! Das Schiff fährt alle drei Wochen dorthin, und wir
Normalerweise rechnet man mit achtzehn Wochen dort und dann mit den
drei Wochen hier zurück. Die Wachen und andere wechseln sich auf diese
Weise ab. Sie neigen dazu, ... äh ... zu verfallen, wenn wir das nicht tun.

Hanlon ließ zu, dass er zitterte, grinste dabei aber. „Das ist eine Sache, die ich nicht tun möchte – durchdrehen. Damit kann ich keine Credits verdienen.“

Der Anführer hob die Hand. „Sie verstehen natürlich, dass es eine kurze Zeit des … äh … Überprüfens und Testens geben wird, bevor wir uns entscheiden, Sie zu einem Auftrag zu schicken.“

Hanlons Stimme war fast unterwürfig, aber dennoch selbstbewusst. „Sicher, Sir. Sie nennen es, ich mache es.“

Er probierte immer noch mit allem, was er hatte, bekam aber immer noch nichts Wichtiges heraus. Ein paar der Männer schienen darüber zu lachen, was mit ihm passieren würde, wenn er die Tests nicht bestehen würde – aber so viel hatte er jedenfalls erraten.

Plötzlich beugte sich der Anführer über den Schreibtisch, und seine vornehme Art entglitt ihm wie eine abgelegte Maske. Seine Augen wurden zu Gletschereis.

„Lassen Sie sich keine allzu großen Ideen einfallen, Hanlon. Wir sind keine Dummköpfe. Wir bieten Ihnen auch keine Chance, in unsere vollständigen Pläne einzusteigen. Ich beauftrage Sie möglicherweise nur mit einer einfachen Aufgabe.“

„Oh nein, Sir, an so etwas habe ich gar nicht gedacht“, Hanlon sah verletzt aus. „Na ja, ich bin nur ein Kind. Ich weiß, dass ich nichts anderes erwarten konnte … zunächst. Nicht, bis ich mich Ihnen gegenüber bewiesen habe oder bis ich meinen Stapel geschafft und eine Machtposition eingenommen habe . Dann würde ich natürlich gerne in etwas einsteigen, wo ich wirklich weit kommen kann. Aber das wird noch viele Jahre dauern, das weiß ich.“

Die nun harten, kalten Augen musterten ihn sorgfältig, aber immer noch zweifelnd. Als der Anführer sprach, klang seine Stimme herzlicher, wenn auch immer noch härter, nicht so sanft wie am Anfang.

„Ich will ehrlich sein, Hanlon. Wir sind uns deiner Sache noch nicht ganz sicher … noch … weil du ein Kadett warst. Oh, wir wissen“, als Hanlon heftig zu protestieren begann, „alles über deinen Rauswurf.“ . Wir können verstehen, dass Sie das alles so verärgert haben könnte, dass Sie wirklich alles tun werden, um weiterzukommen, und sei es nur, um es dem Corps zu zeigen. Aber Sie können unser Zögern verstehen, denke ich.“

„Natürlich, Sir. Aber Sie brauchen sich keine Sorgen zu machen.“ Er machte seine Stimme so bitter und hart, wie er konnte. „Ich hatte genug von all dem Law-and-Order- Zeug. Ich war ein unschuldiger junger Punk, voller hoher Ideale und der Romantik des Corps und all dem Mist. Aber diese räudigen Schleimschlangen haben das alles aus mir gerissen.“ Alles, was ich tun kann, um ihnen einen Tritt in die Zähne zu verschaffen, werde ich mit Freude und Begeisterung tun!"

„Schöne Worte", schnappte der Anführer, „aber können Sie es aushalten, wenn es schwierig wird?"

Hanlon lernte schnell. Jetzt starrte er direkt zurück in diese harten Augen.

„Können Sie es verteilen, Herr?" sein Ton war fast, aber nicht ganz unverschämt.

Kapitel 11

Ein schwarzer Ausdruck überzog das Gesicht des Anführers, als er Hanlons unverschämtes „Können Sie es austeilen, Herr?" sagte. Er erhob sich halb von seinem Sitz, während die anderen vier Männer schnell nach ihren Waffen griffen.

Dann sank der Mann langsam zurück, entspannte sich und lächelte – ein offenes, freundliches Lächeln echter Herzlichkeit, und auch seine Männer entspannten sich.

„Das wirst du schaffen, Hanlon, bei dem großen ... äh ... Zeus, das wirst du schaffen! Aber", fügte er bedeutungsvoll hinzu, „ich denke, du wirst feststellen, dass ich ‚austeilen' kann, wie du es nennst." es, wenn es jemals nötig sein sollte. Sie sollten besser beten, dass es nie dazu kommt.

„In Ordnung", Hanlon zuckte gleichgültig mit den Schultern.

„Die Jungs werden dich mitnehmen und dir die Stadt zeigen, wenn du möchtest", lächelte der Anführer einnehmend. „Sie werden Ihnen Bescheid geben, wenn ich einen Job bereit habe, was in ein oder zwei Tagen der Fall sein kann."

Hanlon bedankte sich bei ihm und empfand es als Pflicht, mit „den Jungs" auszugehen, auch wenn ihm das nicht besonders am Herzen lag. Auch die darauffolgende Nacht genoss er nicht besonders.

Als er endlich ins Hotel zurückkam, hatte er um zehn Uhr mit der Telefonistin des Hotels telefoniert. Als sie anrief Benommen öffnete er ein Auge zur Hälfte und tastete nach dem Kippschalter.

„ Hallo ."

„Zehn Uhr eines schönen Morgens, Mr. Hanlon."

"Ach nein!" er stöhnte.

„Oh ja", kicherte sie. „So schlimm, oder?"

„ Noch schlimmer . Aber trotzdem danke ... denke ich."

Sie lachte herzlich, als sie die Verbindung trennte.

Hanlon stöhnte mit dem völligen Elend eines enorm verzerrten, pochenden Kopfes. Das Sonnenlicht, das durch ein offenes Fenster direkt in seine Augen fiel, half keinem. Er rollte sich gereizt herum, wusste aber, dass er aufstehen musste.

Er stolperte aus dem Bett und stellte sich unter die kalte Dusche. Zehn Minuten später fühlte er sich etwas menschlicher und beschloss, dass er vielleicht doch noch leben würde.

"Nie wieder!" er fluchte inbrünstig. „Ich bin einfach nicht dafür geeignet, ernsthaft zu trinken. Ich hoffe, ich habe diesen Jungs letzte Nacht nichts verraten."

Er zog sich langsam an und versuchte gleichzeitig, so gut es sein schmerzender Kopf zuließ, seine Situation zu überdenken. Er war mit seinem bisherigen Erfolg einigermaßen zufrieden, aber die Angst war immer noch in ihm. Er kam schon halbwegs dorthin, wo er sein wollte, aber ... das war sicherlich kein Zuckerschlecken, auf den er sich einließ. Er erinnerte sich an die Anweisung seines Vaters, es zunächst ruhig angehen zu lassen, und verzog das Gesicht .

Während er im Speisesaal des Hotels frühstückte, nachdem er ein Brausetablette zur Linderung seiner Kopfschmerzen eingenommen hatte, versuchte er, seine nächsten Schritte zu planen. Er entschied, dass er nicht viel tun konnte, bis sie ihn riefen. Er hatte sein Gebot abgegeben — es wäre nicht angebracht, sich zu sehr anzustrengen, sonst käme es diesen scharfsinnigen Köpfen völlig verdächtig vor.

Er schauderte erneut unwillkürlich, als er an diesen rätselhaften Anführer dachte. Wer ... oder was ... war er?

Hanlon ging zuerst zur Bank und stellte eine Karte für sein eigenes Bankfach aus. Aber sobald er im Tresor war und der Wärter hinausging, öffnete er die Kiste 1044. Es gab eine Notiz für ihn.

„Willkommen bei Simonides", las er. „Mein Name — hier — ist Art Georgopoulis . Ich arbeite derzeit als Barkeeper im Golden Web in der Thermopylae-Straße . Die Hochgebirgsbewohner in der Unterwelt tummeln sich dort, und ich erfahre gelegentlich Neuigkeiten. Wenn Sie reinkommen , stellen Sie sich vor, indem Sie nach einem „guten alten Kentucky Mint-Julep" fragen. Praktisch niemand fragt jemals danach. Ich bin der blonde, dünne Mann am anderen Ende der Bar. Wenn ich Ihnen helfen kann, schreien Sie einfach . Ich bin noch nicht bei der ersten Kontrollstation angekommen — aber ich bin immer noch da drin und schlage zu. Ich hoffe, es geht dir besser — Curt Hooper."

Hanlon „aß" die Notiz und schrieb dann eine eigene, in der er erzählte, was er bisher gelernt hatte, was er vermutete und was er zu tun versuchte. Von seinen neuen Geisteskräften sagte er nichts. Natürlich misstraute er diesem SS-Mann nicht, aber wenn der Kerl es nicht wusste, konnte man ihn nicht dazu bringen, es zu sagen.

Als Hanlon das Ufer verließ , hatte er das Gefühl, verfolgt zu werden, konnte aber offenbar niemanden ausfindig machen, der dies tat, auch wenn er nicht wagte, besonders sorgfältig nach hinten zu suchen. Auch in dem Gewirr der Gedankenempfindungen auf den überfüllten Straßen konnte er keine konkreten Gedanken über so etwas erkennen.

Er wanderte den größten Teil des Tages umher, um ehrlich zu sein, um Sehenswürdigkeiten zu besichtigen – aber sein Geist war immer offen. Er ging in verschiedene öffentliche Gebäude, saß eine Zeit lang in dem einen oder anderen der zahlreichen Parks, wenn er vom Gehen etwas müde wurde.

Das Gefühl, beobachtet zu werden, machte ihn vorsichtig, deshalb übte er bei keinem der taubenähnlichen Vögel viel mit seiner Gedankenkontrolle! Er machte jedoch einen Ausflug in den örtlichen Zoo, und als er kurz vor jedem der Käfige stehen blieb, um sich die darin enthaltenen Ausstellungsstücke anzusehen, machte er einen kurzen Ausflug in die Gedankenwelt der einzelnen Tier-, Vogel- und Vogelarten Nagetier. Abgesehen von geringfügigen Unterschieden in der Textur schienen sie alle ungefähr gleich zu sein. Jeder von ihnen verfügte natürlich über unterschiedliche Muskelfähigkeiten, die einer gründlichen Untersuchung bedurften, wenn er jemals beabsichtigte, einen von ihnen einzusetzen.

Und jede Minute suchte er, suchte nach dem kleinsten Hinweis darauf, was diese unterschwellige geheime Intrige verursachte, die für seinen überempfindlichen Verstand so offensichtlich war.

Es gab jedoch keine sachlichen Daten, die in Erfahrung gebracht werden konnten. Nur dieses „Gefühl" in der Luft. Doch im Laufe des Tages kam er zu der Überzeugung, dass vieles oder das meiste von dem, was er spürte, nicht die Verschwörung war, die dem Corps Sorgen bereitete. Vielmehr schien es, als ob alle Menschen hier eine Art heimliche Aggressivität an den Tag legten.

Und schließlich wurde ihm bewusst, dass es sich um „Geschäft" und nicht um „Politik" handelte. Denn es war bekannt, dass Simonides, obwohl es zur reichsten Welt der Föderation geworden war, noch nicht zufrieden war ... dass seine Kaufleute und Händler immer mehr von den Geschäften des Systems an sich reißen wollten.

Er war sich sicher, dass es für eine politische Revolution viel zu viele Geister gab, die aggressive Gedanken hegten. Wenn es so weit verbreitet wäre, hätten andere Mitglieder des Geheimdienstkorps sicherlich etwas Bestimmtes darüber herausgefunden. Nein, was auch immer das war, es war eindeutig nicht das, was er hier finden wollte.

Das Gefühl, ausspioniert zu werden, war immer mehr oder weniger vorhanden, aber er konnte den Mann oder die Männer nicht erkennen, die ihn beobachteten. Entweder arbeiteten mehrere in kurzen Schichten, oder der Wohnwagen blieb so weit hinter ihm, dass die Gedankenvielfalt der Hunderten von Menschen, die immer in der Nähe waren, die Gedanken des Spions verdeckte.

Hanlon aß gemütlich in einem kleinen Restaurant zu Mittag und setzte am Nachmittag seine scheinbar ziellose Besichtigungstour fort. Wenn sie ihn beschatten würden, hätten sie nichts zu melden, grinste er. Zumindest nicht tagsüber. Was der Abend bringen würde, wäre vielleicht eine andere Sache.

Denn er hatte sich vorgenommen, zumindest Kontakt zu dem SS-Mann aufzunehmen, der diesen Brief geschrieben hatte. Er würde im Golden Web zu Abend essen, wenn dort Mahlzeiten serviert würden. Wenn nicht, würde er trotzdem etwas trinken. Die beiden Männer sollten sich auf jeden Fall vom Sehen kennen.

Er ging kurz ins Hotel, aber es gab keine Anrufe für ihn. Also nahm er ein Bodentaxi zum Café, das sich als protzig und grell herausstellte. Drinnen begab er sich zu dem Teil der langen, belebten Bar, an der ein schlanker, blonder Mann saß.

Hanlon kletterte auf einen Hocker. „Gib mir einen guten alten Kentucky Mint-Julep, ja ", forderte er, „und sei verbissen, suah , es ist richtig gemacht."

Der Barkeeper beäugte ihn eigenartig. „Wo ist dieser Kentucky und was ist ein Mint-Julep?"

„Natürlich auf Terra, wo ich herkomme. Wo hast du gedacht, dass es war, auf Andromeda Sieben?"

„Entschuldigen Sie, Sir. Ich glaube mich jetzt zu erinnern, dass ich von einem solchen Getränk gehört habe. Ich muss es im Rezeptbuch nachschlagen – an die Zutaten erinnere ich mich nicht mehr."

Hanlon grinste und verlor seinen aufsässigen Anschein. „Es besteht teilweise aus blauem Gras, wie ein ‚Pferdehals'." Aber wenn es zu viel Mühe macht, gib mir einfach eine Cola.

Auch der Barkeeper grinste. „Ich verstehe, Steve" und schenkte das Erfrischungsgetränk ein.

Hanlon saß da, nippte an seinem harmlosen Getränk und blickte sich ruhig um. Eine große Menschenmenge begann den Raum zu füllen – gut gekleidete, offensichtlich einigermaßen wohlhabende Leute, aber er konnte sehen, dass es sich nicht um die echte Oberschicht handelte, sondern um etwas abseits stehende Kletterer.

Nachdem sein Getränk ausgetrunken war, gab Hanlon seinem freundlichen Barmann ein Zeichen . „Ist das Essen hier gut? Das sieht nach einem schönen Ort aus."

„Ja, das ist es. Man hört hier oft einige interessante Dinge. Was das Essen betrifft, ist es sehr gut und nicht zu teuer. Sie haben einheimisches Geflügel, ähnlich wie Hühnchen, ich denke, Sie würden es mögen. Fragen Sie nach *Poyka* , in was auch immer Stil, den Sie mögen, wenn es fest ist. Gerne sind wir Ihnen jederzeit und in jeder Hinsicht behilflich, Sir." Die letzten Worte wurden leicht betont.

Hanlon hatte bestellt und wartete auf sein Essen, als ein Mann, den er noch nie zuvor gesehen hatte, ihm gegenüber Platz nahm.

„Der Boss will dich sehen."

"Ja?" Hanlon musterte ihn fast verächtlich von oben bis unten. „Wer ist dieser ‚Chef', der sich für mich interessiert?"

„Hör auf mit dem Clown. Du weißt schon wer. Im Bacchus. Jetzt!"

"Also." Hanlon ließ sich leicht interessiert erscheinen. „Nun, wenn ich mit dem Essen fertig bin und nichts anderes auftaucht, was mich mehr interessiert, werde ich vielleicht vorbeischauen."

„Das solltest du besser, und zwar sehr schnell!" Der Mann schnappte, obwohl es offensichtlich war , dass ihn Hanlons Verhalten verwirrte. „Er mag es nicht , wenn man ihn warten lässt."

„Und ich mag es nicht, gehetzt oder herumkommandiert zu werden!" Hanlon schnappte zurück. „Wenn ich komme und bemerke, dass ich ‚Wenn' gesagt habe, bin ich in etwa einer Stunde da. Macht es Ihnen etwas aus? Ich genieße gerne mein Essen."

Der Mann erhob sich, immer noch mit diesem verwirrten Gesichtsausdruck. Es war offensichtlich, dass er es nicht gewohnt war, dass Leute nicht aufsprangen, wenn sein „Chef" Einladungen aussprach – die eigentlich Befehle waren. Er schüttelte langsam den Kopf. „Ich hoffe für Sie, dass er gut gelaunt ist", sagte er, als er ging.

Hanlons Geist war nicht ganz ruhig, da er schnell aß, und sein Genuss des ausgezeichneten Essens war nicht so groß, wie er ohne diese Unterbrechung hätte sein können. Er schauderte, als er sich an die kalte Rücksichtslosigkeit erinnerte, die er hinter der höflichen Art dieses Anführers gespürt hatte. Aber er musste sein Können als etwas forscher Junge ausspielen, der vor nichts und niemandem Angst hatte. Er hatte mit diesem rücksichtslosen „Können Sie es austeilen, Herr?" einen klaren Punktestand erzielt. aber er sollte sein Glück besser nicht zu sehr herausfordern.

So erschien er erst etwa eine halbe Stunde später beim Bacchus.

„Du hast dir Zeit gelassen", der Anführer sah Hanlon neugierig an.

„Ich hatte Hunger", antwortete Hanlon schlicht. „Ich hatte gerade das Abendessen bestellt, als Ihre Nachricht überbracht wurde. Ich kam, sobald ich fertig war."

„Diejenigen, die für mich arbeiten, kommen normalerweise ... äh ... angerannt, wenn ich anrufe."

Hanlon grinste wölfisch. „Vielleicht haben sie Angst vor dir."

„Und das bist du nicht?"

"Sollte ich sein?"

„Ich mag keine Unverschämtheit oder Unverschämtheit", die Stimme wurde knapper und die Augen verloren in einem Anflug von Wut etwas von ihrer Ruhe.

Hanlon wusste, dass er vorerst weit genug gegangen war, also wurde er sofort weniger dreist und entschuldigender.

„Wenn ich Ihren Job annehme, wenn Sie mir einen anbieten, Sir, werde ich allen Befehlen umgehend Folge leisten und Ihnen selbstverständlich alles geben, was ich habe. Aber ich gehöre nicht zu Ihren wehleidigen Speichelleckern."

Der Anführer betrachtete ihn noch einmal mit stiller Wertschätzung, in der sich ein gewisses Maß an Respekt oder zumindest Zustimmung zu zeigen schien. Hanlon, der die anderen Anwesenden befragte, amüsierte sich insgeheim über deren Erstaunen über seine Kühnheit ... und die Tatsache, dass er damit durchkam.

Nach langen Augenblicken nickte der Anführer, als hätte er eine Entscheidung getroffen.

„Was hast du heute Morgen in der Bank gemacht?"

„Na ja, ich deponiere einfach ein paar meiner Sachen in einem Schließfach", sagte er überrascht. "Warum?"

„Wie bist du so schnell zu deiner eigenen Box gekommen?"

„Was meinst du mit so schnell? Ich bin gestern reingegangen und habe gefragt, ob eins verfügbar sei, und die Verkäuferin hat mich dafür angemeldet und gesagt, dass ich heute Zutritt bekommen könnte."

„Oh, ich verstehe. Mir wurde gesagt, dass es so gemacht wurde, als hättest du bereits eine Kiste und ... äh ... habe mich darüber gewundert."

Hanlon griff in seine Tasche und warf einen Schlüssel auf den Schreibtisch. „Schauen Sie selbst hinein, wenn Sie es für wichtig halten. Und nebenbei", sagte er verächtlich, „wusste ich den ganzen Tag, dass ich beschattet wurde." Aber es tat ihm sofort leid, dass er das zuletzt gesagt hatte.

Denn im Tonfall des Anführers lag eine tödliche Kälte und in seinen harten Augen ein Glanz, der für jemanden Böses verhieß. „Ich verstehe. Nun, lass es durchgehen." Er schob den Schlüssel zurück zu Hanlon, der ihn dankbar einsteckte. Sein Bluff hatte funktioniert. Das war natürlich der Schlüssel zu seiner eigenen Kiste; Sein Generalschlüssel steckte in einer versteckten Tasche am Hosenaufschlag.

Der Anführer ließ sich in seinen Stuhl zurücksinken und schwieg lange Minuten lang, während er tief nachdachte, während Hanlon geduldig wartete und immer noch versuchte, einen Gedankenschimmer aus diesem unleserlichen Geist zu entlocken, immer noch bis zur Verzweiflung frustriert, dass es ihm nicht gelang.

Schließlich sprach der Mann, aber nicht zu Hanlon. „ Panek , du und die anderen gehst und suchst Rellos und bringst ihn hierher."

Als sie allein waren, beugte sich der Anführer vor und sprach ernst mit Hanlon, beobachtete ihn dabei aber aufmerksam. „Ich mag dich, Hanlon, und ich werde dich auf die Probe stellen. Ich bin dir noch nicht ganz sicher, aber wenn ich es werde, kannst du weit kommen – sehr, sehr weit mit mir. Diese Rellos habe ich geschickt." ist der Mann, der Sie heute beschattet hat. Ich kann nicht – ich *werde nicht* !" Er spuckte giftig aus: „Erkennen Sie Versagen oder Inkompetenz. Ich gebe Ihnen die angenehme kleine Aufgabe, dafür zu sorgen, dass Rellos eine Art ... äh ... Unfall passiert . Und wenn ich darüber nachdenke, könnte es genauso gut ein ... sein ... äh ... dauerhaft."

Hanlons Magen kräuselte sich so stark, dass es schmerzte, aber er bemühte sich mannhaft, seine Gefühle nicht in seinem Gesicht erkennen zu lassen. Er hatte einen Augenblick geahnt, wie der Vorschlag aussehen würde, und es war ein Zeichen seiner Stabilität, dass es ihm gelang, seine Maske aufrecht zu erhalten.

Er wusste genau, dass er dieses Mal einen Mord begehen musste, sonst würde er diese Forschungsrichtung aufgeben. Denn er wusste, dass ihm dieser Weg versperrt blieb, wenn er diesen Mann nicht tötete. Und wenn er ausstieg, den Tipp aber einem anderen SS-Mann gab, würde dieser irgendwann vor der gleichen Aufgabe stehen. So sehr es ihm auch übel wurde, darüber nachzudenken, jetzt wurde es zu einem *Muss* ! Er müsste sich selbst als einen Soldaten im Krieg betrachten und Rellos als einen Feind.

Äußerlich ruhig zuckte er gleichgültig mit den Schultern. „Jeder Typ, der nicht produzieren kann, ist es nicht wert, behalten zu werden“, sagte er. „Gibt es eine besondere Art und Weise, wie es gemacht werden soll?“

„Nein … ich glaube, ich würde gerne sehen, wie Sie arbeiten. Planen Sie es selbst. Aber wenn es nicht geschieht, lassen Sie mich oder meine Männer Sie besser nicht noch einmal sehen.“

„In Ordnung. Wenn ich einen einfachen Job wie diesen nicht erledigen kann , kann ich für Sie sicher nicht genug Wert sein, um mir selbst wirklich etwas Gutes zu tun.“

Sie schwiegen wieder, aber Hanlons Gedanken waren angesichts dessen, was kommen würde, düster. Er war nicht der Killertyp – er glaubte an die Heiligkeit des menschlichen Lebens. Dennoch wusste er, dass er sich wappnen musste, um es durchzuziehen. Der Job war wichtiger als das Leben eines Mannes. Aber kaltblütig zu töten – ein vorsätzlicher, geplanter Mord!

In diesem Moment kam Panek mit einem schlanken Mann mittleren Alters zurück.

„Ah, Rellos “, begrüßte ihn der Anführer. „Ich möchte, dass Sie ein neues Mitglied unserer Gruppe kennenlernen, George Hanlon. Er ist gerade aus Terra gekommen und war noch nie zuvor auf Simonides. Ich möchte, dass Sie ihn mitnehmen und ihm Neu-Athen zeigen und was es darin enthält.“ Art der Freuden. Sie können morgen eine Abrechnung Ihrer Ausgaben abgeben.

Und *das* , dachte Hanlon, war ungefähr der unterste und schleimigste Trick, den er je gehört hatte, und es kam ihm der Gedanke, der sich nicht leugnen ließ, wenn er diesen Anführer töten sollte, könnte er es fröhlich und mit klarer Stimme tun Gewissen.

Er stand jedoch auf und lächelte, als er seine Hand ausstreckte. „Freut mich, dich kennenzulernen, Rellos . Es wird Spaß machen, deine Vergnügungen mit denen von Terra zu vergleichen.“

Der Mann war etwas mürrisch, obwohl es offensichtlich war , dass er es nicht wagte, es allzu sehr vor ihrem Chef zu zeigen. Hanlon konnte genug aus den Gedanken des neuen Mannes lesen, um zu wissen, wie große Angst er vor dem Anführer hatte und wie sehr er ihn hasste.

„Ich frage mich, warum er sich so fühlt?“ Hanlon dachte schnell nach und versuchte es im Laufe des Abends herauszufinden, aber ohne Erfolg – der Mann wich solchen Gedanken aus.

Als die beiden nach draußen gingen, fragte der Simonideaner knapp: „Wein, Frauen oder Lied?“

„Warum nicht einige von allen dreien?" Hanlon lachte leicht. „Alles, von dem Sie denken, dass es ein lebhafter Abend wäre und Ihnen Spaß machen würde."

Der andere beugte sich ein wenig. „Dann gehen wir zuerst zu den Phobos. Sie haben guten Alkohol und eine schöne Tanzshow. Gut aussehende Frauen, die nicht zu viel tragen."

Er winkte einem Bodentaxi zu, in das die beiden einstiegen.

Hanlon konnte diesen Abend nicht genießen. Erstens konnte er nicht auf alle Getränke verzichten – und er hasste Alkohol – und musste dennoch so nüchtern wie möglich bleiben. Zweitens und am beunruhigendsten war die schreckliche Sache, die er tun musste, und er wusste, dass sie sorgfältig geplant werden musste. Eine Waffe, ein Messer oder Gift konnte jetzt nicht verwendet werden – es musste so sehr wie ein Unfall aussehen, dass ihm keine Schuld zugeschrieben werden konnte; so dass die Polizei ihn nicht einmal für kurze Zeit festhalten konnte.

Er dachte über einen Plan nach dem anderen nach und verwarf ihn, dann erinnerte er sich an etwas, das er während seiner Wanderungen gesehen hatte – eine Fußgängerbrücke über eine Schnellstraße, auf der die Überlandfrachter so zahlreich waren , dass sie fast Stoßstange an Stoßstange fuhren. „Ich werde ihn dorthin führen und ihn dann hin und her werfen. Er wird sicher überfahren und getötet."

Die Nacktheit der Mädchen im Phobos, die derben Witze der sogenannten Komiker, das heisere, derbe Gelächter der betrunkenen Gäste empörten Hanlon und er war froh, als sie gingen.

„Lass uns ein bisschen spazieren gehen und uns die Sehenswürdigkeiten ansehen", schlug er vor, und Rellos stimmte nach einigem Streit zu – er wollte mehr Nachtclubs besuchen.

Sie waren ein paar Blocks eine Wohnstraße entlang gelaufen, als ein kleiner, pummeliger Welpe auf den Bürgersteig watschelte, um sie zu begrüßen.

„Was für ein süßer …", begann Hanlon, aber mit einem Fluch trat Rellos brutal und bösartig auf die kleine Milbe ein, die sie schmerzheulend über die niedrige Hecke schickte.

Ein schmerzerfülltes Knurren ertönte, und Hanlon schickte seine Gedanken auf die Suche nach diesem tieferen Ton. Er fand sie, die Hündin, und war sofort in diesem Geist und kontrollierte sie.

Mit einem Satz war der riesige Hirte über die Hecke, direkt auf Rellos zu . Das Gewicht des Hundes trug den Mann rückwärts, kämpfte um sein Leben und versuchte, die glänzenden Reißzähne zurückzuhalten, die sich um seine Kehle bemühten.

Rellos die Kehle herauszureißen .

Die Leute kamen angerannt, und als die ersten die Stelle erreichten, sahen sie, wie Hanlon darum kämpfte, den knurrenden, blutbefleckten Hund zurückzuhalten, während Rellos tot in einer Blutlache lag.

Der Besitzer des Hundes stürzte herbei und leinte den Hund an.

„Es tut mir furchtbar leid, Sir“, sagte Hanlon. „Meine Begleiterin war betrunken und hat ihren Welpen getreten. Sie hat es lediglich gerächt.“

„Das habe ich mich gefragt“, der Mann war erschüttert. „ Kaiserina war noch nie bösartig.“

„Ich glaube nicht, dass sie es wieder tun wird“, sagte Hanlon beruhigend. „Geht es dem Welpen gut?“ fragte er den kleinen Jungen, der mit dem kleinen Tier in seinen Armen kam.

„Nein“, schluchzte der Junge, „ Fluffy ist tot.“

"Was ist denn hier los?" sagte eine autoritäre Stimme und zwei Polizisten drängten sich durch die schnell versammelte Menge.

Der Besitzer des Hundes erklärte es in kurzen Worten und entlastete Hanlon vollständig. „Dieser Mann hat versucht, meine Hündin aufzuhalten; er hielt sie zurück, als ich hier ankam“, und andere bestätigten seine Aussage.

„Sie lassen den Hund besser töten“, sagte der Polizist, doch Hanlon ging dazwischen.

„Nein, sie hat sich nur gegen den Mann gewehrt, der ihren Welpen getötet hat. Sie war nicht schuld und ich bin sicher, dass sie nicht bösartig ist.“

Die Polizei war endlich zufrieden, und während sie den toten Wagen riefen, ging Hanlon langsam zu seinem Hotel zurück, sein Herz war immer noch krank, aber ein wenig getröstet.

„Er hatte es über sich ergehen lassen“, dachte er bitter. „Das miese Biest – so einen kleinen Welpen treten!“

Kapitel 12

Am nächsten Abend ging Hanlon zurück zum Bacchus. Anstatt an der Bar anzuhalten, ging er direkt ins Hinterzimmer und klopfte an die Tür.

Als sich das Guckloch öffnete , fragte er: „Der Boss da?"

"Nein."

„Ich muss einen Bericht verfassen."

„Warte an der Bar. Ich melde mich."

Eine Viertelstunde später rief der Mann ihn zu sich, und als Hanlon den nun vertrauten Raum betrat, sah er, dass eine Schranktür offen stand und einen Visiphone- Bildschirm freigab, auf dem das Gesicht des Anführers zu sehen war.

"Also?"

"Ja."

"Ah!" Es gab ein schnelles Einatmen und ein wildes Leuchten in diesen grünlichen Augen. Einen Moment Schweigen, dann „Willst du immer noch den Job dieses Aufsehers?"

„Für tausend im Monat und behalten? Auf jeden Fall!"

„Sehr gut, wir werden es mit dir versuchen. Zeller wird dir eine Liste der Dinge geben, die du dort brauchst – spezielle Kleidung und so. Äh … hast du Geld, um die zu kaufen, die du nicht hast?"

„Das werde ich bekommen, wenn du mir Rellos ' Spesengeld für letzte Nacht bezahlst."

Die Augen des Anführers verengten sich vor plötzlicher Wut. „Überfordern Sie meine Geduld nicht zu sehr, Hanlon."

„Okay", Hanlon zuckte gleichgültig mit den Schultern. „Aber ich habe dich nie für einen Geizhals gehalten."

Es gab ein Keuchen, als ob der Anführer über Hanlons Kühnheit erstaunt wäre. Aber er erlangte schnell die Kontrolle über sich selbst und begann einen Augenblick später zu lächeln, dann zu grinsen und schließlich laut zu lachen … über sich selbst.

„Bei Zeus, Hanlon, ich mag dich! Niemand sonst hat es jemals gewagt, so zu mir zu reden. Du hast gewonnen. Sag Zeller … nein, zieh ihn an, ich sage es ihm … Zeller, gib Hanlon die Liste von Dinge, die er für den Job als Minenwächter benötigt, und zahlen ihm hundert Credits, die der

„Unfallkasse“ belastet werden. Sagen Sie ihm, er soll um dreizehn Uhr hier sein, alles gepackt zum Abgang.“ Dann begann er, das Gerät auszuschalten, als er Hanlon fragen hörte: „Sonst noch etwas?“ blickte erneut auf den Bildschirm.

„Nicht, es sei denn, du willst wieder mit den Jungs herumlaufen. Es wird einige Zeit dauern, bis du Nachtleben haben kannst.“

Hanlon machte ein Zeichen der Abneigung und schüttelte den Kopf. „ Unh -uh, danke. Zwei große Köpfe hintereinander werden mir lange reichen. Ich werde mir etwas Schlaf holen.“

Der Anführer lächelte freundlich. „Der Rest ist vielleicht das Beste, denn Sie werden eine ziemlich harte Reise vor sich haben. Sie werden einen Frachter nehmen, keinen Luxusliner.“

„Soll ich fragen, wohin ich gehe?“

„Ist das wichtig?“

Hanlon zuckte mit den Schultern. „Nicht besonders. Nur Neugier.“

„Dann wird es dich nicht besonders stören, wenn wir ... äh ... dein Ziel eine Weile geheim halten?“

„Nicht im Geringsten, wenn du es so willst“, gähnte er gleichgültig. Aber sein Geist war so besorgt, dass er Schwierigkeiten hatte, es sich nicht in seinem Gesicht oder in seinen Augen zeigen zu lassen. Wie sollte er an diesen Standort gelangen? Er dachte schnell nach und stellte sich eine Möglichkeit vor.

„Gibt es in deiner Bar hier Cola?“

"Was ist das?"

„Ein auf Terra und vielen anderen Planeten sehr beliebtes Erfrischungsgetränk. Ich würde gerne eine Kiste mitnehmen, wenn es erlaubt ist.“

„Ich sehe keinen Grund dagegen. Ich habe noch nie davon gehört, aber fragen Sie vielleicht die Barmädchen.“

„Ich kann es im Golden Web bekommen, wenn du es hier nicht hast. Ich hatte neulich Abend etwas dort.“

Er beobachtete aufmerksam, aber es gab kein Anzeichen von Verdacht; Der Anführer schien nicht einmal interessiert zu sein.

Hanlon schaltete den Bildschirm aus, holte die Liste und das Geld von Zeller und ging hinaus. Der Bacchus hatte keine Cola vorrätig, also nahm er ein Taxi zum Golden Web.

Er tat so, als wäre er halb betrunken, ging hinein und bestellte bei seinem Kollegen die Kiste mit Getränken. Während er ein Glas davon trank, redete er in mehr oder weniger geschwätzigem Ton. Zwischen unwichtigen Worten teilte er dem SS-Barkeeper mit, dass er am nächsten Mittag zu einem anderen Planeten aufbrechen würde, dessen Namen und Standort er noch nicht erfahren hatte.

„Aber ich habe einen guten Chef", murmelte er leise. „Sehr guter Chef – sicher weiß er viel. Hauptquartier im Bacchus."

Hooper, der wie alle SS-Männer schnell verständnisvoll sein muss, sagte lediglich laut das herkömmliche „Sichere Flüge", aber Hanlon wusste, dass er alles tun würde, was er konnte, um an diese Planeteninformationen zu gelangen.

Und Hanlon war sehr zufrieden, als er ins Hotel ging und zu Bett ging. Was getan werden konnte, wurde getan.

Sobald er am nächsten Morgen gefrühstückt hatte, checkte Hanlon in seinem Hotel aus und kaufte die besondere Kleidung und andere Artikel auf seiner Liste. Nachdem er alles in Reisekoffer gepackt hatte, erschien er kurz vor dreizehn Uhr im Bacchus.

Als er aus dem Taxi stieg und dem Portier Anweisungen gab, sein Gepäck aufzubewahren, bis er gehen wollte, war Hanlon ermutigt, Hooper zu sehen, der offenbar ein neues Blatt las und an der Terrassenfassade in der Nähe lehnte.

Im Hinterzimmer warteten der Anführer und drei weitere Personen, darunter der allgegenwärtige Panek , auf ihn. Ihm wurde ein Umschlag ausgehändigt.

„Wenn Sie ankommen, übergeben Sie diese Berechtigung Peter Philander, dem Superintendenten. Er wird dort Ihr Chef sein.

„Machen Sie sich keine Sorgen, dass ich meine Nase sauber halte. Ich nehme ein Dutzend zusätzliche Taschentücher mit."

Seine letzten Zweifel, Simonides zu verlassen und sich auf den unbekannten Planeten zu begeben, waren nun verflogen. Er war sich sicher, dass er dort die Hinweise finden würde, die er so dringend brauchte – und wahrscheinlich konnte er sie nur dort bekommen.

Sie holten sein Gepäck ab, dann stiegen alle in einen großen schwarzen Geländewagen, und als es losging, ließen die Männer die Vorhänge vor den Fenstern herunter. Und während Hanlon darüber nachdachte, drückte einer von ihnen plötzlich seine Arme an seine Seite, während ein anderer ihm ein Stück Kleber auf die Augen klatschte und es fest glättete.

Hanlon schnappte nach Luft, wehrte sich aber nicht.

„Das ist richtig, wehren Sie sich nicht dagegen", die Stimme des Anführers klang fast freundlich. „Wir wollen nur nicht, dass du weißt, wohin wir gehen … noch nicht."

Das Auto fuhr einige Meilen, hielt dann an und alle stiegen aus. Die Männer halfen Hanlon beim Abstieg, führten ihn ein paar Dutzend Schritte und halfen ihm dann, in eine andere Maschine zu klettern. Plötzlich wurde ihm bewusst, dass sie sich nun in einem Flugzeug befanden, das gestartet war, und er runzelte die Stirn. Angenommen, Hooper wäre ihm gefolgt, wäre er jetzt raus. Er war allein.

Mehrere Augenblicke lang versuchte Hanlon vergeblich, aus den Gedanken der anderen herauszulesen, wohin sie gingen. Er hatte die Hoffnung fast aufgegeben, als er das unverkennbare Keuchen eines kleinen Hundes hörte und ihm klar wurde, dass einer der Flugbesatzungen ein Haustier mitgebracht haben musste.

Schnell nahm sein Geist Kontakt mit dem des Hundes auf und war augenblicklich darin und blickte durch die Augen des Hundes hinaus. Er kontrollierte seinen Geist, so dass er auf den Schoß des Mannes kletterte und, die Vorderpfoten auf der Schulter des Kerls, aus dem Fenster des Flugwagens blickte. Niemand schien etwas Besonderes an den Handlungen des Hundes zu finden, sein Besitzer tätschelte ihn lediglich, während er dastand, wie Hanlon es mit seinen Sinnen spüren konnte.

Jetzt konnte Hanlon sehen, dass sie sich einigen Bergen näherten, und achtete besonders auf alles, was als Wahrzeichen in Erinnerung bleiben könnte. Bald ließen sie sich in einem kleinen versteckten Tal nieder, wo sich ein ziemlich großer Raumfrachter befand.

Sie führten ihn in dieses Schiff, und er verlor den Hund, sodass er nicht erkennen konnte, wohin sie ihn brachten. Schließlich spürte er, dass sie sich in einem kleinen Raum befanden, und der Kleber wurde von seinem Gesicht gerissen.

Der Anführer und Panek standen mit Hanlon in der kleinen Hütte.

„Dies soll Ihre Hütte sein. Tut mir leid für die Vorsichtsmaßnahmen, aber Sie können sicher verstehen, warum. Aber wenn Sie sich benehmen und eine gute Bilanz machen, müssen Sie sich um sie keine … äh … Sorgen machen mehr . Start fast sofort, also müssen wir gehen. Gute Flüge, und ich hoffe, dass es dir gut geht."

Er sah Hanlon eine lange, lange Minute lang starr an, und der junge Mann erwiderte seinen Blick ebenso fest.

„Ich werde meinen Job machen", sagte Hanlon nach diesem Moment ehrlich – aber es war sein Job für den Secret Service, den er meinte. „Auf Wiedersehen und danke. Vielen Dank auch, Panek , für deine Hilfe."

„Ich bin froh , es geschafft zu haben, Kumpel, ich bin froh."

„Dann sehen wir uns in vier Monaten", und die beiden gingen.

Hanlon verstaute sein Gepäck in den dafür vorgesehenen Ablagen und ging dann nach draußen, um nachzusehen, was los war. Aber die Tür war verschlossen.

„Sie wollen sicher nicht, dass ich weiß, wohin wir gehen", grinste er reumütig, als er sich auf die Kante seiner Koje setzte. „Das zeigt mir, dass es wichtig ist und dass ich es eines Tages bekommen werde – sie können es mir nicht für immer vorenthalten."

Sirenen schrien „Abheben", und er schnallte sich in seiner Koje fest. Als er spürte, wie der Druck nachließ und er wusste, dass sie sich im Weltraum befanden, schnallte er sich ab und entspannte sich. Aber er konnte nichts tun.

Später war das Geräusch eines Schlüssels im Schloss zu hören. Als sich die Tür öffnete, trat ein stämmiger Mann mit einem Blaster herein.

„Geh zurück, Bud, und halte deine Hände im Blickfeld."

Hanlon hob die Hände, während der Koch ein Tablett hereinbrachte und es auf seine Koje stellte. Als sie hinausgingen, sprach Hanlon. „Haben Sie Bücher an Bord? Es macht mir nichts aus, eingesperrt zu werden, und ich werde auch keinen Ärger machen, aber bitte geben Sie mir etwas zu tun."

Sie antworteten nicht, aber als sie zurückkamen, um das leere Geschirr zu holen , hinterließen sie ein paar Zeitschriften mit Eselsohren.

Am späten Nachmittag warnte die Sirene vor der Landung, und Hanlon schnallte sich erneut fest. Nachdem er die Landung gespürt hatte, kam einer der Schiffsoffiziere und schloss die Tür auf.

Er entschuldigte sich sehr. „Tut mir leid, Sir, aber wir hatten unsere Befehle."

„Für mich ist es in Ordnung", sagte Hanlon fröhlich. „Machen Sie bei mir, wo ich bin, keinen Unterschied, solange ich gut bezahlt werde."

„Wie ich sehe, hast du deine leichte Kleidung angezogen. Das ist gut – dies ist ein heißer Planet. Das sind deine Taschen?"

Hanlon nickte und jeder trug eins, der Offizier ging voran zur Luftschleuse und sie stiegen in diese neue Welt hinab.

Die Luft war dick und schwül – mindestens 110° Fahrenheit, schätzte Hanlon. Auf dem Landeplatz herrschte reges Treiben. Automatische Maschinen entluden Fracht und verluden sie auf Lastwagen. Es standen mehrere Männer mit ihrem Gepäck herum.

Einer war ein riesiger, brutal aussehender Mann, ein anderer ein schlanker junger Kerl, ungefähr in Hanlons Alter, offenbar gebildet, seinem Benehmen nach zu urteilen, aber mit einer gewissen Verschlagenheit in seinen Augen; die anderen waren einfache Arbeiter.

„War einer von euch schon einmal hier?" fragte der Beamte.

Zwei der anderen nickten und machten sich auf den Weg vom Feld. Hanlon sah, dass sich direkt hinter dem Rand dichte Wälder befanden – fast ein Dschungel, aber seltsam und fremdartig.

Als sie näher kamen und ihn schließlich betraten, sah der junge SS-Mann, dass dies tatsächlich anders war als jeder Dschungel oder Wald, den er jemals gesehen oder von dem er gehört hatte. Hohe Bäume, deren Äste sich wanden, als ob sie lebendig wären, die aber nie einen angegriffen haben. Unterholz, das so dicht war, dass es unpassierbar schien, das sich dennoch von ihrer Annäherung abwandte, als hätte es Angst vor einer kontaminierenden Berührung, nur um wieder an seinen Platz zurückzukehren, sobald die Männer vorbeikamen.

Hanlon, der weiterging und alles in sich aufnahm, schien schwache Gedankenflüsterungen wahrzunehmen, konnte aber nichts daraus machen. Er fragte sich, was es war – vielleicht ein außerirdisches Tierleben ganz unten auf der Skala?

Der Boden war weich und schlammig. Der junge Kontrolleur warnte die anderen: „Gehen Sie nicht vom Weg ab; manches davon ist fast wie Treibsand."

„Es gibt eine Straße zur Mine", antwortete er auf Hanlons weitere Frage, „aber sie ist kurvenreich und etwa fünf Meilen lang, während dieser Weg nur eine halbe Meile lang ist. Der Boden hier hält keiner schweren Belastung stand."

„Wie groß ist dieser Planet überhaupt? Die Schwerkraft scheint ungefähr der von Simonides und Terra zu ähneln."

„Es ist nicht ganz so groß, scheint aber hauptsächlich aus schwereren Metallen oder so etwas zu bestehen. Die Schwerkraft beträgt etwa 0,93. Das Wetter bleibt das ganze Jahr über ungefähr gleich; es gibt nur sehr wenige Stürme jeglicher Art, obwohl es etwa jede Nacht lang heiß regnet eine halbe Stunde. Die Temperatur sinkt nachts auf etwa 90 °C, bis zu 110-115 Tagen."

„Kein Wunder, dass sie mir sagten, ich solle leichte Kleidung kaufen.“

„Ja, es ist auf jeden Fall heiß. Wir gingen größtenteils nackt, außer dass die Strahlung wirklich heftig ist. Tragen Sie im Freien immer einen Hut und leichte Handschuhe. Wenn Ihre Augen anfangen zu brennen, tragen Sie eine dunkle Schutzbrille.“

„Danke für die Tipps, Chum, ich weiß sie zu schätzen . Ich hatte angefangen, Hautjucken zu bemerken, dachte aber, es könnte an diesem Dschungel liegen.“

Sie durchbrachen die letzte Laubwand, und Hanlon sah vor sich eine große freie Fläche, die etwa eine halbe Meile breit gewesen sein musste. Es gab eine ganze Reihe von Gebäuden, die meisten davon fensterlos, und er kam zu dem Schluss, dass es sich um Lagerhäuser handelte.

„Da ist die Kantine “, zeigte sein neu gefundener Freund.

Sie gingen weiter zu einem weiteren langen, niedrigen Gebäude im Bungalow-Stil, in dessen Inneren Hanlon eine lange Halle sah, von der aus sich auf beiden Seiten Dutzende Türen öffneten. Die anderen Männer verschwanden in dem einen oder anderen Zimmer, und der junge Mann blieb an einer anderen Tür stehen. „Nehmen Sie sich das erste Zimmer, dessen Schlüssel draußen im Schloss steckt“, sagte er. „Sie sind alle gleich.“

Der SS-Mann fand eines mit der Nummer „17“ an der Tür und ging hinein. Das Zimmer war klein, aber gemütlich eingerichtet. Er fand heraus, dass das Bett eine gute Matratze hatte, weiße Leinenlaken und eine dünne, flauschige Decke, die am Fußende gefaltet war. Es gab einen großen Sessel, einen Schrank für seine Kleidung und eine Kommode mit vier Schubladen. An der Decke waren Glomerllampen angebracht, und neben dem großen Stuhl befand sich noch eine weitere Lampe, um das Lesen zu erleichtern. Eine Tür öffnete sich zu einem anderen Raum , der sich als kompakte Toilette und Dusche entpuppte. Alles war makellos sauber und die Luft war dank der Klimaanlage kühl und angenehm.

„Nicht schlecht, überhaupt nicht schlecht“, sagte Hanlon halblaut, während er seine Sachen auspackte und verstaute. Dann duschte er. „Mann, wirst du bei dieser Hitze viel trainieren können?“, apostrophierte er zum Glück die Dusche. Er zog sich wieder an und machte sich auf die Suche nach Peter Philander, seinem neuen Chef.

Er hielt an der Kantine an und traf dort auf den Koch, einen fröhlichen, pummeligen Mann. Er stellte sich vor und sie unterhielten sich ein paar Minuten.

„Ich werde diesen Kerl mögen – ich hoffe, sie sind alle genauso nett und freundlich", dachte Hanlon. „Wo ist das Büro des Supervisors?" fragte er und der Koch machte ihn darauf aufmerksam.

Als Hanlon die Bürohütte betrat, befand er sich in einem ziemlich großen Raum mit mehreren Schreibtischen und mehreren Zeichenbrettern, auf denen Pläne und Zeichnungen befestigt waren. Hinter einem der größeren Schreibtische stand ein stämmiger Mann mit einer großen, zornigen Narbe auf der linken Wange und am Hals, die vom Nasenrücken bis unter das Ohr reichte.

Etwas an dem Mann löste bei Hanlon ein Gefühl des Misstrauens aus – vielleicht sein Aussehen, denn diese schreckliche Narbe ließ ihn wie einen blutrünstigen Piraten aussehen.

Hanlon ließ sich diskret nichts davon in seiner Stimme oder seinem Verhalten anmerken, als er mit einem Lächeln im Gesicht und seinem Ausweis in der Hand vortrat. „Mr. Philander, Sir? Ich bin George Hanlon, ein neuer Wachmann."

Der andere nickte wortlos, schnappte sich die Papiere und warf Hanlon einen misstrauischen Blick zu.

Hanlon erkundete den Geist hinter diesem Stirnrunzeln und konnte ein Gefühl von Angst, Misstrauen und Unruhe spüren. Er fing einen Gedankenbruch auf – „Noch einer nach meinem Job?" – und erriet in einem Geistesblitz, was los war. Dieser Superintendent muss einen schrecklichen Minderwertigkeitskomplex haben, und diese entstellende Narbe hat sicherlich nicht geholfen. Er war zweifellos kompetent, sonst wäre er nicht hier, aber jeder neue Mann war eine mögliche Herausforderung oder ein Ersatz.

Da Hanlon wusste, dass in seinen Papieren nicht erwähnt wurde, dass er Kadett gewesen war, wagte er es, etwas zu unternehmen. „Meine Güte, Mr. Philander, Sir, ich beneide Sie", sagte er in dem Moment, als der Mann aufsah. „Ich weiß alles über Metalle und Erze und Bergbau und solche Sachen. Ich wünschte wirklich, ich hätte die Chance gehabt, so etwas Wertvolles zu lernen. Aber ich glaube, ich bin nur ein Typ, der einen starken Rücken und einen schwachen Verstand hat." ."

Der Kommissar sah ihn lange durchdringend an, als wollte er entscheiden, ob das echter oder subtiler Sarkasmus war. Er musste entschieden haben, dass es ersteres war, denn er entspannte sich ein wenig. „Ja", knurrte er mit einem tiefen Bass, der jetzt angenehm gemeint zu sein schien. „Es erfordert viel Lernen und einen guten Verstand, um zu lernen, was ich weiß. Nur sehr wenige Männer schaffen es."

Und Hanlon, der sich zwangsläufig schnell zu einem guten Charakterkenner entwickelte, wusste, dass er diesen Mann fest im Griff hatte und dass er zwar gefährlich sein würde, wenn er in die Enge getrieben würde, dass er aber geschickt gehandhabt werden konnte.

„Was genau werden meine Aufgaben sein, Sir? Oder haben Sie die Führung von uns Wachen an einen geringeren Mann delegiert?“

„Nein, ich kümmere mich selbst darum . ,Wenn du eine gute Arbeit haben willst, dann mach sie selbst‘, weißt du. Ich gehe mit dir raus und führe dich herum. Habt ihr euch alle wohl gefühlt?“

„Oh ja, Sir. Ich habe ein sehr schönes Zimmer, Nummer 17, und bin gerade ausgepackt. Auf der Suche nach Ihrem Büro rannte ich in die Kantine , und Cookie erzählte mir von den Essenszeiten. Ich bin mir sicher, dass ich hier gut zurechtkomme.“ – so sehr diese schreckliche Hitze es zulässt. Sie machten sicher keine Witze, als sie sagten, es sei heiß hier. Und ich möchte Ihnen versichern, Sir, dass ich hart arbeiten und mich ausschließlich um das Geschäftliche kümmern werde – sonst nichts. "

Der Superintendent wurde von Sekunde zu Sekunde besänftigter und weniger ängstlich. Jetzt lächelte er tatsächlich, eine ziemlich erbärmliche Travestie eines Lächelns, und Hanlons Mitgefühl galt ihm.

„Dann kommen wir gut miteinander klar“, sagte Philander. „Denken Sie daran, dass Ihre Aufgabe nur darin besteht, die Einheimischen während Ihrer Schicht bei der Arbeit zu halten, und dass Sie in Ihrer Freizeit nicht nach Dingen suchen, die Sie nichts angehen.“

„Oh, natürlich, Sir. Sie listen einfach auf, welche Limits ich einhalten muss, und ich bleibe dabei. Alles, was ich hier will, sind tausend Credits pro Monat und so viel Bonus, wie ich verdienen kann. Sie Sehen Sie“, mit einnehmender Offenheit, „Ich bin ein Typ, der seinen Stapel so schnell wie möglich anhäufen will, damit ich nicht mein ganzes Leben lang arbeiten muss. Ich muss arbeiten, um sie zu bekommen, klar , aber.“ Mein Ziel ist es nicht, für immer zu arbeiten.

„ Hmmpfff “ Philander erhob sich hinter dem Schreibtisch. „Komm, ich zeige dir alles.“

Kapitel 13

Eine Stunde lang begleitete Superintendent Philander George Hanlon durch die Ausgrabungen und zeigte ihm die verschiedenen Gebäude und die Arbeiterumzäunung. („Gefängnis" wäre ein besseres Wort, dachte Hanlon, wütend darüber, dass es immer noch Männer gab, die andere zu ihrem eigenen Vorteil versklaven würden.)

Als der junge Erdenmensch den Eingeborenen zum ersten Mal sah, war er überrascht. Sie waren so völlig anders als alles, was er jemals vermutet hatte. Sie waren groß und schlank und ihre grünlich-braune Haut war rau und unregelmäßig. Sie schienen jedoch über eine beträchtliche drahtige Kraft zu verfügen.

Hanlon hatte das seltsame Gefühl, dass sie ihm irgendwie bekannt vorkamen, als ob sie mit etwas verwandt wären, das er bereits wusste, obwohl sie ihm so fremd waren. Aber so sehr er sich auch anstrengte, es gelang ihm zunächst nicht, diesen schwer fassbaren Gedanken zu begreifen.

Er untersuchte jeden Aspekt des Aussehens der Eingeborenen genauer. Sie hatten kleine dreieckige Augen, die weit auseinander auf ihren schmalen Gesichtern standen, fast wie die eines Vogels, aber nicht ganz so weit zurückliegend. Er vermutete, dass sie nach vorne und etwas nach beiden Seiten sehen konnten, mit einem viel größeren Sichtbereich als Menschen. Sie hatten auch dreieckige Münder, die etwas nach der Schließmuskelmethode funktionierten. Obwohl ihre Gesichter irgendwie albern aussahen, hatten sie irgendwie eine seltsame Schönheit.

Er bemerkte, dass, wenn sich zwei oder mehr gegenüberstanden, sie oft den Mund bewegten und vermuteten, dass sie sich unterhielten, obwohl von ihnen kein Ton zu hören war, abgesehen von einem eigenartigen, schwachen Rascheln, wenn sie sich bewegten.

Letzteres gab ihm den Hinweis. *Animierte Bäume!* Daran haben sie ihn erinnert. Ihre Haut war wie neue Rinde; Ihre Gliedmaßen waren unregelmäßig und erinnerten eher an die Äste eines Baumes als an die anmutige Rundung der Gliedmaßen von Menschen und terranischen Tieren.

Er wandte sich aufgeregt an Philander. „Hey, diese Eingeborenen sind teilweise pflanzlich, nicht wahr? Wie Bäume, die sich bewegen und denken können?"

„Das sagen sie", sagte Philander knapp, „obwohl ich nichts über den ,Denken'-Teil weiß. Niemand ist jemals in der Lage gewesen, sie zu verstehen. Sie reden nicht und scheinen uns nicht zu hören.", egal wie laut wir schreien. Wir müssen ihnen alles zeigen, was wir von ihnen wollen, und ihnen durch Zeichen Befehle geben. Peitschen nützen nichts, wenn sie herumlungern – sie scheinen sie nicht zu spüren . Also verwenden wir Elektroschockstäbe, wie Sie den Wachmann dort tragen sehen.

Hanlon schwieg einige Augenblicke lang, aber seine Gedanken versuchten, die Gedanken des Eingeborenen zu erforschen, der ihm am nächsten stand. Es überraschte ihn auch nicht, dass dieser Eingeborene einen wirklich respektablen Geist hatte – wachsam und scharfsinnig.

Hanlon konnte Bilder verschiedener Dinge recht leicht lesen – aber er konnte sie nicht interpretieren. Dennoch konnte er ihr Gefühl der Scham und Erniedrigung angesichts eines solch versklavten Zustands spüren und den dumpfen Zorn, den sie auf die Menschen empfanden, die sie dazu gemacht hatten.

Dies versprach, ein fruchtbares Feld für Studien zu werden, und der junge SS-Mann verspürte eine Begeisterung darüber, dass er viel umherstreifen und studieren konnte, ohne den Anschein zu erwecken, als würde er gegen die Regeln verstoßen, die Philander für sein Verhalten aufgestellt hatte. „Das ist sicherlich mein Fachgebiet", dachte er. „Ich bin sicher froh, dass ich mich entschieden habe, die Chance zu nutzen, hierher zu kommen – das Corps muss von dieser Situation erfahren."

Der Kommissar unterbrach seine Gedanken. „Ich muss vor dem Abendessen zurück ins Büro. Gehen Sie dort zum Kommissarladen und lassen Sie Ihren Chronom gegen einen eintauschen, der auf algonischer Zeit läuft. Ihr Chronom wird zur sicheren Aufbewahrung aufbewahrt und zurückgetauscht, wenn Sie hier abreisen ."

Als er wegging, stellte Hanlon voller Freude fest, dass er zwei wertvolle Informationen erhalten hatte.

Erstens und am wichtigsten: der Name dieses Planeten – Algon . Zweitens, aber dieses Mal ist es etwas beunruhigend, dass Zweifel bestehen könnten, ob er jemals hier weggehen würde oder nicht. Gab es hier eine Gefahr, von der man ihm nichts gesagt hatte ... oder hatte das Versprechen des Anführers, vier Monate Arbeit und dann einen Urlaub zurück zu Simonides zu versprechen, vielleicht überhaupt nichts zu bedeuten – war es lediglich ein „Komm schon"?

Es war mehr als der Schweiß der schrecklichen Hitze, der Hanlons Haut befeuchtete, als er nachdenklich zum Laden ging. Dennoch prickelte es in ihm, weil er wusste, dass er zumindest wusste, wo er war. Jetzt bestand seine einzige Sorge darin, dieses Wissen an das Corps weiterzuleiten.

Beim Abendessen wenig später hatte er zum ersten Mal die Gelegenheit, alle Männer kennenzulernen, mit denen er zusammenarbeiten würde. Der Kommissar stellte sie allen vor, als sie sich an den langen Tisch setzten.

Es gab elf weitere Wachen, alle älter und alle größer als er. Sie waren sich insofern ähnlich, als sie alle prahlerische Tyrannen zu sein schienen, und er konnte sich gut vorstellen, wie bereit sie waren, diese Schockstangen oder andere Formen der Brutalität einzusetzen, um die Algonier bei der geringsten Provokation oder überhaupt keiner Provokation zu foltern. Diese Wachen hatten ausnahmslos schwere Gesichter, die meisten waren unrasiert und die meisten mit dicken, struppigen Augenbrauen. Selbst in diesem luftgekühlten Raum fiel ihr allgemein ungewaschener Zustand auf.

Hanlon wusste instinktiv, dass er unter ihnen keine Freunde finden würde. „Ich hoffe nur, dass ich mir keine Feinde mache. Warum wurde ich, der sich so drastisch von ihnen unterschied, als Wächter ausgewählt? Was hat dieser Anführer überhaupt im Kopf?"

Es waren vier Bergbauingenieure, und diese Männer waren eifrige, aufmerksame Kerle. Einer schien etwa fünfundvierzig zu sein, ein anderer Ende Dreißig, und die beiden anderen jungen Männer waren offensichtlich noch nicht lange mit der Schule fertig. Sie waren glattrasiert und freundlich, während die Wachen mürrisch waren und sich über Hanlons Jugend und Schlankheit lustig machten.

Es gab einen Buchhalter, den Ladenangestellten und zwei Kontrolleure, die jede Schicht zählten und brachten. Ein halbes Dutzend andere, offenbar LKW- und Hebezeuge , komplettierten zusammen mit Philander, dem Koch und dem Hausreiniger, die menschliche Besatzung in dieser Mine.

Hanlon hatte zwischen einem der Wachen, einem riesigen Mann namens Groton, und einem der jungen Ingenieure gesessen. Dieser hieß ihn willkommen und fragte, woher er käme.

„Ich war gerade nach Simonides gezogen, als ich die Chance bekam, hierher zu kommen", erklärte Hanlon. „Ich bin auf Terra geboren und aufgewachsen."

„Terra!" Die Stimme des jungen Mannes war interessiert, und mehrere andere am Tisch hoben bei diesem Namen den Kopf. „Ich wollte schon immer die Mutterwelt sehen."

Als alle mit dem Essen fertig waren, traten einige der anderen Männer, die Terra noch nie gesehen hatten, näher an Hanlon heran und stellten viele Fragen.

„Ich habe gehört, dass Terra über die besten Techniker im Universum verfügt", sagte einer der Hebemänner .

„Früher war das so“, antwortete Hanlon ehrlich, „aber jetzt verstehe ich, dass es bei Simonides der Fall war, da er der wohlhabendste Planet ist. Da Terra die ursprüngliche Welt war, gab es natürlich das Beste, was die Rasse überhaupt hervorbringen konnte.“ Aber als so viele Menschen auf andere Planeten auswanderten, verlor sie nach und nach viele ihrer besten Gehirne. Später boten diese anderen Planeten Männern und Frauen mit Fähigkeiten und Ausbildung, die ihren ersten Bewohnern fehlten, so fabelhafte Löhne, dass Terra noch weiter ausgelaugt wurde ."

„Das ist das Mitleid der Kolonisierung“, seufzte der ältere Ingenieur. „Es baut neue Länder auf Kosten der alten auf und nimmt all ihre Stärksten, Abenteuerlichsten und Einfallsreichsten mit. Bald ist das ursprüngliche Land, der ursprüngliche Kontinent oder der ursprüngliche Planet nur noch vom Abschaum bevölkert.“

„Ich glaube nicht, dass Terra nur noch Reste übrig hat. Schließlich komme ich von dort, weißt du“, grinste Hanlon und sie lächelten freundschaftlich zurück. „Aber ich weiß, dass Sie teilweise Recht haben – zumindest wird das mit der Zeit wahrscheinlich der Fall sein. Genauso wie es auch bei den anderen Planeten der Fall sein wird, wenn ihre besten und jüngeren Spitzenreiter losziehen, um noch mehr Welten zu erschließen.“

Mitten in dieser ersten Nacht auf Algon brachte etwas, vielleicht sein Unterbewusstsein, George Hanlon hellwach, alle seine geistigen Fähigkeiten waren klar und wachsam.

Klicken! Klicken! Klicken! ... Wie Teile eines Puzzles, die zusammenpassen, fügten sich viele der Kleinigkeiten scheinbar nicht zusammenhängender Informationen und Erfahrungen in dieses Rätsel ein.

Er erinnerte sich jetzt deutlich an einen Vorfall, der damals nur ein vorübergehendes Wunder hervorgerufen hatte. Diese letzten Minuten, bevor das Schiff abhob. Der Anführer hatte ihm lange und durchdringend in die Augen gestarrt, und Hanlon, der sich fragte und verwirrt war, was der Mann suchte, starrte nur stumm zurück. Jetzt erinnerte er sich an den flüchtigen Gedanken – den er schnell als lächerlich abtat –, dass er es niemandem erzählen dürfe, selbst wenn er herausfände, wohin er wollte; muss es unter Androhung schwerer Folter völlig und augenblicklich vergessen.

Nun, dieser Anführer muss versucht haben, einen hypnotischen Zwang in seinen Geist einzupflanzen ... und muss geglaubt haben, es sei ihm gelungen, sonst wäre Hanlon nie lebend hier angekommen. Aus diesem Grund konnte er dieses Wissen nie aus den Gedanken der Menschen, mit denen er Kontakt aufgenommen hatte und die in dieses Spiel verwickelt waren, ablesen – nicht einmal dem Schiffsoffizier, der es auf jeden Fall hätte wissen müssen.

Aber warte mal. Was ist mit Philander? Er wusste. Hatte die Hypnose bei ihm nicht gewirkt? Oder war dieser Name „ Algon " lediglich einer der Supernamen, der anstelle des echten Namens verwendet wurde, von dem er nicht wusste, dass er ihn kannte? Oder könnte es wiederum sein, dass man ihm so sehr vertraute, dass man ihm das Wissen nicht vorenthalten hatte?

Von den dreien argumentierte Hanlon, dass Letzteres wahrscheinlich die Wahrheit sei.

Ein weiterer Punkt. Dieser vage Hinweis auf „ob oder wann Sie hier abreisen" war zweifellos ein Versprecher. Philander hatte wahrscheinlich vermutet – oder vielleicht war es bei allen Männern, die zum ersten Mal zum Mann kamen – so, dass Hanlon auf Bewährung hier war. „Wenn ja", war der Gedanke eindringlich, „muss ich auf jeden Fall jede Minute aufpassen, was ich tue, und darf mir nicht entgehen lassen, was ich hier zu tun versuche." Aber weitere Momente des Nachdenkens brachten die vernünftige Schlussfolgerung, dass er ihr Misstrauen einlullen konnte, indem er sich anschnallte und einen echten Leistungsrekord aufstellte.

Oder ... und das ließ ihn für einen Moment kalt erschauern, so dass er sich instinktiv noch ein Stück tiefer unter das Laken vergrub, als könnte es ihn schützen und wärmen ... Wussten sie schon alles über ihn und hatten ihn geschickt? Ist er hier, um ihn loszuwerden? Sollte er ein weiteres Opfer eines der „kleinen Unfälle" des Anführers werden?

Ja, wenn sie seine Geschichte über seine Entlassung immer noch nicht glauben würden, könnten sie durchaus entschlossen sein, ihn auf eine Weise loszuwerden, die sie nicht belasten würde. Sie würden wissen, dass sein Tod am gründlichsten untersucht werden würde, wenn Hanlon noch ein Corpsman wäre.

Vielleicht ... aber wenn das der Fall war, warum ließ man ihn dann überhaupt hierher? Sein „Unfall" – natürlich tödlich (tut mir leid!) – hätte genauso gut unterwegs passieren können. Nein, wahrscheinlicher war, dass er noch auf Bewährung war. Sie waren sich seiner Sache nicht ganz sicher, vertrauten ihm aber im Zweifelsfall an. Der Anführer schien ihn auf seltsame Weise zu mögen.

Nun, er war jetzt gewarnt und würde sorgfältiger als je zuvor auf sich selbst achten ... und er hatte viel gelernt und würde noch mehr lernen. Er lächelte zufrieden und schlief wieder ein.

Am nächsten Tag hatte er seinen ersten Eindruck davon, die Eingeborenen bei ihrer Arbeit zu bewachen. Der Kommissar selbst weihte ihn in die Aufgabe ein.

Kurz vor Schichtbeginn erschien Philander in Hanlons Zimmer, als der junge Mann gerade die Spezialkleidung anzog, die er im Bergwerksdienst tragen sollte.

"Bereit?" Philander war seltsam höflich und kooperativ. „Lass uns deine Crew abholen.“

Sie gingen zur Palisade, und der Aufseher gab Hanlon einen Schlüssel, während sie die Tore aufschlossen. Hanlon sah, dass der Korral in zwölf Abschnitte unterteilt war.

„Eine Wache hat die Aufsicht über alle Eingeborenen in einem Abschnitt, und sie alle arbeiten in jeder Schicht“, erklärte Philander.

„Was ist, wenn einer von ihnen krank ist?“

„Sie werden nicht krank“, die Stimme des Mannes war schroff, und Hanlons erster Gedanke war, dass er damit eigentlich meinte, dass die Eingeborenen arbeiten mussten, egal wie sie sich fühlten. Aber er schämte sich schnell für den Gedanken – er wusste noch nichts über sie, und vielleicht waren sie tatsächlich nie krank. Er müsste aufhören, auf diese Weise voreilige Schlussfolgerungen zu ziehen – es würde seine Fähigkeit, korrekte Schlussfolgerungen zu ziehen, ernsthaft beeinträchtigen.

Im hintersten Abschnitt öffnete Philander mit demselben Schlüssel ein weiteres Tor und leuchtete mit seinem tragbaren Glo-Licht in der großen Hütte auf, die den größten Teil des Abschnitts einnahm. Hanlon, dicht hinter ihm, konnte etwa zwanzig der „Grünen“, wie er erfahren hatte, dass sie gewöhnlich genannt wurden, herumstehend oder liegen sehen. Es gab keine Möbel im Inneren, weder Stühle noch Hocker, Tische oder Betten.

„Sie essen und schlafen im Stehen – deshalb brauchen die Hütten keine Einrichtung“, erklärt Philander.

Beim Anblick der Männer und des Lichts begannen die meisten Eingeborenen, sich auf die Tür zuzubewegen. Einige hinten bewegten sich nicht schnell genug, um Philander zufrieden zu stellen, und mit einem Fluch rannte er zurück und berührte sie mit der Schockstange, die er bei sich trug.

Rute wegwanderten, wurde ihm klar, dass es für sie tatsächlich sehr schmerzhaft, wenn nicht sogar eine exquisite Folter sein musste. Sie sprangen nun vor und drängten sich erbärmlich in der Nähe der Tür zusammen.

Philander nahm eine lange, leichte, aber sehr robuste Leine aus der Tasche. Darin befanden sich mehrere Laufschlingen, und er legte jedem Eingeborenen eine davon um die Handgelenke und zog sie fest. Dann führte er sie halb voran, halb schleppte er sie aus dem Palisaden heraus, zum Mineneingang und den Stollen hinab zu der Anhöhe, die sie erklimmen mussten, um zu der Strotte zu gelangen, an der Hanlons Mannschaft arbeiten sollte.

Dort angekommen und vom Seil befreit, schienen die Eingeborenen zu wissen, was sie tun sollten, und begannen missmutig damit.

„Normalerweise setzt man drei Pflücker , vier Schaufellader , vier für die Holzarbeiter, drei Sortierer und sechs für die Schubkarren ein“, erklärte Philander. „Manchmal, wenn sich die Vene ausreichend weitet, braucht man zusätzliche Hände, um das breitere Gesicht zu bearbeiten, aber diese Bürstengröße funktioniert im Allgemeinen am besten. Sie werden sich schnell daran gewöhnen und wissen, wie viele Sie brauchen. Wenn mehr, Schreien Sie einfach und Sie kriegen sie . Wenn es passiert, verengt sich die Ader, sodass Sie nicht alle diese optimal nutzen können. Jemand, der eine breitere Ader bearbeitet, kann Ihre Extras vorübergehend verwenden.

„Ich verstehe“, Hanlon war sehr aufmerksam. Er war entschlossen, diese Arbeit schnell und gründlich zu erlernen und eine gute Aufnahme zu machen.

Philander zeigte Hanlon den Unterschied zwischen dem Erz und dem umgebenden Gestein und erklärte ihm sehr sorgfältig, wie er besonders auf etwaige Nebenerzgänge achten musste, die vom Haupterz abzweigten. „Stellen Sie sicher, dass die Grünen unterwegs das gesamte Erz wegräumen, bevor es verholzt wird.“

„Ich verstehe bisher alles.“

„Halten Sie die faulen Bettler auf Hochtouren“, betonte Philander sehr nachdrücklich. „Lass sie nicht zurückbleiben, sonst zermürben sie dich. Lass sie niemals außer Kontrolle geraten oder dir irgendetwas antun, vor allem nicht beim Sortieren von Erz aus Gestein. Sie sind knifflig. Benutze deine Stoßstange bei jedem Anzeichen von Meuterei oder Herumlungern. Lass sie dich respektieren. Sie wissen es besser, als zu fliehen, weil sie die Stange hassen.

„Was macht es mit ihnen?“

„Wir wissen es nicht genau, außer dass sie es spüren und alles tun werden, um dem zu entkommen.“

„Vielleicht tut es ihnen schrecklich weh.“

„Schau mal, Punk!“ Philander verlor seine Freundlichkeit und knurrte Hanlon mit verzerrtem Gesicht an. „Es ist uns egal, ob es ihnen gefällt oder nicht. Sie kennen ihren Job und müssen nicht schockiert sein, wenn sie weiterarbeiten. Es liegt also ausschließlich bei ihnen. Machen Sie sich keine weichen Gedanken über diese miesen Grünen." . Sie sind nur dumme, arbeitsfähige Rohlinge – also arbeiten Sie mit ihnen !"

sie bearbeiten ", sagte Hanlon.

Kapitel 14

Ja, Hanlon würde die Eingeborenen bearbeiten, aber ohne Grausamkeit. In seinen Gedanken brodelte die Verachtung für diese brutalen Schläger. Er war sofort bereit zu wetten, ohne etwas über die Situation zu wissen, dass diese Eingeborenen kontrolliert werden könnten, ohne sie zu schikanieren oder zu verletzen – und noch besser.

strengste Disziplin ohne solche Mittel durchzusetzen , und dass sich jeder Mensch ... oder wahrscheinlich auch jede Entität ... einer fair und anständig durchgesetzten Disziplin unterwerfen konnte und würde, und zwar mit weitaus weniger Mühe und Aufwand Feindseligkeit und mit weitaus größerer Produktivität, als wenn er dazu getrieben würde.

„Ein Schulterklopfen ist für jeden besser als ein Tritt in die Hose!" dachte er empört.

Philander stand eine Stunde lang herum, und als er sah, dass Hanlon genau verstand, was von ihm und seiner Mannschaft erwartet wurde – als er sah, wie Hanlon mehrmals die Sortierer korrigierte, die zu viel Gestein in den Erzen zurückgelassen hatten –, drehte er sich zum Gehen um.

„Sie werden die Sirene hören, wenn die Schicht vorbei ist", sagte er. „Bringen Sie Ihre Bande zurück und sperren Sie sie in der Palisade ein. Stellen Sie sicher, dass Sie beide Tore sorgfältig verschließen."

„Cookie hat mir zur Halbzeit ein Mittagessen gegeben", sagte Hanlon. „Was ist mit den Eingeborenen? Essen sie denn auch?"

„ Nein , sie fressen nicht", war die überraschende Antwort. „Einmal am Tag stecken sie ihre Hände fast eine Stunde lang in den Dreck. So müssen sie sich ernähren."

„Das scheint zu beweisen, dass es sich um pflanzliches Material handelt. Ihre Finger müssen eine Art Nahrungswurzel sein", stellte Hanlon weise fest. „Sie sind mit Sicherheit die seltsamsten Wesen, von denen ich je gehört habe."

Der Kommissar zuckte mit den Schultern und ging ohne weitere Worte.

Hanlon sah sich um und fand einen Stein in der Nähe der Sortierer, den er als Sitzgelegenheit nutzte. Er saß da und beobachtete die Eingeborenen bei der Arbeit und spekulierte über sie und auch darüber, worum es hier ging. Die Mine schien ihm eine sehr ertragreiche Mine zu sein, und durch den Einsatz von Sklavenarbeit könnten diese Männer durchaus ein riesiges Vermögen daraus ernten. Kein Wunder, dass sie es sich leisten konnten, den Wachen monatlich tausend zu zahlen.

Nach einer Weile ließ einer der Eingeborenen, als er sah, dass Hanlon einfach da saß, anstatt wachsam in ihrer Nähe zu sein, seine Schaufel fallen und wandte sich von seiner Arbeit ab. Hanlon stand gemächlich auf, ging aber zielstrebig hinüber, um den Grünen zu konfrontieren. Er lächelte und bedeutete dem Eingeborenen, wieder an die Arbeit zu gehen.

Das Gesicht des Grünen zeigte Überraschung über Hanlons Aktion, machte aber keine Anstalten zu gehen. Es schien jedoch, als hätte es den schrecklichen Schockstab, der lose in Hanlons Hand hing, wachsam im Auge behalten. Der Wachmann konnte sehen, dass auch die anderen ihre Arbeit eingestellt hatten und das kleine Drama aufmerksam beobachteten.

Hanlon lächelte und bedeutete dem Eingeborenen erneut, sich wieder an die Arbeit zu machen, und als er sich nicht bewegte, streckte er die Hand aus, ergriff ihn sanft an der Schulter und schob ihn, immer noch sanft, in Richtung seiner Schaufel, wobei er im Grunde genommen auf die Schaufel klopfte zurück.

Auf den Gesichtern aller Eingeborenen zeichneten sich überraschte, fast verblüffte Gesichtsausdrücke ab. Derjenige, der zuerst angehalten hatte, nahm nun seine Schaufel und machte sich an die Arbeit, und die anderen folgten seinem Beispiel. Hanlon nahm seinen Platz wieder ein, immer noch mit diesem freundlichen Lächeln im Gesicht. Mit Genugtuung stellte er fest, dass sie bald härter und schneller arbeiteten als vor dem Vorfall.

„Ich hatte recht", sagte er sich fast selbstgefällig.

Die Sechs-Stunden -Schicht wurde schließlich ohne weiteren Widerstand beendet. Das heißt, nach algonischer Zeit waren es sechs Stunden, nach Terra-Maßstäben jedoch etwa acht. Denn obwohl der Tag auf Algon von den Menschen wie auf der Erde in vierundzwanzig Stunden eingeteilt worden war, dauerte jede Stunde fast achtundsiebzig Minuten. Sie teilten das Jahr jedoch in Fünf-Tage -Wochen ein, sodass der Durchschnitt ungefähr gleich war.

Als die Sirene heulte, lächelte Hanlon seine Mannschaft glücklich an, während er sie zusammentrieb, und machte mit seinen Händen applaudierende Bewegungen und fragte sich, ob sie verstanden, was er meinte.

Nachdem er die Eingeborenen in ihren Palästen eingesperrt hatte, machte er Jagd auf die Steine. „Wie ist es mir ergangen?" er hat gefragt. „Kommen Sie auch nur annähernd an das heran, was ich herausbekommen sollte?"

Einer der Prüfer zählte seine Zahlen zusammen und blickte dann überrascht auf. „Hey, Junge, du hast alles gut gemacht. Fast hundert Pfund mehr als üblich und außerdem sauber. Das ist für einen neuen Wachmann wirklich in Ordnung, und noch mehr. Hatte doch keine Probleme, oder?"

"Problem?" fragte Hanlon naiv. „Sollte ich welche haben?" Dann konnte er sich ein Grinsen nicht verkneifen. „Danke für die Info", ging in sein Zimmer, duschte, um sich nach der schwülen Hitze in der Mine abzukühlen, und ließ sich dann bis zum Abendessen auf seine Koje fallen, um ein Nickerchen zu machen.

Diese ersten Tage empörten George Hanlon so sehr, dass er Schwierigkeiten hatte, seine Gefühle zu verbergen, als er die anhaltende und sinnlose Brutalität der Wachen gegenüber ihren einheimischen „Sklaven" sah. Er behandelte seine Grünen weiterhin mit dem Respekt, den er ihnen gebührte, und er konnte nicht anders, als zu bemerken, dass sie ihn immer mehr als ihren Freund betrachteten. Sie lächelten immer, wenn er sie ansah, und schon nach wenigen Tagen stellte er fest, dass seine Mannschaft mehr Arbeit leistete als alle anderen. Seine Gedankenprüfung hatte ihn davon überzeugt, dass sie auf der Evolutionsskala weit genug standen, um die Bedeutung von Dankbarkeit zu kennen, und er konnte erkennen, dass sie seine Freundlichkeit mit Kooperation vergelten.

Er hatte begonnen, die Bilder, die er in ihren Köpfen sah, viel besser zu verstehen und einen Anflug von Verständnis für ihre fremden Konzepte zu bekommen. Außerdem wurde ihm immer klarer, dass sie tatsächlich miteinander „redeten", und er vermutete klug, dass der Grund dafür, dass niemand sie hören konnte, darin lag, dass ihre Stimmen oben waren … oder unten? … der Bereich des menschlichen Gehörs. „Oben", schlussfolgerte er schließlich.

Das brachte ihn auf die Idee zu einem Experiment und er begann so laut zu pfeifen, wie er konnte, und steigerte seine Töne nach und nach, bis er die Spitze seines Tonumfangs erreichte. Mit Interesse und Aufregung sah er, dass die letzten ein oder zwei schrillsten Töne ihre Aufmerksamkeit zu erregen schienen. Ihre albern aussehenden kleinen dreieckigen Ohren richteten sich auf und begannen zu zucken. Sie drehten sich um, als suchten sie nach der Quelle dieses Geräusches, während aus jedem Mund Anzeichen äußerster Aufregung hervorgingen und sein Geist Konzepte der Überraschung und des Staunens erfasste.

Das überzeugte ihn und so sammelte er in seinen nächsten freien Stunden heimlich verschiedene Gegenstände und Materialstücke zusammen und begann in seinem Zimmer mit dem Bau einer kleinen Maschine. Sein Kurs in der Corps-Schule umfasste umfangreiche Mechanik und Elektronik sowie den Abriss und Wiederaufbau vieler der vom Corps verwendeten Maschinen und Instrumente.

Was er jetzt zu bauen versuchte, war ein „Frequenztransformator". Wenn es tun würde, was er sicher tun würde, und wenn er Recht hatte, was die Stimmfähigkeit der Algonier angeht, sollten sie einander hören können, und eines Tages könnte er ihre Sprache gut genug lernen, um sich mit ihnen zu unterhalten.

Er beendete es und schmuggelte die kleine kastenartige Maschine zu seinem Platz in der Mine. Als er seine Mannschaft dort unten hatte und an ihren Aufgaben arbeitete, holte er die kleine Kiste heraus. Er schaltete den Strom der darin eingebauten kleinen Batterie ein und begann dann zu reden, während er gleichzeitig einen Rheostat immer höher drehte. Schließlich bemerkte er, dass diese beweglichen Ohren zu zucken begannen, und als er die Töne immer höher und höher drehte, stellten immer mehr Eingeborene ihre Arbeit ein und drehten sich zu ihm um. Schließlich bemerkte er eine stärkere Aufregung unter ihnen, und sie ließen ihre Werkzeuge fallen und drängten sich näher an ihn und seine Maschine heran, wobei ihre kleinen Augen fast Funken der Aufregung ausstrahlten.

Er war begeistert von der Erkenntnis, dass es funktionierte. Jetzt drehte er immer weiter an einem anderen Knopf, und nach und nach kam aus dem Lautsprecher ein Wirrwarr von Geräuschen, die einem „Mob-Murmeln" ähnelten, aber sehr leise. Er drehte den Rheostat weiter, bis die eingehenden Stimmen ungefähr die gleiche Tonhöhe wie seine eigene Stimme zu haben schienen.

Die Aufregung der Eingeborenen hatte enorme Ausmaße angenommen, und seine eigene war gleichauf mit der ihren. Ihre kleinen Münder arbeiteten schneller und ein Ausdruck, der fast einem Lachen ähnelte, erschien auf ihren seltsamen kleinen Gesichtern, als sie seine Stimme hörten und wussten, dass er jetzt ihre hören konnte.

Hanlons eigenes Lächeln zerplatzte fast in seinem Gesicht. Er erkannte, dass er etwas gelernt hatte, was keiner der gierigen, machtbesessenen Simonideaner wusste, und spürte, dass dies der mögliche Beginn seiner Kampagne zur Befreiung dieser armen einheimischen Sklaven war.

Er winkte einem der näherstehenden Eingeborenen zu, an seine Seite zu kommen, und winkte den Rest dann zurück zu ihrer Arbeit. Sie sahen ihn einen Moment lang fragend an, aber er lächelte sie beruhigend an, und nachdem sie erfahren hatten, dass er diesen schrecklichen Schockstab nie gegen sie eingesetzt hatte, machten sie sich alle wieder an ihre Arbeit und ließen den einen Eingeborenen stehen.

Hanlon sah den Grünen ernst an, zeigte mit dem Finger direkt auf sich selbst und sprach in das Mikrofon seines Transformators. „Hanlon", sagte er langsam und deutlich und wiederholte es mehrmals, wobei er sich jedes Mal auf die Brust tippte, wenn er es sagte.

Ein verständnisvolles Lächeln huschte über das kleine Gesicht des Eingeborenen, und er tippte sich auf die gleiche Weise und sagte ein Wort, das aus dem Lautsprecher kam und wie „ Geck “ klang.

Hanlon streckte die Hand aus, berührte den Eingeborenen und sagte „ Geck “. Der Grüne wiederum tippte Hanlon an und sagte „An-yon“, und sie hatten die ersten Anfänge des gegenseitigen Verständnisses gemacht.

Von da an wurde dieser eine Eingeborene von allen anderen Arbeiten freigestellt, während Hanlons Mannschaft im Dienst war, und die beiden widmeten ihre ganze Kraft dem Erlernen, wie man miteinander redet.

Hanlon war erfreut, aber nicht besonders überrascht, als er feststellte, dass der Rest der Mannschaft – jetzt fast völlig ohne seine Aufsicht – härter arbeitete als je zuvor und dass ihre tägliche Erzproduktion mit jeder Schicht immer größer wurde, und zwar alles saubere Erz.

Hanlons erster jubelnder Gedanke war, zu Philander zu rennen und ihm zu erzählen, was er über die Sprachfähigkeit des Eingeborenen gelernt hatte und wie er es den Menschen ermöglicht hatte, mit ihnen zu sprechen.

Aber nüchternere Überlegungen während dieser langen Arbeitsschicht ließen Vorsicht walten. Er kam zu dem Schluss, dass dies ein Wissen war, das er lieber so lange wie möglich für sich behalten sollte. Er hoffte, dass er es behalten konnte, bis er gelernt hatte, mit diesen Menschen zu sprechen und viel über sie, ihre Situation und wie sie am besten verbessert werden könnte, erfahren hatte.

Er wusste, dass die anderen Männer die Eingeborenen einfach als Bestien betrachteten und ihm wahrscheinlich seinen Transformator wegnehmen würden, anstatt ihn zu nutzen, um mehr über die Grünen zu erfahren, wie er es vorhatte.

Am Ende eines Monats unterhielten er und Geck sich wie Brüder. Jeder hatte genug von der Sprache des anderen gelernt, sodass sie durch die Verwendung einer Mischung aus beiden fast jedes gewünschte Gedankenkonzept austauschen konnten. Hanlons Fähigkeit, die oberflächlichen Gedanken der Eingeborenen zu lesen, half sehr, besonders als er begann, ihre fremden Denkweisen zu verstehen. Dennoch war er überrascht, wie schnell Geck seine eigene Sprache erlernte.

Hanlon stellte fest, dass diese Menschen zwar weder über wissenschaftliche oder mechanische Kenntnisse noch über eine eigene Ausbildung verfügten, aber über hochentwickelte ethische Prinzipien verfügten, die ihr gesamtes individuelles und kollektives Handeln bestimmten. Sie waren ein einfaches, natürliches Volk mit einer angeborenen Würde, um die Hanlon ihn fast beneidete.

Er stellte auch fest, dass seine erste kluge Vermutung richtig war – ihre Körper bestanden eher aus pflanzlicher Materie als aus Protoplasma . Sie vermehrten sich durch Knospenbildung, und er sah eine Reihe von „Weibchen", an denen Knospen unterschiedlicher Größe befestigt waren. Eines Tages beobachtete er interessiert, wie sich eine der reifen Knospen, ein voll entwickeltes Individuum, aber nur etwa zehn Zoll hoch, von ihrem Elternteil löste und zu Boden fiel. Es lag einige Minuten dort, während die „Mutter" es aufmerksam beobachtete. Dann erhob es sich von selbst und trottete mit ihr davon, während sie ihre Arbeit fortsetzte – ein kleines, aber völlig lebendiges einheimisches „Kind". Es werde etwa zwei Jahre dauern, bis es seine Reife erreicht habe, teilte ihm Geck mit. Fragte Hanlon, und Geck meinte, es könne allein im Wald für sich selbst sorgen, also gelang es Hanlon, es heimlich in den Wald hinauszuschmuggeln, wo es frei sein würde.

Geck erzählte ihm, dass vor etwa vier Jahren ein großes „Ei" hier auf Guddu gelandet sei , wie sie den Planeten nannten. Männer kamen aus dem Inneren und zerstreuten sich überall auf der Suche nach den Metallerzen, die sie jetzt abbauten.

Die freundlichen und kindlich neugierigen Eingeborenen hatten sich in Scharen versammelt, um diese seltsamen neuen Kreaturen zu beobachten, und aufgrund ihrer zutraulichen Natur waren sie leicht gefangen, eingesperrt und gezwungen worden, lange, harte Stunden in den immer tiefer werdenden Löchern zu arbeiten.

„Abseits des Sonnenlichts sterben wir schnell", sagte Geck traurig. „Wir haben eine sehr lange Lebenserwartung, aber die Untergrundarbeit lässt uns schnell verdorren und sterben. Unter uns wird oft die Idee diskutiert, die Rasse abzubrechen, weil wir sowieso bald alle verschwunden sind."

Diese stille, hoffnungslose Aussage machte Hanlon wütender als eine nasse Katze.

„Was machen die Stoßdämpfer mit dir?" fragte er nach einer Weile.

„Beeinträchtigt irgendwie unser Nervensystem. Wir bekommen schreckliche Krämpfe. Das ist schreckliche Qual. Wir sind so dankbar, dass du es nie benutzt."

„Ich wusste, dass du ohne sie arbeiten würdest, solange du fair behandelt würdest."

Hanlon schwor sich den festen Eid, diese Angelegenheit auf die eine oder andere Weise vollständig zu Ende zu bringen. Er erkannte seine Grenzen – ein junger, unerfahrener Mann gegen zwanzig rücksichtslose, nach Reichtum und Macht gierige Schurken … und das nur hier, in dieser einen Mine. Ich kann nicht sagen, wie viele andere es auf Algon gab , außer all jenen auf Simonides, und wer weiß, welche anderen Planeten, die an dieser Verschwörung beteiligt waren.

Sein Herz schrie nach schnellem Handeln – sein Gehirn riet zu Vorsicht und sorgfältiger Planung.

Kapitel 15

Hanlon saß eines Tages an seinem gewohnten Platz in der Mine, als einer der Hügelgräber herbeilief und schnell mit Geck sprach , der sich alarmiert an Hanlon wandte. „Big Boss, Mann, komm."

Hanlon sprang auf. „Lassen Sie alle arbeiten. Sagen Sie ihnen, sie sollen sehr beschäftigt sein!" er schnappte. "Du auch!"

Er steckte den Frequenzumformer in ein Loch, das genau für einen solchen Notfall vorbereitet war, schnappte sich seinen Schockstab und trat näher an die Eingeborenen heran. Er stand da und war allem Anschein nach voll und ganz damit beschäftigt, seine Schützlinge zum Laufen zu bringen, als Philander die Anhöhe hinauf in die Senke kroch, in der diese Mannschaft das glänzende, pechblanke Uraninit-Erz abbaute.

„Wie läuft es?" Der Superintendent begrüßte Hanlon zumindest mit dem Anschein von Freundlichkeit.

„Einfach gut", antwortete der junge Mann. „Alles ist unter Kontrolle."

„Ich habe mir die Berichte angesehen und gesehen, dass Ihre Mannschaft mehr herauskommt als alle anderen", in der Stimme des Vorgesetzten klang nur ein Anflug von Besorgnis, und Hanlon begann, diesen Geist zu erforschen, um herauszufinden, was das alles genau war angedeutet.

„Ich halte sie einfach am Ball", zuckte er mit den Schultern.

"Kein Problem?"

„Nein, kein Problem. Schauen Sie sie sich an ", er winkte der geschäftigen Crew zu.

Der große Mann betrachtete sie genau und konnte sehen, dass jeder einzelne der Eingeborenen mit seiner, wie er wusste, Höchstgeschwindigkeit arbeitete und ohne einen einzigen Faulenzer. Sogar die Karrenmänner bewegten sich fast im Trab und nicht in dem trägen Spaziergang, den die meisten Eingeborenen verwendeten, um nicht mehr zu tun, als sie tun mussten.

Philander schüttelte verwundert den Kopf. „Wie machst du das?" er hat gefragt. „Die anderen Wachen müssen einen nach dem anderen der faulen Hunde schocken, aber Sie haben keinen einzigen Anlauf genommen – und sie hetzen weiter. Ich habe noch nie eine Mannschaft gesehen, die so hart arbeitet."

Hanlon wollte es ihm unbedingt sagen, aber er entschied, dass die Zeit noch nicht gekommen war. Deshalb tat er die Frage einfach mit einem Achselzucken ab, da sie von geringer Bedeutung war. „Ich weiß es nicht , Sir.

Ich stehe einfach herum und schaue ihnen zu , und sie funktionieren." Er grinste dem Supervisor ins Gesicht. „Muss an meinen männlichen Reizen liegen – ähm ", kicherte er. Dann nüchtern. „Vielleicht liegt ein Grund darin, dass ich sie rotiere . Jede Arbeit wird eintönig, also lasse ich sie etwa jede Stunde wechseln, von der Hacke zum Karren, zum Sortieren und so weiter."

Philanders Gesicht zeichnete sich ein verärgertes Stirnrunzeln ab , das er jedoch schnell vergaß. Schließlich holte dieser Mann mehr Erz heraus als die anderen, und dafür war er hier. Wie er es tat, spielte schließlich keine so große Rolle, solange er seine Aufzeichnungen aufrechterhielt.

Aber als Hanlon diese oberflächlichen Gedanken las, wusste er, dass der Beamte immer noch sehr misstrauisch – und äußerst besorgt – war. Hanlon wusste, dass er den Vorgesetzten irgendwie entwaffnen musste, um aus dieser Stimmung herauszukommen. Er kam zu dem Schluss, dass seine Naivität immer noch ausreichen konnte.

„Mr. Philander, Sir", seine Stimme war sehr naiv, „ich möchte mich nicht in etwas hineinschnüffeln, das mich nichts angeht, aber würde es Ihnen etwas ausmachen, mir zu sagen, was das für ein Zeug ist, das wir hier bekommen? Das ist es nicht." Irgendetwas Gefährliches, oder? Ich meine, es ist nicht eines dieser Radiumerze, die einen Menschen unfruchtbar machen, oder? Vielleicht möchte ich eines Tages heiraten , also möchte ich kein Risiko eingehen ."

Der Bergbauingenieur sah ihn einen Moment lang ausdruckslos an, warf dann den Kopf zurück und lachte, bis es den Schacht zu füllen schien. Hanlon beobachtete, wie sich der Geist des anderen von jeglichem Verdacht befreite ... zumindest vorerst.

Philander legte gesellig seine Hand auf die Schulter des jüngeren Mannes. „Nein, so ist es nicht, also machen Sie sich keine Sorgen mehr. Und der Bonus, den Sie erhalten, wenn Sie diese Leistung aufrechterhalten, wird Sie wieder fit machen, damit Sie sich eine Frau leisten können, wenn Ihre Zeit abgelaufen ist und Sie zu Sime zurückkehren." "

„Mensch, das ist gut", ließ Hanlons Stimme und Gesicht zeigen, wie erleichtert er war. „Es hat mir Sorgen gemacht, obwohl ich noch kein Mädchen habe."

Der Superintendent schien jetzt gut gelaunt zu sein. Hanlon kam der Gedanke, dass dieser Kerl ein guter und kluger Wächter war, und er holte das Zeug heraus. Der Plan, die Arbeiter zu wechseln, war gut – er würde den anderen Wachen befehlen, ihn zu nutzen. Dieser Hanlon stellte hier wohl doch keine Gefahr für ihre Pläne dar. Vielleicht könnten sie ihn später sogar für die größere Aufgabe einsetzen. Er (Philander) würde dies Seiner Hoheit empfehlen, wenn er seinen nächsten Bericht verfasste.

Nach ein paar weiteren beiläufigen Worten verließ der Superstar den Raum, und Hanlon ließ sich auf seinen Lieblingsplatz zurücksinken und dachte sehr ernsthaft und nachdenklich über die ganze Angelegenheit nach.

Wieder war ihm der Gedanke an jemanden namens „Seine Hoheit" in den Sinn gekommen, aber es gab nie einen Hinweis darauf, wer der Mann war oder welche Position er innehatte. Es war nun klar, dass es sich bei dieser Person um den Mann handelte, den er aufspüren musste und dessen Pläne er erfahren musste, bevor das Corps wirklich wirksame Maßnahmen ergreifen konnte.

Er hoffte sicherlich, dass einer der Top-Mann war. Es würde schwer genug sein, ihn zu erreichen – ganz zu schweigen von jemandem, der noch höher lag.

Eines Abends beim Abendessen, einige Zeit später, bemerkte Hanlon, dass der Wachmann Gorton ihn anknurrte. Er blickte überrascht auf und zwang sich, den Worten des großen Mannes Aufmerksamkeit zu schenken.

„Ich frage dich , was? Versuchst du es, Punk?" Die kleinen Schweineaugen funkelten ihn rot an und die Stimme war rau und bitter. „ Versuchst du uns andere Wachen zu zeigen? " Was ist eine tolle Idee, mehr rauszukommen als wir ?"

Hanlon starrte erstaunt zurück und seine Stimme, als er antwortete, war ein erstauntes Stottern. „Warum ... warum ... ich versuche nichts zu tun ... außer meinem Job", fügte er energischer hinzu.

„Wir haben regelmäßig drei Tonnen pro Schicht herausgebracht " , das hässliche Gesicht wurde näher an seines gedrückt, und Hanlon schreckte vor dem Gestank roher Spirituosen zurück, der ihm eingehaucht wurde. „ Was hast du für eine Idee , deine Mannschaft auf dreieinhalb oder vier zu bringen?"

„Mir wurde gesagt, ich solle meine Crew am Laufen halten, und das habe ich getan ... und nur das!" Hanlon schnappte. „Und nimm dein hässliches, stinkendes Gesicht von meinem!"

Der Ekel, den er angesichts der Brutalität dieser Wachen empfand, hatte ihn so krank gemacht, dass er sich von keinem von ihnen einen Blödsinn gefallen ließ. Auch wenn Gorton gut 30 Pfund mehr wog als er und wahrscheinlich eine um mindestens zehn Zentimeter größere Reichweite hatte, hatte Hanlon keine Angst vor ihm.

Im Moment war er genauso in Kampflaune wie der Wachmann, denn bei Hanlons Worten schlug Gortons riesige, schinkenartige Hand plötzlich nach dem jüngeren Mann. Hanlon war nicht in der Lage, völlig sicher auszuweichen, da sie so nah beieinander saßen. Sein Kopf dröhnte von dem schrecklichen Schlag. Er schnappte sich seine Tasse mit dampfendem Kaffee und warf sie Gorton mit der Rückhand ins Gesicht.

Der Wachmann brüllte vor Schmerz und Wut, sprang auf und brachte die Bank und fast auch Hanlon um. Aber der jüngere Mann war flink und behielt seine Füße. Als Gorton mit rudernden langen, schweren Armen davonlief, duckte sich Hanlon und sprang weit genug zurück, um auf einer frei gewordenen Bodenfläche festen Halt zu finden.

Alle Corps-Kadetten waren sowohl im Marquis of Queensbury-Boxen als auch im Judo und in kompromisslosen Kneipenschlägereien gut ausgebildet. Er kannte alle Fragen ... und alle Antworten.

Also griff Hanlon schnell wieder ein. Während Gorton nach diesem misslungenen, mächtigen Schwung nicht in Position war, rammte er seine Faust mit dem Handgelenk in den weichen Bauch des großen Mannes. Als Gorton sich mit einem explosiven Grunzen zusammenkrümmte, schlug Hanlon aus den Fersen. Sein Aufwärtshaken traf den großen Kerl direkt am Kiefer und ließ ihn taumeln.

Aber Gorton hielt es aus und stürmte erneut unter brüllenden Flüchen. Durch sein bloßes Gewicht trug er Hanlon über den Boden zurück und musste ein paar schwere Schläge einstecken. Hanlons rechte Wange war schwer verletzt und das Auge war fast geschlossen. Aber er kämpfte methodisch, fast bösartig. Er ging hin und her, schlitzte Gortons Gesicht auf und riss es in Stücke.

Die anderen Wachen hatten ihre Freude über den Kampf und ihren Hass auf den dreisten Neuankömmling gebrüllt, der ihr einfaches System zunichte machte. Es war klar, dass sie alle auf Gortons Seite standen und hofften, dass Hanlon gründlich ausgepeitscht würde.

„Schlag die Ohren ab, Gort !“

„Schlag ihm etwas Vernunft ein !“

„Zeig ihm, wer hier der Beste ist !“

Einer von ihnen begnügte sich nicht mit dem Schreien. Als Hanlon zur Seite trat, um einem weiteren Ansturm von Gorton auszuweichen, streckte dieser Wachmann sein Bein aus und stolperte über Hanlon, der nach hinten fiel. Sofort war Gorton bei ihm, und ein großer, schwer beschlagener Fuß schoss mit einem Tritt hervor, der Hanlon jede Rippe gebrochen hätte. Aber der SS-Mann lauerte genau auf solche Tricks. Seine Füße schlängelten sich nach vorn und hoben Gorton so hoch und weit , dass er bei der Landung wie ein großer umstürzender Baum aufschlug. Hanlon sprang auf und schwang sich zu seinem Feind. Aber Gortons Kopf blutete stark, seine Augen waren geschlossen, sein Gesicht verzerrt. Er war draußen wie ein verbranntes Streichholz.

Sofort sank Hanlon neben dem gefallenen Mann auf die Knie, hob sanft den Kopf und rief nach kaltem Wasser und einem Handtuch. Als der Koch mit ihnen angerannt kam, arbeitete Hanlon genauso schnell daran, die Wache wiederzubeleben, wie er es für seinen Freund getan hätte.

Die anderen Wachen waren von diesem Akt der Gnade so überrascht, dass sie wie stumpfe Erdklumpen dasaßen. Aber ein paar Ingenieure standen auf und kamen schnell, um Hanlon zu helfen. Einer der Kontrolleure rannte zu Philanders Büro, um den Erste-Hilfe-Kasten zu holen.

Die Männer arbeiteten verzweifelt daran, den Blutfluss zu stoppen, als Superintendent Philander mit dem Angestellten und der Ausrüstung hereingerannt kam. Er erfasste die Situation auf einen Blick und verlangte eine Erklärung.

„Der Punk ist auf Gort losgesprungen und hat versucht, ihn zu töten!" Einer der Wachen schrie, wurde aber von den Ingenieuren, den Kontrolleuren und dem Koch niedergeschrien, bevor die anderen langsamen Wachen so weit zur Besinnung kamen, dass sie die verlogene Behauptung ihres Kameraden bestätigen konnten.

Der leitende Ingenieur erklärte ausführlich und prägnant, was tatsächlich passiert war. „Aber nach all dem war der Junge der Erste, der ihm half, obwohl Gorton den Kampf ohne Grund begann."

In diesem Moment stöhnte der gefallene Wachmann und kam wieder zu Sinnen. Die Männer halfen ihm auf die Beine. Er blinzelte einige Augenblicke lang, als versuche er herauszufinden, was mit ihm passiert war, dann kam ihm die Erinnerung in den Sinn.

„Na, dieser kleine Mistkerl schlägt mich mit einem Stuhl!" schrie er und kämpfte darum, erneut an Hanlon heranzukommen, und die Männer hatten es auch nicht leicht, ihn zurückzuhalten.

Philander baute sich direkt vor dem wütenden Mann auf. "Den Mund halten!" er strahlte, und der Befehlston ließ den großen Kerl stehen; Er starrte seinen Chef dumm an, als würde er seinen Ohren nicht trauen. „Lass die Finger von Hanlon!" Der Vorgesetzte unterstrich seine Worte, indem er Gorton nicht sanft auf die Brust klopfte. „Ich höre noch mehr davon, und es ist der Krug, bis das nächste Schiff kommt, und dann zurück zu Sime."

Er wirbelte herum, um sich dem Tisch zuzuwenden. „Das gilt auch für euch alle anderen Ratten! Wenn Hanlon seine Arbeit besser macht als ihr, dann deshalb, weil er ein besserer Mann ist. Versucht, mit ihm mitzuhalten — schießt nicht auf ihn los!"

„Er ist dein Haustier, Pete?" fragte einer spöttisch.

„Nein, er ist nicht mein Haustier, Pete", ahmte die Stimme des Supervisors den Ton nach, obwohl sein Gesicht bei der Anschuldigung rot wurde. „Ich möchte nur nicht, dass es in diesem Lager zu Fehden kommt. Das würde die Produktion reduzieren, und der Große Junge will, dass dieses Erz schnell rauskommt. Wenn Hanlon seine Mannschaft schneller arbeiten kann." härter als der Rest von euch, ihr solltet verdammt noch mal besser herausfinden, wie er es macht, und nicht versuchen, seine Einstellung einzuschränken. Wie würden Sie gerne zu Sime zurückkehren und versuchen, Seiner Hoheit zu erklären, warum Sie nicht so viel Zeug herausbringen, wie sich als möglich erwiesen hat?"

Das hielt sie kalt. Hanlon, der ihre Gesichter beobachtete und ihre Gedanken las, sah, wie sie bei dem Gedanken zitterten, sich diesem gefürchteten Menschen stellen zu müssen – wer auch immer er war. Sie hatten mehr Angst vor ihm als vor dem Teufel – das war offensichtlich.

Ohne ein weiteres Wort nahmen die Männer ihr Essen wieder auf – diese Drohung hatte sie eingeschüchtert, wie es keine noch so große körperliche Züchtigung oder andere Bestrafung jemals hätte tun können. Philander machte sich daran, Gortons Kopfwunde und sein verletztes und blutendes Gesicht zu nähen und zu verbinden.

Hanlon nahm seinen eigenen Platz wieder ein, nachdem er sich mit der Hilfe des Kochs abgewaschen und seine eigenen blauen Flecken behandelt hatte. Während er aß , suchte er einen Geist nach dem anderen in dem vergeblichen Bemühen, irgendein bisschen Information über diese rätselhafte, unbekannte Hoheit herauszufinden.

Aber was eindeutige Daten anging, zog er eine Lücke nach der anderen – so wie er es immer getan hatte. Die oberflächlichen Gedanken eines jeden Mannes dort zeigten deutlich ihre Angst vor diesem unerbittlich kalten und bösartigen Gehirn, aber keiner von ihnen hatte ein Bild von ihm.

Sie wussten, dass es nie eine Entschuldigung für ein Scheitern gab. Sie wussten, dass schreckliche Strafen auf sie zukommen würden, wenn jemand das Pech hatte, den Unmut dieses Monsters auf sich zu ziehen.

Aber Hanlon schauderte selbst, als er sah, wie offensichtlich diese hartgesottenen Kriminellen den Unmut dieses mysteriösen Mannes fürchteten. Er zitterte kurz bei dem Gedanken daran, was mit ihm passieren würde, wenn man ihn dabei erwischen würde, diesen Mann und seine Verschwörung ausfindig zu machen.

Hanlon erlebte einen langen Moment völliger Entmutigung. Er musste so viel wissen, bevor er das Corps bei der Beseitigung dieses Schlamassels anführen konnte. Es gab so viele Erwähnungen einer „Hauptverschwörung", dass er wusste, dass dieser illegale Bergbau und die Sklaverei nur ein kleiner Teil dessen waren, was ... was ... vor sich gehen musste.

Nein, er müsste es einfach weiter versuchen, weiter arbeiten. Bei näherem Nachdenken hatte er sich bisher ziemlich gut geschlagen – er hatte das Gefühl, dass er das Recht hatte, sich dabei gut zu fühlen.

Aber mit einer ganzen Tankfüllung war er noch nicht fertig.

Das Problem blieb ihm auch im Schlaf erhalten, doch am Morgen hatte er eine Idee.

Sobald er seine Mannschaft in der Mine zum Arbeiten gebracht hatte, holte er den Frequenztransformator hervor und rief Geck zu sich.

„Können Sie herausfinden, was in anderen Teilen von Guddu passiert ?"

Die Antworten des Eingeborenen verblüfften ihn.

„Ja, An-yon, wir können mit jedem Guddu irgendwo in Gedanken reden. Was möchtest du wissen?"

Kapitel 16

Das Wissen, dass diese Guddus von Algon telepathisch waren, brachte George Hanlon wieder auf den Fersen. Das war etwas, was er sich nie hätte vorstellen können. Sie waren eine so einfache, fast kindliche Rasse, dass eine solche Fähigkeit für ihn am weitesten entfernt war.

„Wenn du mit deinem Verstand sprechen kannst?" fragte er Geck verwundert: „Warum macht ihr euch die Mühe, mit der Stimme miteinander zu sprechen?"

„Weil Gedankengespräche für uns ermüdender sind", lautete die einfache Erklärung. „Wir brauchen viel von unserer Kraft. Wir werden nach so viel von ihnen schwächer."

„Deshalb zögere ich, Sie darum zu bitten", sagte der junge SS-Mann. „Ich hatte gehofft, du könntest für mich herausfinden, wie viele Minen auf dem Planeten betrieben werden und ob alle dich, Guddus , als Sklaven benutzen."

„Oh ja, An-yon, das weiß ich schon." Gecks seltsames kleines Gesicht, das Hanlon durch die lange Assoziation gegenüber so freundlich geworden war, brach in ein Lächeln aus, das schnell von Trauer überschattet wurde, als er an die Notlage seines Volkes dachte . „Es gibt neun Minen. Menschliche Meister lassen Guddu in allen arbeiten."

„Neun, was?" Hanlon dachte einen Moment lang schnell nach. „Produzieren sie alle die gleichen Erze wie dieses?"

„Das muss ich für dich finden, An-yon. Du wartest nur eine kurze Zeit."

Der Grüne verstummte und war vor Konzentration angestrengt. Hanlon erkundete die Gedanken des Eingeborenen und fragte sich, ob er ihm folgen konnte. Und zunächst zögerlich, aber mit zunehmender Fähigkeit, als er das Muster lernte, stellte er fest, dass er auf diesem telepathischen Strahl mitfahren konnte.

Die Gedanken waren viel zu schnell, als dass er mehr als nur einen gelegentlichen Begriff erfassen könnte, aber er war begeistert, als er feststellte, dass er tatsächlich telepathierte, wenn auch aus zweiter Hand.

Er spürte, wie einer nach dem anderen an dieser Konferenz teilnahm. Es herrschte große Feindseligkeit und große Angst, als Geck zum ersten Mal versuchte, den Menschen zu erklären, der ihr Freund war und gelernt hatte, mit ihnen zu sprechen. Die Guddus am anderen Ende dieser „Linie" waren äußerst skeptisch, ängstlich und sehr, sehr misstrauisch gegenüber den Motiven eines jeden Menschen.

Aber Geck war eloquent und überzeugend. Bald ließen ihre Ängste nach, und später schienen sie seine Zusicherung zu akzeptieren, dass „An-yon" tatsächlich sowohl freundlich als auch bemüht war, ihnen bei der Flucht aus der Sklaverei zu helfen .

„Der Mensch An-yon ist nur einer der gütigsten, gerechtsten und ethischsten Menschen", war er überrascht, als er Geck telepathisch hören konnte , als er ihn verstehen konnte. „Es sind die wenigen, die nicht hier sind, wie die anderen, die nicht hier sind. Das sind schlechte Männer, die nur hierher kommen, um Dinge für ihre eigenen egoistischen Zwecke zu bekommen, und die guten Männer, die am meisten sind, werden sie aufhalten, sobald sie es tun." Kann. Jeder kommt nur deshalb hierher, um herauszufinden, was diese bösen Männer tun, und um sie aufzuhalten.

Diese Rede war ein weiterer Schock für Hanlon – das alles hatte er Geck nie erzählt.

Die fernen Eingeborenen verneigten sich schließlich vor Geck Zudringlichkeiten und gab ihm die spezifischen Informationen, nach denen er fragte, weil der freundliche Mensch sie wissen wollte.

Es gab zwei weitere Minen, die das gleiche Uraninit-Erz produzierten wie die Mine, in der Hanlon stationiert war. Es gab drei Eisenminen, und Hanlon war nicht allzu überrascht, als er erfuhr, dass in jeder dieser Minen Hütten errichtet worden waren. Er erfuhr, dass Menschen hauptsächlich in den Mühlen eingesetzt wurden und die Eingeborenen nur für Außenarbeiten eingesetzt wurden, weil sie die Hitze nicht ertragen konnten.

„Wir brennen schnell", war der traurige, entsetzte Gedanke.

Es gab drei weitere Minen, aber die Eingeborenen kannten weder die englischen noch griechischen Namen für die dort gefundenen Metalle. Selbst nach ausführlicher Befragung durch die Kreisverkehrmethode „Hanlon nach Geck zum Guddus zurück nach Geck zurück nach Hanlon" konnte er diese spezifischen Informationen immer noch nicht erhalten.

„Wenn es dich nicht zu sehr ermüdet, Geck , frag sie bitte, ob außer den Schmelzöfen in den Eisenminen noch andere Gebäude gebaut werden?" fragte Hanlon.

Bald kamen andere Denker über den Planeten hinzu und die Geschichte begann sich zu entfalten – es gab mehrere Fabriken, die viele Maschinen herstellten. Aber keiner der Eingeborenen hatte die geringste Ahnung, um welche Art oder für welchen Zweck sie hergestellt wurden.

„Ich glaube, sie werden in große Metallhütten gesteckt, die Menschen bauen", kam ein Gedanke, und Hanlon begriff ihn schnell.

„Was für Metallhütten?"

„Dinge, die wie riesige Eier aussehen."

„Raumschiffe, meinst du?"

Ein anderer Gedanke brach herein. „Ja, sie mögen Schiffe, die von Menschen befahren werden, aber viel größer."

Hanlon war wütend. Oh, wenn er nur sehen könnte ... aber warte, vielleicht könnte er die Informationen bekommen, die er brauchte. „Fragen Sie, ob sich gerade jemand eines dieser ‚Eier' ansieht", befahl er Geck durch den Transformator.

„Ja, An-yon, viele Guddu direkt am Rande eines großartigen Herstellungsortes. Bruder von mir, Nock, er da."

„Bitten Sie ihn bitte, zu beschreiben, was er sieht. Vielleicht gibt mir das ein gutes Bild davon, was es ist."

„Werde es gerne versuchen, aber da ich deine Sprache nicht kenne und deine Maße nicht mit unseren vergleichen kann, bin ich mir nicht sicher, ob ich tun kann, was du willst", sagte er, als Nock sagte.

Auch das überraschte Hanlon. Dieser Eingeborene hatte zweifellos einen echten Verstand, der diese Schwierigkeit so gut erfasste und die Grenzen der telepathischen Kommunikation mit einem Fremden seiner Rasse erkannte.

„Stellen Sie es sich bitte so vor, wie Sie es sehen, und vergleichen Sie ihre Größe mit einigen gewöhnlichen Objekten auf dem Planeten", drängte Hanlon durch Gecks Gedanken. „Auf diese Weise denke ich, dass wir miteinander auskommen können."

Fast augenblicklich entstand in seinem Kopf das Bild eines riesigen Eies, das jedoch genügend Abweichungen von einem echten Ei aufwies, sodass Hanlon erkannte, dass es sich tatsächlich um ein Raumschiff handelte, das der Eingeborene betrachtete. Bald sah Hanlon einen großen Baum neben dem Schiff abgebildet, und am Fuß des Baumes stand ein Eingeborener.

Hanlon schätzte schnell. Die erwachsenen Eingeborenen, die er gesehen hatte, waren fast alle etwa 1,80 Meter groß. Soweit er es beurteilen konnte, war dieser Baum gut fünfzehnmal so hoch wie der Guddu , und das Schiff war genauso hoch wie der Baum und fast dreimal so lang.

Wow! Was für ein Schiff! Aber es muss falsch sein. Selbst die Kriegsschiffe des größten Korps waren bei weitem nicht so riesig. Es handelte sich nicht einmal um eines der größten Frachtschiffe, die er je gesehen hatte. Er muss sich bei seinen Messungen vertan haben.

Er rief Geck an , indem er den Transformator benutzte. „Sehen Sie, was ich in Nocks Gedanken vorhabe?"

„Ja, An-yon, und du hast recht. Ist das groß?"

Hanlon schüttelte langsam und erstaunt den Kopf. Wenn das für ein Kriegsschiff gedacht war, bedeutete es sicherlich Ärger für jemanden. Er dachte einen Moment lang ernsthaft nach, dann telepathierte er Nock. „Wird mehr als ein Schiff gebaut?"

„Oh ja, es gibt viele, viele ." Das Bild einer ganzen Reihe von Schiffen baute sich auf, und Hanlon zählte schnell.

Achtzehn!

Zu welchem Zweck wurde eine solche Flotte gebaut? Er war sich sicher, dass Menschen dem IS C und den Vereinigten Planeten nicht nur aus geschäftlichen Gründen auf diese Weise die Stirn bieten würden. Es wurde tatsächlich eine Verschwörung ausgeheckt – und was für eine Verschwörung!

Er spürte Gecks Hand auf seinem Arm und hörte seine Stimme. „Sind zwei weitere Orte, an denen Menschen viele Schiffe bauen , An-yon. Während du denkst, ich rede viele Gedanken. An einem Ort gibt es vierzehn weitere großartige. An einem anderen gibt es viele, viele. " viele kleine, fünf bis zehn Guddu lang.

Schock über Schock! Hier baute jemand eine gewaltige Flotte auf! Er muss diese Nachricht so schnell wie möglich dem Hauptquartier des Korps übermitteln. Wenn diese Schiffe einmal fertig wären, wären sie in der Lage, das System zu dominieren. Denn das Korps verfügte nur über eine nominelle Flotte. Sie hatten noch nie einen großen gebraucht.

Nach seinem besten Wissen verfügte das Korps nur über einunddreißig Schlachtschiffe der ersten Reihe, die viel kleiner waren als diese. Die Flotte verfügte außerdem über fünfzig schwere Kreuzer, einhundertfünfzig leichte Kreuzer und tausend Aufklärer in der Größe von Einmann- bis Zwölfmannsoldaten.

„Bitte finden Sie heraus, ob eines der Schiffe, die sie bauen, jemals den Boden verlassen hat."

„Nur ein paar Kleine", berichtete Geck nach einer Weile . „Einige wenige verschwinden im Himmel, kommen dann nach einiger Zeit zurück und machen dann dasselbe noch einmal."

Probefahrten oder Trainingsfahrten für die Besatzungen, folgerte Hanlon.

Nun, zumindest hatte er jetzt einige Daten. Genug, so dass sie, sobald er diese Nachricht im Hauptquartier erhielt , diesen Ort in großer Zahl

angreifen würden, um diese Arbeit zu stoppen ... WENN ... er es ihnen früh
genug mitteilen könnte.

„Jetzt mal sehen", dachte er schnell. „Ich bin jetzt fast zwölf Wochen hier.
Das bedeutet, dass es noch sechs oder sieben Wochen sind, bis ich berechtigt
sein soll, zu Simonides zurückzukehren. Hmmm. Ich wünschte, ich wüsste,
wie fast fertig diese großen Schlachtwagen sind."

Weitere Momente intensiven Nachdenkens. „Ich wage es nicht, das Risiko
einzugehen und zu versuchen, mich auf den Hof zu schleichen", überlegte
er logisch. „Ich muss alles tun, was ich kann, um sicherzustellen, dass ich
meine Reise zurück bekomme, wenn meine achtzehn Wochen abgelaufen
sind. Wenn ich im Abseits erwischt würde, würde das alles ruinieren – ich
wäre wirklich in der Klemme."

Und selbst wenn er die Werften erreichen könnte, würde er in dem Moment,
in dem er gesehen würde, wie er versuchte, in eines dieser Schiffe
einzudringen, zweifellos von Wachen getötet werden, die sicherlich zuerst
schießen und später Fragen stellen würden – wenn überhaupt.

Algon keine einheimischen Vögel oder Tiere mehr, die er nutzen konnte –
er hatte erfahren, dass die Männer sie kurz nach ihrer Ankunft getötet hatten.

„Nein, ich muss es einfach weiter versuchen und mir so viel Drogen holen,
wie ich kann, ohne mich bloßzustellen. In anderthalb Monaten sollte ich in
der Lage sein, viel mehr zu bekommen, und mit dem, was ich bereits weiß,
den Spitzenkräften des Corps." werde Schritte unternehmen, aber schnell!"

Plötzlich kam ihm eine neue Idee in den Sinn. Wo war „hier"? In seiner
Aufregung und Planung hatte er völlig vergessen, diesen Punkt zu Ende zu
verstehen.

An diesem Abend blieb er nach dem Abendessen draußen und ging
scheinbar ziellos umher, während er in Wirklichkeit die Sterne betrachtete
und studierte, obwohl er sicher war, dass ihn niemand beobachtete.

Er konnte keines der bekannteren Sternbilder wie den Großen Wagen, den
Bären oder das Kreuz des Südens erkennen. Er wusste, dass er sich von Terra
aus weit auf einer Seite der Galaxie befand – dass man von dort aus zwar die
„Vorderseite" dieser Konfigurationen sehen konnte, jetzt aber eine „Seiten"-
Ansicht erhalten würde. Aber er konnte einige der größeren Sonnen und
entfernten Nebel identifizieren.

Er suchte sich mehrere blau-weiße und rote Riesen aus, die er sicher kannte.
Das dort war Andromeda; dieser war zweifellos Orion – kein anderer enthielt
so viele 4,0 bis 5,2 Sterne außer den gigantischen Sternen Rigel, Beteigeuze
und Bellatrix.

Gut, er konnte sich das alles gut genug einprägen, um es nach seiner Rückkehr zu zeichnen, und die Planetographen des Corps würden dieses System aus diesen Richtungen bestimmt lokalisieren. Entfernung – mal sehen? Er versuchte angestrengt, sich an die Zeit zu erinnern, die dieser Frachter gebraucht hatte, um hierher zu kommen, und schätzte, dass diese Welt aufgrund ihrer langsameren Geschwindigkeit irgendwo zwischen zehn und fünfzehn Lichtern lag. Er würde den Zeitpunkt sorgfältiger festlegen, zurückgehen und die Geschwindigkeit des Schiffes so genau wie möglich einschätzen.

Der junge George Hanlon reifte unter dem Stress der gewaltigen Aufgabe, die er vor sich hatte, rasch heran. Er lernte, dass er weit im Voraus denken und planen muss. Er erkannte, dass er es sich nicht leisten konnte, schwerwiegende Fehler zu begehen, damit nicht nur seine Aufgabe unvollendet bliebe, sondern auch sein Leben verloren ginge.

Er wusste jetzt, dass es unbedingt erforderlich war, dass er zum frühestmöglichen Zeitpunkt zu Simonides zurückkehrte, und dass er dies nur sicherstellen konnte, indem er Philander so beeindruckte, dass er sich verpflichtet fühlen würde, Hanlon am Ende seinen Urlaub zu schenken Mindestzeit.

Also widmete Hanlon diesem Problem viele Stunden ernsthafter Überlegungen und überlegte sich schließlich mehrere Vorgehensweisen. Am nächsten Tag, als seine Schicht zu Ende war, lief Hanlon über das Gelände und klopfte an die Tür des Hauptquartierbüros. Als er zum Eintreten aufgefordert wurde, tat er es mit dem Hut in der Hand.

„Haben Sie etwa eine halbe Stunde Zeit zum Reden, Mr. Philander, Sir?" er hat gefragt. „Ich habe ein paar Ideen, die ich gerne mit Ihnen besprechen möchte und die meiner Meinung nach die Produktion noch weiter beschleunigen könnten."

Der Mann sah überrascht auf und sein Blick bohrte sich tief und misstrauisch in den von Hanlon. „Glaubst du, du kannst mir sagen, wie ich meine Arbeit erledigen soll?" er krächzte.

„Oh nein, Sir. Ich meinte nicht die Technik oder Aufsicht. Es geht darum, mit den Eingeborenen umzugehen und mehr aus ihnen herauszuholen. Sie haben gesagt, ich würde mehr Erz herausholen als die anderen, und ich denke, vielleicht auch „Ich habe ein paar Ideen – eine Art Ahnung, wie man die Greenies selbst produktiver machen kann."

„Nun, komm rein, komm rein. Was ist los?"

„Ich habe viel über die Greenies nachgedacht, Sir. Sie erinnern sich, ich dachte, sie wären pflanzlicher Natur und für die Art und Weise, wie sie sich ernähren, bräuchten sie Erde, die entweder viele natürliche Chemikalien enthält, oder das war so gut gedüngt, um sie gesund und stark zu halten. In diesem Fall würde der Boden, der die Böden ihrer Hütten und Ställe bildet, sehr schnell von diesen lebenswichtigen Chemikalien erschöpft sein, und die Eingeborenen würden offenbar an Unterernährung leiden Ich. Meine Bande ist in letzter Zeit langsamer geworden, obwohl sie sich immer noch so sehr anzustrengen scheint wie eh und je."

„Warum ... warum, ja", die Augen des Superintendenten hatten sich vor Überraschung geweitet, als Hanlon sprach. „Das macht Sinn. Stellen Sie sich vor, keiner von uns denkt daran! Aber andererseits haben wir sie immer nur für dumme Tiere gehalten."

„ Deshalb habe ich mich gefragt, ob es nicht eine gute Idee wäre, die Gehege etwa jeden Monat zu verlegen oder die Eingeborenen jeden Tag im offenen Dschungel „füttern" zu lassen – das Sonnenlicht würde ihnen wahrscheinlich auch helfen , weil sie pflanzlich sind. Man konnte sie natürlich zusammenbinden und bewachen, damit sie nicht entkommen konnten."

Philander ließ sich nachdenklich in seinen Stuhl fallen und Hanlon glühte innerlich in der Hoffnung, dass aus diesem Plan etwas werden würde. Es würde ihm bei Philander helfen, wenn es funktionieren würde. Außerdem würde es den Guddus helfen , denn Geek war oft fast hysterisch geworden, wenn er sich über den schrecklichen Hunger beschwerte, den sie alle ständig verspürten.

Plötzlich saß Philander aufrecht da. „Ich glaube, wir haben ein paar Säcke mit kommerziellen Nitraten im Lagerhaus. Lasst uns experimentieren und sehen, ob sie das verwenden können."

Er erhob sich zielstrebig von seinem Schreibtisch und die beiden eilten zu einem der Lagerhäuser. Dort fand Philander bald die Säcke mit Chemikalien, und Hanlon trug einen, als sie zum Korral gingen.

„Dürfen wir es zuerst an meiner Crew ausprobieren, Sir?" fragte er besorgt. „Sie scheinen mich irgendwie zu mögen, und ich habe mehr oder weniger gelernt, ihre Reaktionen anhand ihrer Gesichtsbewegungen zu erraten, sodass ich glaube, ich könnte erkennen, ob es ihnen gefällt oder nicht."

„Klar, das ist eine gute Idee", und sie gingen weiter zu dem Gelände, auf dem Hanlons Spezialteam untergebracht war.

Drinnen wählte Hanlon offenbar nach dem Zufallsprinzip aus, doch in Wirklichkeit war es Geck , den er zu sich winkte. Als der Eingeborene sich näherte und dabei Angst und Widerwillen vortäuschte – Hanlon verbarg ein plötzliches Grinsen über Gecks unerwartete schauspielerische Brillanz –, öffnete der junge Mann den Sack und schüttete etwas von dem Nitrat aus.

Er beugte sich vor und steckte seine Finger in das Zeug, dann erhob er sich und bedeutete Geck , seine Finger auf die gleiche Weise hineinzustecken. Währenddessen telepathierte Hanlon die genauen Informationen an seinen Freund, so gut es mit seinen begrenzten Fähigkeiten möglich war.

Der behutsame Geck bückte sich, steckte nach ein paar Fehlstarts endlich einen seiner Finger in den kleinen Nitrathaufen und aktivierte die Fresssensoren . Einen Moment lang stand er zweifelnd da, dann ließ sein Verhalten deutlich Freude und überraschtes Glück erkennen. Er begann, diesen kleinen dreieckigen Mund zu bearbeiten, und die anderen drängten sich näher.

Telepathisch teilte er Hanlon mit, dass dies wunderbar sei – genau das Nahrungsmittel, das die Eingeborenen so dringend brauchten.

„Es scheint zu denken, dass alles in Ordnung ist", sagte Hanlon laut zu Philander. „Ich werde für sie alle etwas mehr ausbreiten", und ohne auf die Erlaubnis zu warten, breitete er einen langen, schmalen Haufen Dünger über die gesamte Breite der Hütte aus. Sofort drängten sich die übrigen Eingeborenen entlang dieser Linie und steckten ihre Futterfinger hinein. Bald drückten ihre albern aussehenden Gesichter das Äquivalent eines glückseligen Lächelns völliger Zufriedenheit aus, und Hanlons Geist war erfüllt von Gedanken der Freude und Dankbarkeit für seine Freundlichkeit.

Kapitel 17

Superintendent Philander stand da und beobachtete die Eingeborenen beim Füttern, und er konnte nicht anders, als zu sehen, wie sehr sie das neue Essen zu schätzen schienen. Nach einiger Zeit sagte er voller Bewunderung: „Sieht aus, als hättest du etwas herausgefunden, George. Wenn es weiterhin klappt, werden wir sie alle mit diesem Zeug füttern, und ich werde das nächste Mal, wenn der Frachter kommt, noch viel mehr anfordern." In."

Sie verließen das Gelände, schlossen sorgfältig beide Tore hinter sich ab und gingen zurück ins Büro. Dort angekommen sagte Hanlon: „Wie ich sehe, haben Sie ein Schachspiel, Sir. Spielen Sie? Ich liebe das Spiel."

"Du tust?" Philanders Augen leuchteten. „Es ist lange her, dass es hier jemanden gab, der das getan hat."

„Dann hoffe ich, dass du mich ab und zu zu einem Spiel reinkommen lässt Ingenieure und andere Techniker .

„Klar, klar, kommen Sie jederzeit vorbei. Ich würde mich sehr freuen, Sie bei mir zu haben, denn ich liebe Schach. Ich werde auch einsam und muss ein ganzes Jahr am Stück bleiben. Sie können jederzeit abends vorbeikommen ."

Zurück in seinem Zimmer verließ Hanlon äußerst zufrieden mit der Arbeit des Abends. Er hatte etwas für die Eingeborenen getan, das dazu beitragen würde, ihre unerträgliche Situation erträglicher zu machen, bis die Zeit kam, in der sie aus ihrer Sklaverei befreit werden konnten ... und er hatte einen neuen Freund gefunden, der sich als sehr nützlich erweisen könnte.

Er war sehr gespannt auf die nächste Arbeitsperiode, damit er über den Sprachtransformator mit Geck sprechen konnte. Denn er beherrschte die Telepathie noch nicht ausreichend, um sicher sein zu können, dass er alle nötigen Informationen über die Verwendung von Nitraten in der Ernährung der Guddu erhalten hatte .

Aber als er am nächsten Tag seine Mannschaft von ihrem Gelände in die Mine trieb, konnte er nicht umhin, auf den ersten Blick zu bemerken, wie viel lebhafter sie aussahen als die anderen Mannschaften. Kaum hatten sie den Stollen erreicht, holte er die Maschine aus ihrem Versteck hervor und kam mit dem freundlichen Guddu ins Gespräch .

„Das Essen ? " fragte er eifrig. „Ist es etwas, das du gebrauchen kannst?"

„Oh ja. An-yon", stotterte Geck fast vor Eifer, und die Worte fielen so schnell aus ihm heraus, dass Hanlon sie kaum übersetzen konnte. „Es ist wunderbar! Kannst du so alles reparieren, was wir haben können?"

„Ja, von nun an werden sie alle mit Rationen davon gefüttert werden, wenn auch vielleicht nicht viel, bis das Schiff mehr von einem anderen Planeten bringen kann. Ich weiß nicht, wie viel wir zur Verfügung haben. Aber dem Boss-Mann gefiel meine Idee.“ , und wird dafür sorgen, dass immer etwas für alle Eingeborenen zur Hand ist. Er wird es wahrscheinlich auch den anderen Minen und Fabriken mitteilen.“

„Fast wir haben im letzten Dunkeln zu viel gegessen “, lachte Geck verschämt, wie Hanlon wusste. „Es ist so sehr gut geworden, uns zu essen…“ er zögerte.

„Betrunken, meinst du?“ Hanlon lachte. „Ich kann mir vorstellen, dass es dir das antun könnte. Du musst die anderen davor warnen.“

Sie plauderten einige Minuten lang darüber, wie sehr die Guddus Hanlons Rücksichtnahme schätzten.

„Sag mal, ich habe mich nur gefragt“, unterbrach Hanlon Gecks Dank. „Haben Sie eine Ahnung, wo sich Ihr Planet im Weltraum befindet? Ich meine, kennen Sie die Sonnen, die Ihrer am nächsten sind, etwas über ihre Entfernungen oder Größenordnungen?“

Gecks Gedanken und sein Gesichtsausdruck waren ausdruckslos und es dauerte fast die gesamte Arbeitszeit, bis er verstand, was Hanlon fragen wollte. Als es ihm endlich gelang, das Gedankenkonzept zu begreifen, war seine Antwort eine entschiedene Verneinung.

„Nein, An-yon, wir wissen nichts über andere Sonnen und andere Planeten. Bevor die Menschen kommen, nehmen wir an, dass wir irgendwo nur intelligentes Leben haben ist nichts. Ich frage mich, warum nur ein großes Feuer am Tag kommt. Ich frage mich, warum das große Feuer in der Nacht ausgeht.

Hanlons Enttäuschung darüber wurde etwas gemildert, als der Kontrolleur in sein Zimmer gerannt kam, in dem er sich vor dem Abendessen ausruhte, um ihm mitzuteilen, dass seine Mannschaft an diesem Tag plötzlich fast eine halbe Tonne mehr Erz herausgebracht hatte, als er jemals zuvor aufgestellt hatte.

Vor kurzem war ein neuer Koch in die Mine gekommen. Er hatte einen Foxterrier, und Hanlon gewöhnte sich an, mit dem Hund zu spielen, um seine Fähigkeit, mit den Gedanken von Tieren umzugehen, aufrechtzuerhalten und mehr über die Technik zu lernen. Er achtete immer darauf, den Befehl für jeden Trick, den das Tier ausführen sollte, laut auszusprechen, aber in Wirklichkeit kontrollierte er sein Gehirn, seine Nerven und Muskeln.

Eines Abends arbeitete er gerade mit dem Hund, als Gorton, seine Kopfwunde noch verbunden, in die Kantine kam . Als er Hanlon mit dem Terrier sah, kräuselte er die Lippen.

„ Der blonde Junge ist also auch ein Tiertrainer, was?"

„Das ist er", sagte Cookie von der Tür, die in die Küche führte. „Und auch gut! Er bringt Brutus dazu, Dinge zu tun, von denen ich nie gedacht hätte, dass ein Hund sie tun könnte."

Gorton spottete erneut. „ Einem Hund Tricks beizubringen ist Kinderkram."

"Kannst du es machen?" fragte der Koch sarkastisch.

„Wer würde sich die Mühe machen, es zu versuchen?"

Hanlon sah ausdruckslos auf. „Das konnte man von Mr. Gorton nicht erwarten, Cookie. Um einem Tier Tricks beizubringen, muss man mehr wissen als es."

„Warum, du ..." Gorton trat mit flammendem Gesicht vor, während die anderen Männer über den rauen Witz vor Lachen brüllten.

Aber die große Wache erreichte Hanlon nicht. Einer der neueren Wachen, ein riesiger Schwede namens Jenssen , hielt ihn auf. „Ach, lass den Jungen in Ruhe, Gort . Ihm geht es gut. Dieser Trick, den Greenies mit Dünger zu füttern, macht ihnen viel mehr Arbeit, und wir bekommen dadurch größere Prämien ."

Aber Gorton war nicht der Typ, der wusste, wann er aufhören sollte. Auch war er auf der ethischen Skala nicht hoch genug, um Verständnis dafür zu empfinden, dass es genau der Mann war, den er beschimpft hatte, der ihm als erster zu Hilfe kam, als er verletzt wurde.

Hanlon war klar geworden, dass der große Mann entschlossen war, ihn zu einem weiteren Kampf zu provozieren. Er wusste, dass die Gemüter in dieser entnervenden Hitze nervös und explosiv waren, und versuchte normalerweise, Gortons Beleidigungen und kleinliche Gemeinheiten schweigend zu ertragen. Er würde sich nicht erniedrigen, indem er auf die niedrige Ebene der großen Wache hinabstieg ... obwohl er gelegentlich, wenn die Hitze sogar für ihn zu groß war, wie heute Abend, nicht widerstehen konnte, eine Antwort zu geben.

Gorton, so hatte er schon vor langer Zeit entschieden, gehörte zu den Männern, die der Welt nichts Wertvolles anzubieten hatten und ihr Möglichstes taten, um jeden niederzumachen und zu demütigen, der etwas Wertvolles hatte. Und wie klein seine Seele und sein Intellekt waren, zeigte sich in der Art von Tricks, die er immer wieder anwandte, weil er sie für klug hielt.

Zum Beispiel mit Kreide auf Hanlons Zimmertür kritzeln: „Supers Haustier"; Hanlons Getränkebecher ständig umwerfen oder „aus Versehen" Dinge auf Hanlons Teller fallen lassen.

Der junge SS-Mann hätte an einen anderen Platz am Tisch wechseln können, aber er würde dem großen Wachmann diese Genugtuung nicht verschaffen.

Doch einer von Gortons Tricks ging so weit nach hinten los, dass er für Gorton selbst katastrophale Folgen hatte. In dieser Nacht schlich er sich hinaus und schloss alle Tore auf, da er wusste, dass Hanlon der letzte auf dem Gelände gewesen war. Er ging natürlich davon aus, dass jedem klar sein würde, dass es Hanlons grobe Nachlässigkeit war, die allen Grünen die Flucht ermöglicht hatte.

Aber zur Überraschung aller – außer Hanlon – war kein einziger gegangen; Am nächsten Morgen waren alle in ihren Hütten.

Philander kam angerannt, als er davon hörte. "Wer war es?" fragte er wütend.

„Der Punk da, natürlich!" Gorton spottete.

Philander drehte sich mit Überraschung im Gesicht um. „Du, George? Hast du vergessen, die Tore abzuschließen?"

„Nein, Sir, ich habe sie alle abgeschlossen, als ich zum Abendessen hineinging."

„Er lügt . Er war der Letzte, der seine Bande zur Sprache gebracht hat."

„Das stimmt, das war ich. Aber ich weiß, dass ich wie immer alle Tore sehr sorgfältig verschlossen habe."

Einer der Ingenieure meldete sich zu Wort. „Ich habe gesehen, wie er es getan hat, Pete. Ich habe auch gesehen, wie einer der anderen Wachen die Kantine für ein paar Minuten verließ, kurz bevor wir uns zum Essen hinsetzten. Als er zurückkam, sah ich ihn geheimnisvoll grinsen, als wäre er über etwas sehr selbstzufrieden. "

"Wer war das?"

„Tut mir leid, ich nenne keine Namen."

„Ich sage es", sagte der große Jenssen . „Es war Gort . Er hat es auf George abgesehen. Er ist ein großer Idiot!"

Philander drehte sich wütend um. „Ich habe dir gesagt, du hirnloser Kerl, du sollst Hanlon in Ruhe lassen, und mit Jupiter meine ich es ernst! Hör auf! Noch ein Stunt, und du gehst in die Eisen, dann zurück zu Sime für ein

Interview mit Seiner Hoheit. Du gehst zurück." Nächste Reise sowieso. Ich bin fertig mit dir.

Der Rest der Männer stand in feindseligem Schweigen daneben, und an ihrer Haltung war deutlich zu erkennen, dass Gorton dieses Mal zu weit gegangen war. Wie es dazu kam, dass keiner der Eingeborenen weggelaufen war, war ihnen allen ein Rätsel.

Arbeit gebracht hatte, rief er Geck zu sich und erkundigte sich über den Transformator nach der Sache.

„War ein Guddu in der Hütte am Haupttor, der als erster sah, dass das Tor offen war . Er sagte uns in Gedanken, wir sollten weit in den Wald rennen . -Essen. Sagen Sie, wie Sie arbeiten, um alle zu befreien, die wir befreien; alle Guddu überall befreien. Wir sagen vielleicht, damit wir jetzt alle in kurzer Zeit frei werden. Aber sagen wir, kommen Menschen mit Schockstäben, jagen wir, verletzen wir, lassen uns mehr arbeiten Hart , sei grausamer zu uns. Sag dann, dass du niemals die Chance bekommst, alles zu befreien, was wir immer befreien."

Hanlon senkte den Kopf in stiller Dankbarkeit für das gewaltige Kompliment. „Ich hoffe nur, dass ich dein Vertrauen in mich rechtfertigen kann, Geck ", sagte er demütig. „Es wäre ein Wunder, wenn ich es schaffe, aber ich habe auf jeden Fall vor, es weiter zu versuchen. Es wird einige Zeit dauern, das wissen Sie. Ich kann unmöglich etwas tun, bis ich hier abgereist bin. Aber wenn es menschlich möglich ist." , ich werde die Flotte hierher bringen, um dich zu befreien.

„Wir wissen, dass es schwer sein wird, dass wir vielleicht nie frei werden", sagte der Guddu . „Aber wir wissen, dass Sie nur Hoffnung sind. Deshalb helfen wir Ihnen, so gut wir können. Guddu in Minen versuchen, mehr Gestein herauszuholen, wie Sie sagen. Aber Guddu , die den Menschen helfen, große Eier zu bauen, die Sie „Schiffe" nennen, tun das am meisten. Jeden Tag einige von ihnen Finden Sie einen Weg, etwas zu zerbrechen, etwas Falsches zu tun. Zwei Guddu verderben viel Metall, wenn sie in einen Bottich springen, wo das Metall geschmolzen wird .

"Ach nein!" Hanlon weinte vor schockierter Angst. „Das war wunderbar mutig von ihnen, aber keiner der anderen darf jemals so etwas tun! Sag ihnen, sie sollen ihr Leben nicht auf diese Weise opfern! Ich bin mir aus allen Berichten sicher, dass es nicht nötig ist. Ich werde wieder reingehen." Noch ein paar Wochen, und bis dahin werden die Menschen keines dieser größten Schiffe bereit haben. Das sind die einzigen, die wir fürchten müssen – die kleinen Schiffe zählen nicht."

Schade, dass Hanlon nicht wusste, was die Menschen außer Schiffen sonst noch auf den Werften bauten.

Hanlons Versuch, mit Philander „gut auszukommen", trug köstliche Früchte, denn die beiden wurden schnell Freunde. Sie verbrachten viele Abende an einem heiß umkämpften Schachbrett. Es war jetzt klar, dass der nervöse, besorgte Kommissar das Gefühl hatte, er könne sich in der Gesellschaft dieses jungen, naiven Wachmanns entspannen, denn dieser stellte offensichtlich keine Herausforderung für seine Position dar. Außerdem war es auch sehr offensichtlich, dass er Hanlon als Mann mochte. Von Tag zu Tag wurde seine Haltung väterlicher .

Hanlon seinerseits erkannte mehr und mehr das wahre, angeborene Maß für Philanders inhärenten Wert als Mann, Gentleman und Ingenieur. Er hatte einen feinen Verstand, war belesen und dachte intensiv über viele Themen nach, die außerhalb seines Fachgebiets lagen.

„Er braucht nur ein paar psychiatrische Behandlungen, um seinen schrecklichen Minderwertigkeitskomplex zu reduzieren", sinnierte Hanlon eines Abends, als er langsam in sein Zimmer zurückging. „Dann wird er wirklich der große, feine Mann sein, der er sein kann, und wird diesen ganzen Verschwörungs-Unsinn vergessen."

Daher hatte Hanlon das Gefühl, dass er eines Abends kein besonderes Risiko eingehen würde, als die beiden auf der kleinen Veranda des Büros standen, ihr Spiel zu Ende war und Hanlon gerade gehen wollte. Er blickte zum strahlenden Nachthimmel hinauf.

„ Sicher sieht es hier anders aus als auf Terra", sagte er im Gespräch. „Natürlich wäre das so, wenn man bedenkt, dass wir so weit von dort entfernt sind. Aber ich werde nie müde, es anzuschauen und zu versuchen, herauszufinden, ob ich einige der helleren Sonnen erkennen kann." Er zeigte auf einen hellen Stern direkt über ihm. „Das ist Sirius, ich weiß. Es ist immer direkt über dir."

Philander lachte herzlich. „Nein, Sirius ist fast genau das Gegenteil. Vergessen Sie nicht, dass wir etwa hundert Lichtjahre von Sol entfernt sind."

Hanlon machte einen niedergeschlagenen Eindruck. „Und da war ich mir sicher , dass ich zumindest einen von ihnen kannte." Er gähnte anmaßend. „Nun, ich schätze, ich mache mich auf den Weg. Ich gehe davon aus, dass die Sterne bleiben, egal ob ich sie erkennen kann oder nicht."

Philander lachte erneut und klopfte ihm kameradschaftlich auf die Schulter. „Das würde mich nicht wundern. Gute Nacht, George."

„Nacht, Mr. Philander." Und als Hanlon in sein eigenes Zimmer zurückging, war sein Herz leicht. Er hatte eine weitere wichtige Tatsache über ihre Position im Weltraum erfahren – die ungefähre Entfernung von Sol.

Kapitel 18

Ein paar Nächte später kam einer der jungen Ingenieure in das Büro gerannt, in dem Hanlon und Philander Schach spielten.

„Unten in Stope Four gibt es Ärger", keuchte er.

Philander sprang auf und brachte die Tafel um. Er schnappte sich sein Glo-Licht und machte sich auf den Weg.

„Möchten Sie mich mitnehmen, Sir?" Fragte Hanlon.

„Könnte auch", und Hanlon rannte mit ihnen.

Unten in der Mine stellten sie nach einer Untersuchung fest, dass es nicht so schlimm war, wie es zunächst schien. Einige Hölzer waren verrottet – oder waren von vornherein kein gutes Holz gewesen – und es kam zu einem Steinschlag. Aber als sie anfingen, daran zu arbeiten, stellten sie fest, dass es nicht zu groß war. Hanlon wurde losgeschickt, um den Rest der Männer zu holen, und nach ein paar Stunden war alles wieder dicht.

Zurück im Büro hob Hanlon die heruntergefallenen Schachfiguren auf, während Philander und die Ingenieure eine Weile redeten. Als sie gingen, fragte Hanlon: „Möchten Sie das Spiel zu Ende spielen – oder vielmehr, da das Brett umgekippt war, möchten Sie ein anderes spielen?"

„Machen Sie besser einen Regencheck. Ich muss noch ein paar Papierarbeiten erledigen. Machen Sie es morgen."

„Das ist für mich in Ordnung. Ich werde ins Heu gehen."

„Danke für deine Hilfe heute Abend, George. Du hast so gerne mitgemacht, während die anderen mürrisch waren und murrten.

Hanlon errötete leicht und konnte seinem Freund nicht auf Augenhöhe begegnen. „Ich habe es gerne getan", sagte er lahm. „Nacht", und er rannte hinaus. Verdammt, dachte er, ich hasse es, Pete auf diese Weise zu benutzen, weil er wirklich ein toller Kerl ist. Aber der Job ist wichtiger.

Ein paar Nächte später hatten sie das zweite Spiel beendet und der Ältere hatte beide gewonnen. Er war daher sehr gut gelaunt, denn die beiden waren so ausgeglichen, dass es selten vorkam, dass einer von ihnen zwei Spiele am selben Abend gewann.

Philander lehnte sich in seinem Stuhl zurück und lächelte den jüngeren Mann an. „Nun, George, der Frachter wird in drei Tagen hier sein und ich schicke dich in den Urlaub zurück."

„Meine Güte, vielen Dank, Chef. Das ist großartig von Ihnen. Ich werde Sie vermissen, aber ich gebe zu, ich werde froh sein, diesem schrecklichen Klima für eine Weile zu entfliehen. Dieser Ort wird mich auf jeden Fall begeistern – das kann ich Ich scheine mich nicht an alles zu gewöhnen.

„Dann wirst du nicht zurückkommen wollen?" Die Frage war enttäuschend.

„Oh nein, das habe ich nicht so gemeint. Ich werde auf jeden Fall zurückkommen, wenn ich es schaffe. Vielleicht ist dieser Job nicht genau das, wovon ich geträumt habe", musste er diese Aussage ein wenig abschirmen und versuchte es Machen Sie eine aufrichtig klingende Erklärung: „Aber das sind tausend Credits pro Monat!"

„Da fällt mir ein, dass ich Sie auf jeden Fall für einen guten Bonus weiterempfehlen möchte. Sie haben es mehr verdient als jeder andere Wachmann, den wir jemals hier hatten. Außerdem Ihre Vorstellungen von der Rotation Ihrer Mannschaft und vor allem der Düngerdeal, haben das effektive Arbeitsleben und die Arbeitsgeschwindigkeit der Einheimischen um fast dreißig Prozent gesteigert. Ich habe es herausgefunden, und sie werden günstig davonkommen, wenn sie Ihnen das geben, was ich empfehle – zwei Monatsgehälter als Bonus."

„Yowie!" Schrie Hanlon und ließ auf seinem Gesicht Aufregung und die seltsame Gier erkennen, die er so sorgfältig in den Köpfen dieser misstrauischen Männer aufgebaut hatte. „Das macht mir in vier Monaten sechstausend. Ich werde noch reich sein!"

„Du und dein Drang nach Geld", lachte Philander, doch in seiner Stimme lag ein merkwürdiger Unterton von fast Verachtung. „Warum bist du bei diesem Thema so begeistert?"

Hanlon grinste und zitierte falsch: „Das Leben ist real, das Leben ist ernst und die Soße ist mein Ziel." Dann wurde er nüchtern und sagte: „ Denn mit Geld kann man alles machen. Wenn ich einen großen Haufen gemacht habe, kann ich dorthin gehen, wohin ich will, so sein, wie ich sein möchte, und den Leuten zeigen, dass ich jemand bin." ."

Philander zuckte mit den Schultern. „Vielleicht hast du recht, aber ich würde sagen, es gibt bessere Wege, George."

Hanlon sah zweifelnd aus. „Ich habe größten Respekt vor Ihren Ideen und Ihrer größeren Erfahrung, Sir, aber was gibt es Schöneres als ein großes Bündel Credits."

Philander sah ernsthafter und nachdenklicher aus, als Hanlon ihn jemals zuvor gesehen hatte. Er schwieg einen Moment und antwortete dann langsam: „Das klingt vielleicht ‚altmännisch', aber ich glaube an einen stetigen Fortschritt in der Arbeit, die Sie wählen; wachsendes Wissen über viele Dinge; kreative Vorstellungskraft, die konstruktiv eingesetzt wird; wachsender Respekt und daraus resultierender Fortschritt." in der Verantwortung von Ihren Arbeitgebern, wenn Sie für jemanden arbeiten, oder von Ihren Nachbarn, wenn Sie selbstständig sind – diese Dinge sind meiner Meinung nach von viel größerem Wert als die bloße Anhäufung von Geld. Und das Beste daran Das heißt, wenn Sie auf diese Weise wachsen, erhalten Sie zusätzliches Geld, aber lediglich als logische Konsequenz zu den größeren Erfolgen."

„Ich verstehe Ihren Standpunkt." Hanlon war von Philanders Ernsthaftigkeit sehr beeindruckt. „Vielleicht haben Sie recht. Ich bin wohl noch ein Kind mit der unreifen Einstellung eines Kindes. Deshalb schätze ich Ihre Freundschaft und Ihren Rat so sehr, Sir. Sie waren fast wie ein zweiter Vater für mich." Das war ehrlich – er mochte Philander jetzt mehr denn je.

Auch der Gesichtsausdruck des Ältesten ließ sich nicht beschreiben, aber dass er insgeheim zufrieden war, war offensichtlich.

„Na dann geh doch, dann hole ich mir den Brief. In der Zwischenzeit packst du deine Sachen, damit du bereit bist zu gehen, wenn das Schiff kommt. Und George, mein Junge, ich hoffe, dass du zurückkommst. Es' Ohne dich werde ich hier mächtig einsam sein.

„Ich werde auf jeden Fall mein Bestes tun, um zurückzukommen, Sir. Gute Nacht und nochmals vielen Dank ... für alles."

Zimmer zurückging, beschloss er, den Mann von diesen Verschwörern wegzubringen und in eine bessere und legitimere Position zu bringen.

Er würde es dem Oberkommando des Geheimdienstes auf jeden Fall empfehlen, nachdem dieser Schlamassel beseitigt war.

Die nächsten Tage verbrachte Hanlon fast seine gesamte Schichtzeit im Untergrund und redete ernsthaft mit Geck .

„Ich möchte Sie und alle Einheimischen hier einprägen, dass ich jede Minute, in der ich weg bin, mein Bestes für sie geben werde", sagte er eindrucksvoll. „Lassen Sie nicht zu, dass sie etwas Dummes tun, es sei denn oder bis völlig sicher ist, dass ich versagt habe. Wenn ich überhaupt etwas tun kann, sollte es innerhalb eines Vierteljahres nach meiner Abreise geschehen, und wahrscheinlich viel früher. Wenn es mir gelingt, Ihr werdet alle frei sein, und diese Männer werden entweder von eurem Planeten vertrieben oder getötet."

„Alles was wir verstehen, An-yon. Wir wissen, dass du ein wahrer Freund bist, wissen, dass du uns helfen willst. Wir werden weiterarbeiten und keine Fluchtversuche unternehmen. Wir wissen, ob wir einfach getötet oder gejagt und wieder gefangen werden. Bedingung von uns, bevor du so schlecht geworden bist, hatten wir das Gefühl, dass das einzige Ende für uns der Tod der Rasse sei. Jetzt bringst du Hoffnung. Jetzt kennen wir die meisten Menschen als gute Menschen, also warten wir in der Hoffnung, dass du bald Erfolg hast."

„Das ist der Geist. Ich weiß, dass es für euch alle hart ist, aber ich weiß auch, was das Inter-Stellar Corps ist und was es tun kann und wird, wenn es von eurer Notlage erfährt."

Er verband seine Gedanken mit denen von Geck, als dieser die Eingeborenen in anderen Teilen des Planeten telepathisierte, und war so in der Lage, endgültige Beschreibungen dessen zu erhalten, was sie über die Vorgänge in den einzelnen Minen, Fabriken und Werften erfahren konnten. Er wusste genau, wie viele Schiffe gebaut worden waren oder im Bau waren und wie weit die Rümpfe der großen Schiffe ungefähr fertiggestellt waren. Außerdem konnte er sich sehr gute allgemeine Kenntnisse über die Größe und Strukturbeschreibung jedes Schiffstyps aneignen.

Aber über ihre Bewaffnung oder Antriebsmethoden war er nicht in der Lage gewesen, irgendwelche Informationen zu bekommen – solche Dinge gingen für ihn zu weit über die einfache Fähigkeit der Eingeborenen hinaus, sie zu beschreiben oder sich vorzustellen.

Hanlons Fähigkeit, über Geck zu telepathieren , wurde viel stärker, obwohl er immer noch nicht in der Lage war, direkt zu einem der entfernten Guddus zu telepathieren . Er könnte dies jedoch bis zu einem gewissen Grad bei jemandem in der Nähe tun.

Aber er konnte im menschlichen Geist immer noch nichts außer den oberflächlichen Gedanken lesen. Und wie er diese Fähigkeit nutzen konnte! Damit wäre seine Aufgabe viel einfacher.

Aber er hatte gelernt, mit dem zufrieden zu sein, was er hatte, und erkannte, dass es zweifellos einzigartig in der Geschichte der Menschheit war. Es hatte ihn so weit gebracht, und er hatte viele Informationen gesammelt, die er auf keine andere Weise hätte erlangen können – Informationen, die er dem Korps melden konnte, sobald er nach Simonides zurückgekehrt war und Gelegenheit hatte, dorthin zu gehen wenden Sie sich bitte an die Bank oder wenden Sie sich auf andere Weise an sie.

Endlich war der „Tag der Befreiung", wie Hanlon ihn in Gedanken nannte, gekommen. Er war vollgepackt und wartete auf das Schiff. Als es gesichtet wurde , gingen er und Philander auf das Feld, um es zu treffen.

Als der Kapitän herauskam, unterhielten sich die drei, während die Besatzung eilig die mitgebrachten Vorräte auslud und diejenigen, die das Schiff verließen, an Bord gegangen waren. Der Kapitän reichte Philander einige

Briefe, aber dieser steckte sie vorerst in seine Tasche, ohne einen Blick darauf zu werfen.

Endlich war es Zeit für den Start, und Hanlon verabschiedete sich zum letzten Mal vom Superintendenten, dann ging er hinein, um sein Gepäck in seiner Kabine zu verstauen und sich auf den Start vorzubereiten. Er hatte damit gerechnet, erneut eingesperrt zu werden, und versuchte lediglich aus Neugier, die Tür zu öffnen. Aber zu seiner Überraschung war es nicht verschlossen, also ging er hinaus. Er war klug genug, nicht zu versuchen, in den Kontrollraum einzudringen, machte sich jedoch auf die Suche nach einem Bildschirm und schnallte sich auf dem Stuhl davor fest.

Er manipulierte die Wählscheiben und hatte gerade einen Blick nach draußen geworfen, als der Pilot begann, die Röhren zu aktivieren. Hanlon sah Philander von dem kleinen Pfad durch den Dschungel zurück zum Feld rennen, mit einem Brief schwenkend, um Aufmerksamkeit zu erregen.

Aber offensichtlich sahen ihn weder der Kapitän noch der Pilot noch irgendein Wachoffizier, denn in diesem Moment verdunkelte der große Flammenstrahl aus den Rohren die Szene, und Hanlon wurde tief in seinen Beschleunigungsstuhl gezwungen, als das Schiff die Schwerkraft hob .

Die Rückfahrt verlief ereignislos. Hanlon verfolgte sorgfältig die Zeit und strengte alle Sinne seines Raumfahrers an, um deren Geschwindigkeit einzuschätzen. Als das Schiff für die Landung auf Simonides abbremste, schloss er seine Berechnungen ab und war sich ziemlich sicher, dass die Entfernung zwischen den beiden Planeten zwölfeinviertel Lichtjahre betrug , plus oder minus nicht mehr als zwei Prozent, und dass Algon sich etwa achtzehn Stunden lang in der Nähe des Rektaszens befand und Deklination plus fünfzehn Grad.

Als er durch die Luftschleuse ging und die Planke hinunterstieg, war er überrascht und ein wenig bestürzt, als er sah, dass Panek und zwei der anderen bewaffneten Männer, die er in diesem Hinterzimmer gesehen hatte, mit ausdruckslosen und unleserlichen Gesichtern auf ihn warteten.

„Ein Begrüßungskomitee, was?" Er begrüßte sie mit einem Lächeln, das seine Enttäuschung zu verbergen versuchte. „Hiya, Panek ! Hallo Leute!"

Aber sein Herz machte Flip-Flops. Diese Männer waren nicht nur hier, weil sie sich freuten, ihn zu sehen, da war er sich sicher. Er untersuchte ihre Gedanken und noch bevor Panek sprach, wusste er es.

„Der Chef hat uns geschickt, um Sie als Erstes zu ihm zu bringen, das hat der Chef getan", Paneks Stimme war schroff, aber dennoch einigermaßen freundlich.

„Das ist wirklich nett von ihm", versuchte Hanlon, seine Gefühle nicht zeigen zu lassen, sondern dies als eine natürliche Höflichkeit aufzufassen. Aber er hatte sich so sehr gewünscht, sofort zur Bank zu kommen. „Ich wollte natürlich berichten", kommentierte er. „Ich habe einen Brief für ihn von Superintendent Philander bekommen. Außerdem habe ich eine Menge Credits bekommen. Junge, habe ich sie mir verdient! Das ist ein stinkender, heißer Planet da oben. Es wird schön sein, die hellen Lichter wieder zu sehen, abgesehen vom Leben." wieder in einem anständigen Klima.

Die beiden Männer grunzten geheimnisvoll, aber Panek deutete lediglich den Weg zum Flugwagen. Wieder hatte Hanlon die Augen verbunden, aber jetzt war es ihm egal – er kannte die Lage dieses Kraterfeldes.

Während des größten Teils der Fahrt herrschte Stille. Hanlon plapperte zunächst vor sich hin, aber als ihm niemand antwortete , verlangsamte er nach und nach seine Worte und verstummte schließlich ganz.

Seine Gedankenuntersuchungen sagten ihm, dass ihm eine harte Zeit bevorstand, und er hatte das Gefühl, dass er aus irgendeinem Grund überhaupt nicht dort sein sollte.

„Oh, oh!" dachte er fast in Panik. „Irgendwas stimmt nicht. Bin ich irgendwo ausgerutscht? Haben sie Wind davon bekommen, was ich erfahren habe? Aber wie... wie konnten sie?"

Anstatt ihn in das Hinterzimmer des Bacchus zu bringen, stellte Hanlon, als ihm die Augenbinde schließlich abgenommen wurde, fest, dass er sich in einem Raum mit Steinwänden befand, von dem er spürte, dass er eine Art Keller in einem riesigen Gebäude war. Bis auf zwei Stühle und die Scheinwerfer, von denen einer auf einem Ständer wie ein Scheinwerfer angebracht war, gab es keine Möbel.

Bevor er Zeit hatte, die Dinge zu klären, öffnete sich die Tür und der Mann, den er nur als „Anführer" angesehen hatte, kam herein und setzte sich auf einen der Stühle. Er gestikulierte, und die Männer schoben Hanlon auf den gegenüberliegenden Sitz und stellten das Scheinwerferlicht so ein, dass es in seine Augen schien. Dann stellten sie sich hinter ihn.

„Also bist du zurückgekommen?" sagte der Anführer leise.

„Sicher", Hanlon zwang sich, so zu tun, als ob nichts im Weg wäre, aber es war eine Anstrengung, zu lächeln und natürlich zu sprechen, als sein Mund plötzlich trocken war und seine Nerven sich fast bis zum Schreien anspannten. „Meine Zeit war abgelaufen, also hat Mr. Philander mich zurückgeschickt. Ich habe einen Brief von ihm für Sie."

Er wollte in seine Tasche greifen, aber Panek schlug mit der Hand nach unten, zog den Brief heraus und reichte ihn dem Anführer, der ihn öffnete und ihn schweigend las.

Dann blickte der Mann mit verwirrtem Gesicht auf. „Sie scheinen dort ... äh ... sehr gut abgeschnitten zu haben", sagte er fast freundlich. „Unser Superintendent berichtet, dass Sie ein ausgezeichneter Wächter waren. Er scheint sehr zufrieden mit Ihnen zu sein."

„Ich habe dir gesagt, dass ich alles tun würde, um es wieder gut zu machen", antwortete Hanlon, aber jetzt klang seine Stimme sehr gekränkt. „Was ist die große Idee von all dem? Scheint ein wirklich lustiger Empfang zu sein, nachdem ich mir so viel Mühe gegeben habe. Warum dieses Leuchten in meinen Augen und diese Schläger, die bereit sind, mich zu schlagen, wenn ich mit der Wimper zucke. Es ist fast so, als ob du es nicht tust. „Vertraust du mir nicht oder so?"

„Ich bin immer noch nicht ganz sicher, ob wir das tun", sagte der Anführer langsam.

„Spielst du immer noch darauf herum?" fragte Hanlon hitzig. „Warum denkst du, dass ich nicht auf dem Vormarsch bin? Ich habe hart auf diesem stinkend heißen Planeten gearbeitet .

„Ah ja, die Sache mit dem ... äh ... Dünger. Warum hast du das angesprochen?"

„Als ich diese Grünen sah, vermutete ich, dass es sich um belebte Bäume handelte. Als ich sah, wie sie sich selbst ernährten, indem sie ihre Finger in den Hüttenboden steckten, ging ich davon aus, dass der Dreck nach und nach alle Nährstoffe verlieren würde, die er enthielt, so wie die Felder eines Bauern bald ihre Nährstoffe verlieren würden Fruchtbarkeit. Alle Pflanzen, die ich kenne, extrahieren Stickstoff und andere Mineralien aus dem Boden. Also dachte ich mir, dass die Grünen Dünger brauchen würden, um den erschöpften Boden in ihren Hütten auszugleichen. Das schien mir einfach."

„ Ähm . Du hattest offenbar recht. Es war ein großartiger Beitrag zu unserer Arbeit und wir sind dankbar." Er sah Hanlon einen langen Moment an und fragte dann scharf: „Wie ist Rellos gestorben?"

„Ein Hund hat ihm die Kehle herausgerissen."

„Das wissen wir – aber Sie sagten, Sie hätten ihn getötet."

„Wer, glaubst du, hat den Hund auf ihn losgelassen ? Wir gingen die Straße entlang und ich habe den Welpen des Hundes zu Tode getreten. Als sie angegriffen hat, habe ich Rellos in ihren Weg gestoßen, und er war es, den der Hund getötet hat."

„Ah! Gut! Sehr ungewöhnlich! Äußerst … äh … genial!" Der Anführer schien erfreut zu sein, aber langsam erstarb sein Lächeln und er runzelte erneut die Stirn. „Das alles bringt mich dazu, dir zu glauben, Hanlon, aber irgendwie kann ich mich nicht von dem Glauben befreien, dass du immer noch mit dem Corps verbunden bist. Oh, ich weiß", als Hanlon zu protestieren begann, „alles über dich." Entlassung und Schande und der Streit, den Sie ein paar Tage später mit einigen Ihrer ehemaligen Klassenkameraden hatten. War es übrigens nicht ein ziemlich belastender Zufall, dass es ein Admiral war, der gerade rechtzeitig kam, um Sie zu retten? Sehen Sie, alles, was das konnte Das ist leicht mit Absicht geschehen. Ich bin … äh … nicht so einfach, junger Mann.

„Nein, aber du bist verrückt, so zu denken!" angewidert.

„Ich glaube, Sie werden es anders erfahren", der Ton ließ den jungen SS-Mann erschaudern, und es fiel ihm schwer, den Drang zu unterdrücken, seine plötzlich trockenen Lippen zu befeuchten. „Vielleicht liege ich falsch – das hoffe ich aufrichtig –, aber ich konnte mich bisher noch nicht zu diesem Gefühl durchringen. Aber ich habe vor, es sicher zu wissen, bevor wir diesen Raum verlassen. Panek , bring unseren anderen herein." .. äh... Gast."

Hanlon hörte, wie der Schütze ging und gleich wieder zurückkam. Er erschien in Hanlons Blickfeld und schob einen gefesselten Mann vor sich her.

Beim Anblick dieses anderen Mannes musste Hanlon nach Luft schnappen.

Kapitel 19

"Oh!" sagte der Anführer triumphierend, als er sah, wie George Hanlon überrascht auffuhr. „Wie ich sehe, erkennst du unseren Gast."

„ Natürlich kenne ich ihn", fauchte Hanlon und zwang sich energisch, die Kontrolle zu behalten. „Das ist Abrams. Ich dachte, ich hätte ihn getötet."

„Ah, hast du das denn getan?" Wieder lächelte der Anführer, dieses Mal jedoch grimmig. „Jetzt kommen wir zum Kern der Sache. Sie sagen, Sie dachten, Sie hätten ihn getötet, aber Sie wissen, dass Sie es nicht getan haben. Ihr vorgetäuschtes Attentat auf so clevere Weise war nur eine List – Sie haben ihn überhaupt nicht vergiftet. Sie hat lediglich so getan, als würde er etwas in seine Tasse tun."

„Das ist eine Lüge. Vielleicht hat es bei ihm nicht gewirkt, aber bei mir …"

„Entschuldigung, Mr. Hanlon", jammerte der zitternde Abrams über die Unterbrechung. „Ich war gezwungen, Seiner Hoheit die ganze Geschichte zu erzählen, nachdem er herausgefunden hatte, wo ich mich versteckte."

Seine Hoheit!

also das fabelhafte Monster, vor dem alle so große Angst hatten. Hanlons Herz sank auf die Knie. Welche Chance hatte er jetzt? Er würde hier nie lebend herauskommen und seinen Bericht auch nicht an das Corps weiterleiten.

„Ja, Mr. Hanlon", imitierte diese seidige Stimme bedeutungsvoll und giftig. „Wir haben … äh … Möglichkeiten, die Leute zum Reden zu bringen. Dieser Abrams gab sich wie ein Idiot nicht damit zufrieden, weiterhin als mein Sekretär zu arbeiten. Er musste sich dumme Vorstellungen von Ethik und Patriotismus aneignen und versuchen … äh … widersprechen Sie einigen meiner Richtlinien. Warum ließen Sie ihn denken, Sie seien immer noch ein Corpsman … wenn Sie es nicht sind?" er schnappte plötzlich.

Hanlon zwang sich, unverschämt zurückzustarren. Vielleicht würden sie ihn töten … nein, seien Sie ehrlich, das würden sie zweifellos tun … aber beim Schatten von Snyder würden sie ihn nicht dazu bringen, die Angst zu zeigen, die er empfand.

„Benutz deinen Verstand, Kumpel. Ich musste auf Panek Eindruck machen , damit er mich hier auf Sime jemandem vorstellt, der mir zeigt, wie ich schnell und viel Geld verdiene, und das ist alles, was ich will", sagte er erwiderte er mit einer Tapferkeit, die er sicherlich nicht spürte, von der er jedoch hoffte, dass sie sie glauben lassen würde, dass er es tat. „Als ich feststellte, dass Panek Abrams aus dem Weg räumen würde, habe ich mich darauf eingelassen. Und wie könnte man Abrams einfacher dazu bringen, mit mir mitzuspielen – ich hatte nichts gegen ihn und wollte ihn auch nicht wirklich töten –, als ihn zuzulassen." Ich glaube, ich war immer noch ein Corpsman, nachdem er mich gesehen hatte, als ich noch ein Kadett war. Ich wusste nicht, dass er gelb werden und quieken würde.

Er sah Abrams verächtlich an, dann wandte er sich wieder dem Anführer zu und ließ seine Stimme sehr ernst, sehr nachdrücklich klingen. „Aber ich habe dir die Wahrheit gesagt! Ich habe nicht immer noch etwas mit diesem miesen Outfit zu tun, und du liegst falsch, wenn du denkst, dass ich es bin!"

„Lügen Sie Seine Hoheit nicht an!" warf Panek ein. „Er mag es nicht, belogen zu werden – er mag es nicht."

„Oh, halt die Klappe und halte dich da raus, kleiner Junge!" Hanlon grinste höhnisch und wurde mit einem harten Schlag auf die Seite seines Kopfes belohnt, der ihn zusammenzucken ließ. Aber Seine Hoheit intervenierte.

„Das reicht, Panek . Ich kümmere mich darum. Nun, Hanlon, ich glaube, du solltest dir lieber ernsthaft Gedanken machen. Du siehst, warum wir immer noch skeptisch gegenüber dir sind. Alles spricht gegen dich … äh … außer Ihrem eigenen Wort und der Tatsache, dass Sie offenbar so hart und für unser Wohl in der Mine gearbeitet haben. Dieser Punkt, das gebe ich Ihnen gerne zu, ist sehr zu Ihren Gunsten. Ich bin sehr geduldig mit Ihnen, denn wenn Sie Wenn Sie die Wahrheit sagen, können Sie für mich ein sehr wertvoller Mann sein. Sie verfügen über echte Fähigkeiten und andere Stärken. Aber wenn Sie nicht ganz für uns sind, stehen Sie uns eindeutig im Weg."

"Ich sage Ihnen ..."

„Unterbrechen Sie bitte nicht. Ich könnte Ihnen mitteilen, dass ich Sie auf den anderen Planeten geschickt habe, um Sie zu testen und um Sie aus dem Weg zu räumen, während wir weitere Nachforschungen anstellen und ich eine Entscheidung treffen kann. Sie sollten nicht zurückkommen Ich habe Philander einen entsprechenden Brief geschickt, aber er hat per Weltraumfunk mitgeteilt, dass Sie bereits auf dem Rückweg waren, als er ihn las.

Auf Hanlon ging ein Licht auf, als die Erinnerung an den Start zurücksprang. Philander hatte die Post, als sie ihm gegeben wurde, lediglich in die Tasche gesteckt und offensichtlich auf dem Rückweg zur Mine damit begonnen, sie zu lesen. Das erklärte, dass er zurückgerannt war, mit einem Brief geschwenkt und versucht hatte, beim Abheben Aufmerksamkeit zu erregen.

Der kleine Teil seines Geistes, der den Männern im Raum Aufmerksamkeit schenkte, hörte Seine Hoheit sagen: „Nehmt Abrams mit. Er ... äh ... nützt uns nichts mehr. Und wartet draußen, bis ich rufe – alle." Du."

Als sie gegangen waren, beugte sich Seine Hoheit vor, und Hanlon wusste, dass er besser aufpassen und bei klarem Verstand bleiben sollte, um jede Möglichkeit zu erkennen, seine gefährliche Lage zu verbessern.

„Jetzt, wo wir alleine sind, werde ich offener sprechen, Hanlon. Ich bin beeindruckt von dir. Ich denke, du hast ... äh ... enorme Fähigkeiten, und ich möchte dich auf meiner Seite haben. Aber ich muss sicher sein . Ich würde Ihnen zu Ihrem eigenen Wohl raten, ehrlich und offen zu mir zu sein."

„Das tue ich, aber du wirst mir nicht glauben", sagte Hanlon ernst. „Wenn ich den Lohn eines Mannes nehme, Sir, gebe ich ihm alles, was ich habe. Sie haben mir die Chance auf das Geld gegeben, das ich verdienen möchte, und ich tue alles, was ich kann, um sowohl das Geld als auch Ihr Vertrauen zu verdienen." . Ich wurde aus dem Corps geworfen und ich werde *alles tun* , um mich zu rächen!"

„Wie ich schon sagte, wir haben ... äh … Möglichkeiten, Sie dazu zu bringen, uns die Wahrheit zu sagen", fuhr der Anführer fort, als hätte Hanlon ihn nicht unterbrochen, „aber Sie würden weder uns noch dem Korps etwas nützen Sie selbst, wenn wir ... äh ... Überzeugungskraft einsetzen müssen. Ich möchte nicht, dass Sie gebrochen werden. Erinnern Sie sich vielleicht, dass Sie mich einmal gefragt haben, ob ich es „austeilen" könnte? Ich versichere Ihnen, dass ich es kann."

„Aber wie kann ich etwas beweisen, wenn Sie sich bereits entschieden haben, mir nicht zu glauben?" fragte Hanlon klagend. „Ich tue mein Bestes, um Sie zum Glauben zu bewegen. Ich gebe zu, dass einige der Punkte, die Sie angesprochen haben, von einem bestimmten Standpunkt aus betrachtet verdächtig aussehen könnten, aber ich versichere Ihnen, dass Sie sie falsch interpretieren. Wenn ja Wenn Sie sie aus meiner Sicht betrachten, werden Sie sehen, dass sie genauso wahr sind.

Seine Hoheit betrachtete Hanlon einige Minuten lang schweigend, aber mit stetiger Konzentration. „Das könnte wahr sein. Ich hatte gerade angefangen, dir zu glauben, als wir Abrams fanden, und als wir ihn befragten , gab er ... äh ... zu, was du getan hattest und warum. Das hat meine Zweifel wiederbelebt. Bist du dazu bereit? unter einer Wahrheitsdroge getestet?"

Hanlon schnappte vor Bestürzung fast nach Luft, unterdrückte es jedoch. Er kannte die Wirksamkeit moderner Wahrheitsmedikamente nur zu gut. Sie würden jeden Gedanken und jedes Wissen enthüllen, das er jemals gehabt hatte – alles über das Corps, den Secret Service und alles.

Dieser verletzte Ausdruck kehrte in sein Gesicht zurück. „Sie verlangen wirklich viel, Sir", sagte er. „Ich habe nichts vor dir zu verbergen, aber kein Mann mag es, wenn sein ganzer Geist auf diese Weise angegriffen wird – alle seine privaten Gedanken und Gefühle. Ich verstehe nicht, warum du so etwas vorschlagen musst. Das habe ich dir gesagt." Wahrheit über Dinge, über die Sie wissen möchten.

„Du scheinst es getan zu haben, und ich möchte dir ehrlich glauben. Denn du siehst, Hanlon, ich möchte dich bei mir haben. Du bist mein Typ Mann. Ich mag dich, weil du einen enormen Tatendrang, Fantasie und Fähigkeiten hast – Ja, und vielleicht ein bisschen, weil du der einzige Mann bist, den ich je getroffen habe, der keine ... äh ... Angst vor mir hatte. Ich habe große Pläne für die Zukunft – und ich würde dich gerne als meinen haben Chefassistent in ihnen. Ich würde dich ausbilden, wie du es nie für möglich gehalten hättest, dass ein Mann ausgebildet werden kann. Und dann *könnten wir gemeinsam, Hanlon, das Universum beherrschen* !"

Aber George Hanlon hörte nur halb zu, bis zu diesem letzten, diesem schockierenden, völlig unerwarteten Vorschlag, seinem eigentlichen Ziel. Hier war die Verschwörung, nach der er gesucht hatte, die Verschwörung, die das Corps so dringend wissen musste. Dennoch war seine persönliche Krise im Moment wichtiger, wenn er dem Secret Service oder dem Corps jemals weiter von Nutzen sein sollte. Um sein gerade entdecktes Wissen nutzen zu können, muss etwas anderes zuerst kommen.

Sein Verstand suchte daher nach einem Ausweg. Er wusste genau, dass er so gut wie tot war, sobald die Wahrheitsdroge verabreicht worden war – und diese Hoheit würde sich jetzt nicht mit weniger zufrieden geben. Sie würden die Wahrheit in wenigen Minuten herausfinden und hätten dann keine andere Wahl, als ihn zu töten.

Seine Stimmung sank auf den Tiefpunkt, als er wusste, dass er versagt hatte ... den Secret Service und das Corps im Stich gelassen hatte, seinen Vater im Stich gelassen hatte, die Guddus im Stich gelassen hatte , sich selbst im Stich gelassen hatte. Merkwürdigerweise war ihm in diesem Moment vielleicht der Gedanke an ein Scheitern weitaus wichtiger als der bevorstehende Tod als solcher.

Als er sich zum ersten Mal in diesem Raum umsah, war ihm halb bewusst aufgefallen, dass sich in einer Ecke an der Decke ein kleiner Ventilator befand. Verzweifelt drängte er mit seinen Gedanken hindurch und spürte, dass er sich zu einem parkähnlichen Platz öffnete, wahrscheinlich rund um einen der Paläste der Stadt.

Schließlich hörte Hanlon Seine Hoheit rufen: „ Panek , Sie und die anderen bringen mir die Injektionsspritze. Wir müssen ihm das Wahrheitsserum geben. Es tut mir leid, Hanlon", wandte er sich nun an den jungen Mann, „aber das." ist der einzige Weg. Ich hoffe, dass wir nicht genug aufwenden müssen, um Ihnen zu schaden, aber das hängt von Ihrer Kooperation ab. Wenn Sie uns schnell und bereitwillig die Wahrheit sagen, kann ich, wie gesagt ... äh ... . Benutze dich, und du wirst großen Nutzen daraus ziehen."

Hanlon wehrte sich nicht, als sie ihn mit Handschellen an Händen und Füßen fest auf dem Stuhl fesselten. Er wusste, dass es sowieso nutzlos sein würde. Er ließ seinen Körper in seinen Stuhl sinken und richtete seine Gedanken erneut durch diese Öffnung. Er darf nicht zulassen, dass sie ihn besiegen! Er musste überleben – um dem Corps Bescheid zu geben!

Dann kontaktierte sein suchender Geist einen anderen – einen schwachen, primitiven, aber einen Geist. Begierig klammerte er sich daran fest, verschmolz damit ... und fand sich im Gehirn einer dieser Simonidea-Tauben wieder.

Ah! Das ist wunderbar! Tauben fliegen selten alleine. Wo man eine findet, findet man fast immer eine Nummer. Indem er das Gehirn des Vogels aktivierte, rief er anderen seiner Art zu, dass er reichlich Nahrung gefunden habe. Bald flogen immer mehr von ihnen dorthin, wo die nun versklavte Taube stand, und als jede einzelne kam, sandte Hanlon all seine Gedanken in ihr Gehirn, die sie aufnehmen konnte.

Im Kellerraum erhob sich Seine Hoheit und trat mit der Spritze in der Hand an Hanlons Körper heran. „Zieh seinen Mantel aus und krempele seinen Ärmel hoch", befahl er Panek , und der kleine Teil von Hanlons Geist, der noch in seinem Körper verblieb, spürte, wie dieser dies tat, und einen Augenblick später spürte er das Stechen der Nadel.

Zuerst langsam, dann immer schneller spürte er, wie sein verbleibender Geist taub wurde und sein Wille schwächer wurde. Sein Körper sackte gegen die Fesseln zusammen.

„Kannst du mich hören, George Hanlon?" er hörte undeutlich die Stimme Seiner Hoheit.

"Ja." Es klang wie ein Flüstern.

„Sind Sie Mitglied des Inter-Stellar Corps?"

„Ich ... ich ...", er musste sich Mühe geben, nicht zu antworten.

"Sag mir!"

„Ich ... ich ..." und dann tat George Hanlon in einem letzten verzweifelten Versuch, nicht zu sagen, was er nicht sagen durfte, etwas, was er noch nie zuvor zu versuchen gewagt hatte. Er schickte alle verbleibenden Teile seines Geistes in die letzte Taube.

Einen der ersten Vögel hatte er bereits in den Ventilator geschickt, damit er durch ihn in den Raum darunter schauen konnte. Er schaffte es gerade noch rechtzeitig, das bestürzte Keuchen des Anführers zu hören, als er sah, wie Hanlons Körper scheinbar leblos zusammensackte.

„Ist er tot, Boss, oder?" er hörte Paneks besorgten Schrei.

Seine Hoheit spürte den Puls in Hanlons Handgelenk und in seiner Kehle. „Nein, er lebt noch."

Der Mann stand tief in Gedanken versunken da und runzelte konzentriert die Stirn. „Hier stimmt etwas seltsam nicht", sagte der Anführer schließlich laut. „Etwas sehr Falsches und sehr Seltsames. Das ist kein gewöhnlicher Ohnmachtsanfall. Es geht ... äh ... über meine bisherigen Erfahrungen hinaus."

Er richtete sich auf und wandte sich erneut Hanlons Körper zu. „Kannst du mich noch hören, George Hanlon?"

Es gab keine Antwort, nicht den geringsten Hinweis darauf, dass seine Worte gehört wurden. Er griff nach vorne und hob den Körper in eine aufrechtere Position im Stuhl. „Antworte mir, George Hanlon. Hörst du mich? Ich befehle dir, mir zu sagen, bist du ein Corpsman?"

Immer noch keine Antwort, kein Muskelzucken, keine Bewusstseinsbewegung. Er schüttelte den Körper ein wenig und hob seine Stimme noch mehr.

„Ich verlange eine Antwort, George Hanlon! Die Wahrheitsdroge muss dich zum Sprechen bringen!"

Aber nur Stille, und als er den Körper losließ, fiel er nach hinten in den Stuhl, und der Kopf fiel nach vorne, als wäre das Genick gebrochen.

„Lass mich an ihm arbeiten, Boss", flehte Panek . „Lass mich ihn mal durchgehen, lass mich."

Kaum darauf wartend, dass Seine Hoheit es nicht verbot, hob der Schläger ein kurzes, hässliches Stück Gummischlauch und schlug immer wieder auf den widerstandslosen Körper ein – ins Gesicht, über den Ober- und Hinterkopf, heftige Schläge auf den Körper Rippen und sogar in der Leiste.

Aber er hätte genauso gut einen Sack Mehl zerstampfen können. Der Körper sackte unter den Schlägen zusammen, wurde blutig und verfärbte sich, aber er bewegte sich nicht – keine bewusste Bewegung –.

„Das reicht, Panek ", befahl Seine Hoheit schließlich. „Das nützt nichts. Das kann ich nicht verstehen, aber ich weiß, dass hier ... äh ... etwas höchst

Eigenartiges ist. Es ist fast so, als ob ...", er hielt inne und runzelte erneut die
Stirn. „Aber das ist lächerlich!"

„Was ist lächerlich, Boss, was ist?"

„Es ist fast so, als ob ... äh ... kein Geist mehr im Körper wäre", sagte Seine
Hoheit langsam. Dann plötzlich: „Sind Sie sicher, dass in dieser
Injektionsspritze Wahrheitsserum war?"

„Sie haben es selbst repariert, Boss."

Seine Hoheit fuhr plötzlich herum und wurde durch das laute
Schießgeräusch, das einer der Wachen von sich gab, aus seinen *Gedanken*
gerissen . Er war erstaunt, als er sah, wie der Mann vergeblich auf eine Taube
deutete, deren Kopf durch die Ventilatorflügel ragte.

Aber der Vogel ging nicht.

"Hör auf!" befahl der Anführer ungeduldig. „Wir haben mehr Bedeutung
..."

angstfreien Knopfaugen anstarrte und seinen Kopf erst auf die eine und dann
auf die andere Seite drehte, als ob er besser alles sehen könnte, was vor sich
ging.

„Das ist seltsam", sagte Seine Hoheit nachdenklich. „Ich habe noch nie einen
Vogel gesehen, der sich so verhält. Hmmm, das frage ich mich? ... Aber nein,
das ist absurd."

Er wandte sich wieder Hanlons Körper zu, als wäre er angewidert von sich
selbst, weil er solch eine fantastische Vorstellung hegte. Mit auf dem Rücken
verschränkten Händen und mit einem finsteren Blick der Konzentration, der
tiefe Falten in sein Gesicht zeichnete, schritt der Anführer auf dem Boden
des kleinen Zimmers auf und ab, sein Blick kehrte immer wieder zurück und
starrte voller Verzweiflung auf den zusammengesunkenen, toten, aber ...
lebendiger Körper.

Wer war dieser erstaunliche junge Mann? Welche Talente und Fähigkeiten
besaß er, dass er auf ein Wahrheitsserum so reagieren konnte? War er von
den Corps-Experten so behandelt worden, dass sein Verstand in solchen
Notfällen ausgeblendet war? War er eine Art Mutant mit bisher unbekannten
Kräften? Oder – verblüffender Gedanke – war er überhaupt ein Mensch?

Besser als jeder andere verstand Seine Hoheit die Tatsache, dass es im
Universum noch viele andere Arten empfindungsfähigen und hochgradig
geistigen Lebens gab als diejenigen, die ihren Ursprung auf Terra hatten. Seit
er hierher zu Simonides gekommen war und sich in die allerhöchste Position
unter seinem Kaiser erkämpft hatte – einem schwachen alten Mann, den er
problemlos beherrschen konnte –, war er von Natur aus misstrauisch

gegenüber jedem, der versuchen könnte, seine sorgfältige Absicht zu entdecken und zu zerstören. Pläne gelegt.

Er war nun überzeugt, dass dieser junge Hanlon ein solcher Mensch war. Es wäre am einfachsten, diesen fast toten Körper jetzt zu töten, aber das würde dieses verwirrende Problem nicht lösen. Wenn Hanlon, hatten vielleicht andere Mitglieder des Corps ähnliche Befugnisse. Nein, jemand mit solchen Fähigkeiten darf nicht getötet werden. Er muss aufbewahrt und studiert werden, und wenn möglich muss das Geheimnis gelüftet werden.

Panek unterbrochen . „Dieser Narrenvogel ist immer noch da, immer noch da. Ist es ein weiteres deiner Haustiere, Boss?"

Seine Hoheit drehte sich um. Er hatte den Vogel vergessen. War es möglich, dass Hanlon auf unerklärliche Weise etwas übertragen hatte ... oberflächlich betrachtet war es ein absurdes Konzept. Aber auf seinem Heimatplaneten gab es Zauberer, die fast ebenso unvorstellbare Dinge tun konnten.

Er hatte sich plötzlich entschieden. "Töte es!" er befahl.

Was auch immer er sonst war oder nicht, Panek war schnell mit einer Waffe. Die Worte waren kaum gesprochen, als er gezogen und geschossen hatte.

Kapitel 20

Der zwanzigste Teil von Hanlons Geist aktivierte die Taube im Ventilator und befahl ihr, wieder herauszukommen, sobald er spürte, was dieser Befehl sein würde. Aber es ging nicht schnell genug.

Er spürte das Brennen an der Seite des Vogels und die Qual, die er erlitt. Der Flügel war durch den Schuss fast abgetrennt worden und seine Lebensdauer ließ schnell nach.

Er musste schnell aus diesem Körper herauskommen ... aber es waren keine weiteren Tauben mehr in der Nähe außer den anderen neunzehn, die er bereits besetzte. Auch hatte keiner von ihnen genug Gehirnkapazität, um mehr als ein Zwanzigstel seines Geistes aufzunehmen.

Verzweifelt ließ er den Rest der Herde in die Luft wirbeln und nach anderen Lebensformen in der Nähe suchen. Es waren keine anderen Tauben in der Nähe, um ihre Rufe zu hören oder rechtzeitig dort anzukommen, denn der verwundete Vogel starb schnell.

Es waren auch keine Hunde, keine Katzen oder Tiere jeglicher Art zu sehen. In seiner Verzweiflung probierte Hanlon sogar die Bäume oder Pflanzen dort aus, um herauszufinden, ob sie einen Geist wie die Guddus hatten – aber keiner von ihnen hatte einen.

Er fürchtete sich vor dem Gedanken, was passieren würde, wenn das Gehirn, das ein Teil seines Geistes besetzte, sterben würde, während er die Kontrolle hatte. Würde dieser Teil seines Geistes dann verloren gehen? Er hatte keine Möglichkeit, es zu wissen, und wollte es auch nicht riskieren, denn er hatte schreckliche Angst, dass es so kommen würde. Und er hatte auf jeden Fall bewiesen, dass er nichts übrig hatte, dachte er angewidert. Er hatte diese Mission wirklich vermasselt. Der einzige Weg, wie er dem Corps Bescheid geben konnte, war über seinen Körper, und wenn er seine Gedanken wieder darauf ausrichtete, war er jetzt eine totote Ente, als er zu sein schien. Denn selbst dieser zwanzigste Teil konnte zum Sprechen gebracht werden.

Warum beeilten sich diese Tauben nicht?

Dennoch wusste er, dass sie verzweifelt suchten. Das war das seltsamste Gefühl, das man sich vorstellen kann. Die Leute hatten oft den Wunsch geäußert, sie könnten an zwei Orten gleichzeitig sein ... er war an zwanzig. Und jeder Körper war durch einen dünnen Bewusstseinsfaden mit den anderen verbunden, dachte und handelte jedoch unabhängig.

Sein zusammengesetzter Verstand grinste fast. Wenn ihm vor einem Jahr jemand gesagt hätte, dass so etwas möglich sei, hätte er den Reisewagen gerufen und diese Person zum nächsten Irrenhaus gebracht.

Die anderen Teile seines Geistes flogen durch den umzäunten Park, der Teil des großen Palastes war, und suchten verzweifelt nach einer anderen Lebensform, die als Unterkunft für den sterbenden Teil von Hanlons Geist dienen könnte.

Plötzlich stieß einer von ihnen einen Schrei aus, der die anderen auf schnellen Schwingen anlockte, um zu sehen, wie an einem der Bäume ein riesiger Schwarm simonidischer Bienen hing.

„Wird die Königin es tun?" fragte der eine Teil des Geistes ängstlich.

Allen ging ein krampfhaftes Schaudern durch den Kopf, denn die Vögel wussten – und Hanlon hatte es gehört –, wie tödlich giftig diese einheimischen Bienen waren; wie sie gejagt und ausgerottet wurden, als sie gefunden wurden. Sie waren doppelt so groß und um ein Vielfaches bösartiger und tödlicher als terranische Bienen. Gerade jetzt rannten zwei Gärtner mit einem großen Metallnetz und Flammenwerfern auf den Baum zu.

Aber Hanlon war verzweifelt. „Sie wird es tun müssen", entschied der Gesamtverstand.

Dann löste sich augenblicklich der Teil seines Geistes im sterbenden Vogel und drang in das Gehirn der Bienenkönigin ein. Es gab lange, entmutigende Momente, in denen ich mich verdrehte und darum kämpfte, in dieses seltsame, bösartige Insektengehirn zu passen. Es gelang ihm schließlich, die Kontrolle zu übernehmen, aber er war nicht völlig im Einklang. Durch ihre vielschichtigen Augen zu sehen, war so gut wie unmöglich, da er nur wenig Zeit hatte, sich mit der Beschaffenheit ihrer Augen vertraut zu machen.

Aber die enge Verbindung zwischen den verschiedenen Teilen seines Geistes war ein guter Leitfaden. Die Königin flog schnell auf diesen Ventilator zu, ihr Schwarm folgte ihr auf ihren Befehl dicht.

Sie flog in und durch den Schacht, und kaum bevor die vier Männer darin das seltsame Summen bemerkten, richtete sie ihren Schwarm auf sie.

„Bienen!" Panek schrie vor Angst und die vier begannen, gegen die Hunderte zu kämpfen, die jeden von ihnen umschwärmten. Das könnte ihr Fehler gewesen sein – hätten Panek und die anderen beiden vollkommen stillgestanden, wäre es kaum möglich gewesen, dass sie überlebt hätten, obwohl das in Hanlons grimmiger, entschlossener Gemütsverfassung jetzt zweifelhaft war.

Nicht, dass Hanlon wütend gewesen wäre, nicht einmal auf Panek wegen der schrecklichen Schläge auf seinen bewusstlosen Körper. Denn er erkannte, dass es an der grausamen, sadistischen Natur des Mannes lag; dass er nicht anders hätte handeln können.

Aber Hanlon wusste jetzt, dass der Frieden der Föderation es erforderte, dass er lebte und die Freiheit hatte, seinen Bericht zu erstatten, und dass nur der Tod Seiner Hoheit und der anderen ihn jetzt möglicherweise retten konnte.

So sehr es ihm auch übel wurde, Hanlon musste weitermachen, und als diese Bienenstiche zu Hunderten in die Vier eindrangen, wirkte das Gift weitaus schneller als das Gift der Landbienen – das eher dem der Mamba ähnelte – einer nach dem anderen fiel von den vieren zu Boden und schwieg – erstochen.

Hanlon schickte die Königin und ihren Schwarm dann zurück nach draußen, nachdem ihr zunächst klar geworden war, dass sie weit weg fliegen musste, wenn sie überleben wollte. Er konnte sie nicht durch die Gärtner in den Tod schicken, nachdem sie ihm das Leben gerettet hatte.

Als sie davonflog, rief er seine Gedanken von ihr und den neunzehn Vögeln in seinen Körper zurück. Er setzte sich wieder aufrecht hin – doch augenblicklich überkam ihn eine solche Schmerzflut, dass er fast ohnmächtig wurde. Denn die ganze Qual dieser schrecklichen Prügel traf ihn sofort.

Auch sein Geist war träge und langsam, als er wieder in seinem eigenen Gehirn war, wo die Droge ihre Wirkung entfaltet hatte. Aber er verspürte ein Gefühl der Befriedigung und Dankbarkeit, dass er diese schreckliche Tortur so weit überstanden hatte. Das Medikament würde nachlassen, die Wunden würden heilen und der Schmerz würde mit der Zeit verschwinden. Inzwischen war er am Leben ... So unmöglich es auch schien, er *lebte* !

Aber George Hanlon verfügte trotz der Wahrheitsdroge über genügend Geisteskraft, um zu erkennen, dass er noch nicht aus der Grube heraus war. Sein Körper war immer noch an den Stuhl gefesselt, der wiederum am Boden befestigt war, sodass er ihn nicht bewegen konnte.

Er befand sich immer noch im Palast der Verschwörer, und es würde zweifellos nicht mehr lange dauern, bis jemand den Raum betreten und Seine Hoheit suchen und ihn und die Toten finden würde.

Hanlon dachte minutenlang verzweifelt über alle Aspekte der Angelegenheit nach und fand nur eine Möglichkeit, die eine Chance auf Erlösung und Sicherheit bieten könnte.

Noch einmal schickte er einen Teil seines Geistes durch den Ventilator und fand einen der taubenähnlichen Vögel noch in der Nähe. Erneut ergriff er Besitz und stopfte in sein winziges Gehirn all seinen Geist, den es aufnehmen wollte. Dann flog der Vogel schnell über die Dächer des Palastes in den düsteren Himmel.

Hoch in der Luft schwebte es auf ausgebreiteten Schwingen, während er die Stadt unter sich auf der Suche nach Sehenswürdigkeiten überblickte. Er konnte den Innenstadtbereich recht leicht ausfindig machen, da dort jetzt, da es Abend geworden war, die Lichter angeschaltet wurden.

Das gab ihm Orientierung, aber die Tatsache, dass es so spät war, löste Bestürzung aus. Wären die Corps-Offiziere nach Hause gegangen? Und wenn ja, wie könnte er heute Abend einen von ihnen ausfindig machen, mit dem er möglicherweise kommunizieren könnte? Daran hatte er vorher noch nicht gedacht – er hatte sich selbst als Mann gesehen, nicht als Vogel.

Aber selbst als ihn diese verwirrenden Gedanken und Fragen quälten, flog er so schnell, wie die Flügel des Vogels ihn tragen würden, direkt auf das große Gebäude zu, in dem das Kontingent des Korps hier auf Simonides untergebracht war.

Tatsächlich dauerte es nur wenige Minuten, bis der Vogel außerhalb des großen Bauwerks war und schnell in die Fenster blickte. In fast jedem Raum brannten Lichter, und in Hanlons Geist herrschte Dankbarkeit darüber, dass so viele der hohen Offiziere noch bei der Arbeit waren.
Fenster für Fenster spähte der Vogel in rasender Eile auf der Suche nach dem Büro eines Admirals. Wenn es hineingelangen könnte, hatte Hanlon sich mehrere Möglichkeiten ausgedacht, wie es kommunizieren könnte ... vorausgesetzt, der Admiral war kein orthodoxer Messinghut.
Aber um seinen Mut zu bewahren, sagte er sich, dass jeder Mann, der eine so hohe Position wie die verschiedenen Arten von Admiralen erreichen könnte, immer wieder seinen Einfallsreichtum unter Beweis stellen musste. Sonst kam man im Corps einfach nicht so weit.
Glück und Beharrlichkeit erreichten sein Ziel, denn er fand schließlich die Büros des Planetarischen Admirals selbst, und dieser Offizier und seine Sekretärin waren immer noch bei der Arbeit.
Hanlon ließ den Vogel auf dem Fensterbrett landen und begann dann mit dem Schnabel auf das Glas zu klopfen. Dies tat es immer wieder, bis die beiden drinnen, angezogen vom Geräusch, sich nach der Quelle umsahen.
„Sehen Sie, Admiral Hawarden, es ist eine Taube, die an das Fenster klopft“, lachte die Sekretärin.
„Ich glaube, hier gibt es etwas zu essen“, grinste der Beamte zurück.
„Es wirkt tatsächlich so, als wollte es unsere Aufmerksamkeit erregen“, kommentierte das Mädchen ein paar Sekunden später.
„Hmmm, das frage ich mich“, sagte der Admiral halb laut, dann erkannte er, während der Vogel sein zielstrebiges Klopfen fortsetzte, den interstellaren

Code SO S. Schnell erhob er sich, ging zum Fenster, öffnete es und trat zurück.

Der Vogel zeigte keine Angst vor den Menschen, trat ein und flog zu seinem Schreibtisch. Auch die Sekretärin war aufgestanden und wich jetzt gegen die Wand zurück, ihre Hand an ihrem Mund unterdrückte einen Schrei.

„Es ist magisch", sagte sie erschrocken. „Kein Vogel hat sich jemals so verhalten."

„Es ist auf jeden Fall ungewöhnlich", sagte er und seine Augen waren verwirrt. „Ich schaffe es nicht raus."

Der Vogel flog auf den Offizier zu und schwebte mit flatternden Flügeln vor ihm in der Luft, während seine glitzernden Knopfaugen direkt in seine blickten. Dann flog es zur Tür. Als der Admiral keine Anstalten machte, ihm zu folgen, wiederholte der Vogel seinen Auftritt.

„Es scheint fast so, als ob es wollte, dass ich damit irgendwohin gehe", sagte der Beamte benommen. „Träumen wir das, Thelma?"

„Ich … ich weiß es nicht, Sir. Wir … wir müssen es sein", stammelte sie. „Anders wäre es einfach nicht möglich."

Doch nun bemerkte der Vogel offenbar noch etwas anderes im Zimmer, denn er flog zum Schreibtisch der Sekretärin und ließ sich darauf nieder. Es sprang zu ihrem Elektroautor hoch.

Das war zu viel. Das Mädchen stürmte herbei und wedelte mit den Händen. „Husch!" sie schimpfte. „Runter von meinem Schreibtisch, du verrücktes Wesen!"

Aber Admiral Hawarden war kein Dummkopf. Dies ging weit über alle Erfahrungen hinaus, die er jemals gemacht hatte, aber in den Handlungen des Vogels lag eine solche Zielstrebigkeit, so seltsam und ungewöhnlich sie auch waren, dass er der Meinung war, dass dieses kleine Drama ohne Unterbrechung gespielt werden sollte.

"Lass es in Ruhe!" Er befahl scharf und in einem Tonfall, der sie erschreckte, so anders als seine übliche höfliche Art.

Als sie ihn erstaunt ansah, trat sie einen Schritt zurück und beobachtete mit ihm diese beispiellose Aktion.

Mit seinem Fuß zwang Hanlon den Vogel, den kleinen Schalter zu betätigen, der den Schreibmechanismus aktivierte, und begann dann mit seinem Schnabel, nach den Tasten zu picken. Zum Glück war Papier in der Maschine, ein Brief, den sie noch nicht fertig hatte. Der Admiral trat an die Stelle heran, die er sehen konnte, winkte das Mädchen jedoch zurück, als sie begann, ihm zu folgen. Es schien unmöglich, dass der Vogel irgendetwas

Vernünftiges schreiben konnte ... aber der Admiral begann sich dessen nicht mehr so sicher zu sein.

Seine Augen weiteten sich vor Überraschung, als er sah, wie die Buchstaben nacheinander auf dem Papier erschienen:

andrma 7

Er zweifelte nicht mehr. Wie es möglich war, wird die Zukunft zeigen. Aber er kannte die Bedeutung und die Dringlichkeit dieser Botschaft. Er riss das Papier aus dem Gerät und steckte es ein, dann sprang er zu seinem Schreibtisch und betätigte den Schalter der Gegensprechanlage.

„Captain Jessup! Eine Kompanie Marines, in voller Rüstung und allen Waffen, in zwei Minuten in Lastwagen am Haupttor. *Hipe !*"

Er rannte zu einem Schrank in einer Ecke des Zimmers und öffnete die Tür. „Komm und hilf mir!" befahl er dem erstaunten Mädchen, zog seine eigene, lange unbenutzte Raumpanzerung heraus und begann hineinzuklettern. Mit ihrer Hilfe war er in der Minute völlig eingehüllt und schnallte seine Waffen an. „Du kannst jetzt nach Hause gehen", sagte er zu ihr.

Er drehte sich zu dem Schreibtisch um, von dem aus der Vogel mit seinen Knopfaugen zusah, und streckte seinen am Ellbogen gekrümmten Arm aus. Mit einem schnellen Flügelschlag stürzte sich die Taube auf die gekleidete Gestalt und ruhte auf dem ausgestreckten Handgelenk.

Der Admiral stürzte durch die Tür in die Halle, wo sein privater Aufzug wartete. "Boden!" schrie er, und der Vogel wurde durch den plötzlichen Sturzflug von seinem Handgelenk gehoben, flatterte jedoch zurück und ritt auf diesem Handgelenk, als der Admiral aus dem Aufzug, durch die Flure und durch die Vordertür zu den wartenden, mit Marines gefüllten Lastwagen rannte. Hilfsbereite Hände zerrten ihn auf den Führungswagen und er warf die Taube in die Luft.

„Folge diesem Vogel!" befahl er, und der ungläubige Fahrer tat es und fragte sich insgeheim, ob der alte Mann plötzlich verrückt geworden war.

Als er das Ziel des Vogels zweifelsfrei erkannte, schnappte Admiral Hawarden nach Luft, aber er war ein zu alter Kämpfer, um jetzt noch aufgehalten zu werden. Hier gab es etwas, das er und seine Männer brauchten, und er würde es durchziehen, egal, wohin es führte.

Er kannte das Kaliber der Männer des Geheimdienstes, und obwohl er nicht wissen konnte, wie es einem von ihnen möglich war, einen Vogel auf diese Weise zu trainieren, wusste er, dass es seine Aufgabe war, das zu unterstützen, was auch immer dieses übermächtige Individuum war tun.

Als die Lastwagen am Eingang des prunkvollen Palastes des Premierministers schlitternd zum Stehen kamen, gab er schnelle Befehle. Seine Männer ignorierten die empörten Schreie der Palastwachen, die ausschwärmten, um diesen unglaublichen Eingriff in ihre Rechte zu stoppen, und stellten sich mit schussbereiten Waffen an die ihnen zugewiesenen Positionen.

Der Admiral blaffte den Wachoffizier an, der ihm den Weg versperren wollte: „Ich werde mich später entschuldigen. Jetzt geh mir aus dem Weg!" Dann folgte er mit einem Trupp stämmiger Marinesoldaten auf den Fersen der flatternden Taube durch die geöffnete Tür, einen Flur entlang und einige Treppen hinunter.

Aber hier schien der Vogel ratlos zu sein, er flatterte von Tür zu Tür und suchte diesen bestimmten Raum.

Wie Hanlon so klug vermutet hatte, war Admiral Hawarden kein Dummkopf, aber schnell im Nehmen. „Öffnet alle diese Türen!" Seine Stimme erklang gebieterisch.

So schnell wie Türen geöffnet wurden – ob verschlossen oder nicht, spielte für die Marines keinen Unterschied – schoss die Taube vorwärts und warf einen Blick in jede einzelne, bevor sie zur nächsten flog. Dann verschwand es durch eine der Türen, und der Admiral, der sich so nah wie möglich daran gehalten hatte, schrie „Hier!" und rannte in den Raum, seine Männer strömten hinter ihm her.

„Willkommen in unserem gemütlichen Nest, Herr", rief eine Stimme aus den Tiefen eines großen Stuhls, und der Beamte lief dorthin, wo er sehen konnte. „Ihr habt euch auf jeden Fall Zeit genommen, und ich freue mich, euch Soldaten zu sehen. Holt mich aus diesen Dingern heraus", und Hanlon rasselte mit seinen Ketten.

Auf die Geste des Admirals hin machten die Marinesoldaten kurzen Prozess mit den Handschellen, und Hanlon stand auf, schwankte einen Moment und wäre gefallen, wenn der Admiral nicht schnell seinen freundlichen Arm ausgestreckt hätte. Er war immer noch benommen, obwohl die Wirkung des Serums nachließ. Aber er hatte seinen Geist fast völlig unter Kontrolle.

„Dann sind wir also rechtzeitig hier angekommen?" besorgt.

„Ja, danke an meinen kleinen Freund hier." Hanlon nahm den Vogel und reichte ihn einem der Marinesoldaten, wobei er ihm gleichzeitig klar machte, dass er bei Freunden in Sicherheit sei. "Schau nach ihr." Und zog seine Gedanken zurück.

„Sie wird für den Rest ihres Lebens gut versorgt", befahl der Admiral den staunenden Marines. "Draußen warten."

Hawarden sah sich im Raum um. „Wer sind diese Männer ... und was in Snyders Namen ist mit ihnen passiert?"

„Sie wurden von Bienen zu Tode gestochen", sagte Hanlon, und in seiner Stimme lag eine Spur von Rachsucht. „Einer von ihnen ist der Premierminister, die anderen seine bewaffneten Männer."

„Großartiger John!" atmete der Admiral. „Das wird einen Gestank hervorrufen!"

„Es wird noch einen größeren geben, bevor ich durchkomme", sagte Hanlon grimmig. „Bringen Sie mich zurück in Ihre Praxis und holen Sie sich einen Arzt. Sie haben mir ein Wahrheitsserum gegeben, und es ist noch nicht ganz abgeklungen Es hat ihn nicht allzu sehr berührt, lachte.

„Was machen wir mit den Leichen?"

„Bewachen Sie das Haus des Premierministers genau. Benachrichtigen Sie die Leute hier nur, wo sie die anderen finden können."

Hawarden rief zwei der Marines zurück. „Bringen Sie diesen Körper mit", und sie gingen.

Am Eingang rief der Admiral seine Männer zurück. Dem Palastoffizier erklärte er teilweise. „Der Premierminister wurde getötet und wir nehmen seine Leiche mit. Dort unten liegen drei seiner Männer, ebenfalls tot, in Raum 37-B. Ich werde den Kaiser benachrichtigen und die volle Verantwortung übernehmen."

Er sprang neben Hanlon und dem Fahrer auf den Vordersitz des Lastwagens.

"Zurück zur basis!"

Kapitel 21

Der durch die Kurzwelle des Lastwagens benachrichtigte Arzt wartete im Büro des Admirals, um Hanlon die Gegenmittelspritzen zu verabreichen und seine Wunden zu versorgen. Er war kaum fertig, als ein Kellner Essen brachte.

Als die beiden weg waren, fühlte sich Hawarden frei, von Hanlon zu verlangen: „Mach bitte auf. Was soll das denn?"

"Vollständige Abdeckung?" fragte Hanlon bedeutungsvoll.

Der Admiral legte ein paar Kippschalter an seinem Schreibtisch um. „Das gibt es jetzt."

„Ich erzähle dir die Geschichte gleich, aber es gibt noch einiges mehr, das schnell erledigt werden muss."

Er beschrieb den Standort des verborgenen Raumfeldes . „Schicken Sie schnell ein paar Späher raus, aber wenn der Frachter noch nicht abflugbereit ist, halten Sie sie versteckt und beobachten Sie ihn nur. Ich möchte nicht, dass bis kurz vor dem Start etwas erledigt wird – es ist wichtig, dass wir die *gesamte* Besatzung verhaften und ..." Passagiere."

"Rechts!" Admiral Hawarden wandte sich an seine Kommunikatoren und Befehle erklangen.

„Sie müssen mir die Vorgehensweise hier erklären, Sir, denn ich weiß nicht, wie ich an das komme, was ich brauche. Ich möchte empfehlen, dass sich die gesamte Korpsflotte sofort hier in der Nähe trifft, damit wir zu einem Planeten namens Algon fliegen können „Übernehmen Sie es. Aber zuerst müssen wir herausfinden, wo genau sich Algon im Weltraum befindet. Darf ich bitte mit Ihren Planetographen sprechen ?"

Der Admiral sah ihn fragend an. „Du bist noch nicht sehr lange bei der SS, oder, Hanlon?"

„Nein", der junge Mann blickte überrascht auf. „Das ist meine erste Aufgabe. Warum fragst du?"

„Denn in Notfällen wie diesem gibst du Befehle und fragst nicht um Erlaubnis. Alle Ressourcen des gesamten Korps stehen dir zur Verfügung, wenn du es für nötig hältst."

„Warum ... warum, das habe ich nicht bemerkt", Hanlon zuckte erstaunt zurück. „Du ... meinst du, sie würden einem Welpen wie mir erlauben, dem gesamten Corps Befehle zu erteilen?"

„Das würden sie auf jeden Fall, Sir. Ich weiß nicht, ob Sie es schon bemerken oder nicht, aber niemand kommt in den Geheimdienst, es sei denn, das Oberkommando ist sich ziemlich sicher, dass es sich um überaus mächtige Individuen handelt. Also , was auch immer Sie wollen, schreien Sie einfach .“ . Ich stehe Ihnen voll und ganz zur Verfügung.“

In den Augen des jungen Mannes lag ein Moment der Ungläubigkeit, dann richtete er sich auf, und die Tiefe seines Charakters, die die Befehlshaber vorhergesehen hatten, kam zum Vorschein, und er erteilte klare Befehle. „Sehr gut, Sir, ich glaube Ihnen. Bitte verbinden Sie mich mit den Planetographen und besorgen Sie mir dann den Hochadmiral.“

Hawarden aktivierte die Gegensprechanlage und befahl, als ein Gesicht auf dem Bildschirm erschien: „Geben Sie diesem jungen Mann alle Informationen, die er möchte.“

„Kennen Sie einen Planeten namens , Algon ‘ oder , Guddu ‘?“ Fragte Hanlon. „Es ist etwa zwölfeinhalb Lichtjahre entfernt, der Rektaszens dauert etwa achtzehn Stunden, die Deklination etwa plus fünfzehn Grad. Hier ist eine grobe Karte dessen, was ich von dort aus sehen konnte.“ Er hielt ein Blatt vor seinen Bildschirm, auf dem er eifrig die riesigen Sonnen und Nebel markiert hatte, an die er sich erinnerte. „... Sie wissen es nicht? Dann finden Sie es sofort. Beschleunigen Sie es. Ich muss innerhalb von zwei Stunden die größtmögliche Annäherung haben!“

Er schloss den Schalter und sah auf, als Admiral Hawarden ihm ein Mikrofon reichte. „Großflotten-Hochadmiral Ferguson wartet auf Ihre Befehle, Sir.“

George Hanlons junge Hand zitterte, als er das Mikrofon nahm, aber seine Stimme war ruhig und klar. „Admiral Ferguson, Sir, das ist George Hanlon vom Geheimdienst. Ich wurde in die Simonidean-Affäre eingeteilt. Ich bin gerade von einem Planeten zurückgekehrt, den ich sowohl als „ Algon “ als auch als „ Guddu “ kenne. Die Planetographen prüfen nun den genauen Standort.

„Der Feind – und ich weiß noch nicht ganz, wer er ist, obwohl der Premierminister von Simonides einer der Spitzenmänner, wenn nicht sogar der eigentliche Anführer – war, baut dort eine große Flotte auf. Sie haben bereits mindestens zweiunddreißig Großkampfschiffe im Bau, und jedes von ihnen ist etwa doppelt so groß wie unser größtes Schlachtschiff. Ja, das stimmt – doppelt so groß. Allerdings ist, soweit ich herausfinden konnte, noch keines von ihnen weit genug fertiggestellt, um fliegen zu können. und vielleicht nicht einmal zum Kämpfen. Sie verfügen außerdem über fast hundert mittlere und leichte Kreuzer und über zweihundert kleinere Schiffe – Aufklärer, Zerstörer usw. Viele der beiden letztgenannten Klassifikationen sind vollständig fertiggestellt und zumindest teilweise bemannt.

„Diese Flotte muss erobert oder zerstört werden, bevor sie fertig werden kann. Ich weiß, dass Sie das besser verstehen als ich, Sir, aber es muss sofort Abhilfe geschaffen werden ... Oh nein, Sir, Sie können nicht einfach sprengen." Der Planet. Es gibt dort Eingeborene, deren Kultur hoch genug ist, dass der Planet nicht kolonisiert werden kann, aber sie müssen aus der Sklaverei befreit werden, unter der sie jetzt festgehalten werden. Sie sind gute, freundliche Menschen ... Das werden Sie Die Flotte sofort treffen? Das ist in Ordnung, Sir. Oh, noch etwas, bitte benachrichtigen Sie den SSM-Regionaladmiral Newton, damit er alle verfügbaren SS-Männer auf einmal hierher schickt. Hier auf Simonides gibt es viel aufzuräumen ... Vielen Dank, Sir, ich hoffe, ich war mit dieser Information rechtzeitig dran."

Hanlon unterbrach die Verbindung, sank dann für Minuten in seinen Stuhl zurück und dachte ernsthaft nach, und der Admiral respektierte sein Schweigen. Aber nach einer Weile ließ der Geruch dieses köstlichen Essens Hanlons Hunger und Schwäche wieder zum Vorschein kommen. Da er das Gefühl hatte, im Moment alles getan zu haben, was er konnte, setzte er sich wieder auf, zog seinen Stuhl näher an den Schreibtisch und nahm die Serviette vom Tablett.

„Ich werde während des Essens reden, wenn Sie mir die Unhöflichkeit verzeihen würden, Sir", begann er und griff nach Messer und Gabel. Und während er aß, berichtete er Hawarden so ausführlich wie möglich über die Situation, abgesehen von Hinweisen auf seine geistigen Fähigkeiten und die Rolle, die sie gespielt hatten.

Der Admiral hörte aufmerksam zu, und als Hanlon scheinbar am Ende seiner Erzählung innehielt, richtete sich der Offizier entschlossen auf.

„Dann müssen wir jetzt herausfinden, wer dahinter steckt. Deshalb haben Sie nach allen verfügbaren SS-Männern gefragt, das verstehe ich. Aber was Seine Hoheit betrifft – war er der Spitzenmann?"

Hanlon runzelte konzentriert die Stirn. „Ich ... weiß nicht ...", sagte er langsam. „Niemand hat jemals jemanden als seinen Vorgesetzten bezeichnet. Er ist der Mann, vor dem sie alle Angst hatten ..." Er hielt einen Moment inne und sagte dann noch langsamer: „Ich habe eine seltsame Ahnung. Ich wünschte, du hättest es getan." Ihre besten Ärzte untersuchen diesen Körper. Lassen Sie sie Röntgenstrahlen und Fluoroskope verwenden, anstatt eine Autopsie. Ich bin nicht ganz davon überzeugt, dass er ein Mensch war.

"Was?" In dieser Frage lag Ungläubigkeit. „Was bringt Sie auf diese Idee?"

„Tut mir leid, Sir, ich kann Ihnen jetzt nicht meine Gründe nennen." Hanlons Gesicht errötete und seine Augen waren ansprechend. „Es ist nicht so, dass ich Ihnen nicht vertraue, Sir, aber es gibt ein Geheimnis, das meiner Meinung nach jetzt nicht verraten werden sollte. Vielleicht später – und wenn ich es jemandem außerhalb der SS-Männer erzähle, sind Sie der Erste – du verdienst das."

„Richtig, Sir. Ich hatte nicht vor, herumzuschleichen", der Admiral zeigte keinen Groll, sehr zu Hanlons Erleichterung. „Ihre Befehle gehen, wie ich schon sagte."

Er berührte einen Knopf auf seinem Schreibtisch und gab die notwendigen Befehle, als das Gesicht des Arztes auf dem Bildschirm erschien. „Sehen Sie genau hin, ob die innere Anordnung von Knochen und Organen menschlich ist – aber schneiden Sie nicht ohne besondere Anweisung."

„Was ist mit dem Kaiser, Sir?" Fragte Hanlon. „Sie haben sich zweifellos eine Meinung über ihn gebildet."

„Er war als junger Mann und als Mann mittleren Alters ein wunderbarer Soldat und Führungskraft", sagte Hawarden nachdenklich und, wie Hanlon spürte, traurig. „Es war sein Großvater, der den ursprünglichen Putsch vollzog, der diesen Planeten zu einem Imperium machte, mit ihm selbst als erstem Kaiser. Sein Sohn, der zweite Kaiser, war ebenfalls ein sehr guter Koordinator und festigte den Status des Imperiums. Der jetzige Kaiser trat ein." Mit sechzehn Jahren trat er in die Armee ein und stieg schnell durch bloße Verdienste auf, nicht weil sein Vater Kaiser war. Darin sind sich alle Historiker einig. Kurz bevor er dreißig wurde , hatte er das volle Kommando. Er war sechsunddreißig, als sein Vater starb, und er wurde der Kaiser dritter Kaiser.

„Dann denkst du, er könnte von diesem Was-auch-immer zurück sein?"

„Nein", der Admiral schüttelte den Kopf. „Irgendwie kann ich das nicht ganz so empfinden. In seinen ersten Jahren als Kaiser war er einer der kooperativsten aller planetarischen Herrscher innerhalb der Föderation."

„Was ist mit seinem Premierminister … und übrigens, wie war sein Name? Ich habe ihn nie etwas anderes als ‚Seine Hoheit' nennen hören?"

„Sein Name war Gorth Bohr. Er scheint fast über Nacht aus dem Nichts aufgetaucht zu sein – als eine wichtige Persönlichkeit, meine ich. Wir haben ihn zurückverfolgt, und er kam vor etwa vierzehn Jahren von Sirius Drei nach Simonides. Er war Premierminister." seit etwa zehn Jahren und es ist spürbar, dass er in den letzten Jahren immer mehr an Macht gewonnen hat, da der Kaiser sowohl körperlich als auch geistig versagt hat.

"Ich wundere mich ..."

"Ja?"

„Glauben Sie, dass das Versagen von Gesundheit und Geist nicht auf natürlichem Wege, sondern auf natürlichem Wege verursacht werden könnte?"

Der Admiral war sichtlich überrascht. "Was verursachte?"

Hanlon nickte. „Genau das. Soweit ich über Seine Hoheit weiß, war er genau der Typ, der so etwas tun konnte – und dazu auch fähig." Er versank für einige Zeit in tiefe Gedanken, ebenso wie Hawarden. Sie wurden durch einen Summer vom Schreibtisch unterbrochen. Der Admiral setzte sich schnell auf und schaltete die Gegensprechanlage ein. "Ja?"

„Bohr war sicherlich kein Mensch", berichtete der Arzt und Hanlon konnte die Überraschung und Verwunderung auf seinem Gesicht auf dem Bildschirm sehen. „Es gibt strukturelle Unterschiede, die so weit von unseren entfernt sind, dass es sich unmöglich um Homo Sapiens handeln kann."

„Irgendeine Ahnung, woher er kommt?" fragte Hanlon und der Admiral gab die Frage weiter.

„So etwas habe ich noch nie zuvor gesehen, und ich habe gerade alle meine Bücher hier durchsucht, die Bilder und Diagramme der uns bekannten Rassen enthalten."

Hanlon schüttelte resigniert den Kopf und Hawarden unterbrach die Verbindung, nachdem er dem Arzt gedankt und Anweisungen für die Entsorgung des Leichnams des Premierministers gegeben hatte.

„Ist es zu spät für eine Audienz beim Kaiser?" Hanlon saß aufrecht da.

Der Admiral warf einen Blick auf sein Armbandchronom . „Ziemlich spät, aber ich werde sehen."

Er hatte gerade nach einem Schalter gegriffen, als sein Rufsummer ertönte, und als er den Bildschirm aktivierte, meldete der Planetograph : „Wir können auf unseren Karten kein solches System finden."

Hanlons Geist sank. "Weiter suchen!" er bestellte. „Erkundigen Sie sich bei den Astronomen. Es ist irgendwo in der Nähe – ich bin gerade von diesem Planeten gekommen. Die Sonne ist heiß – sieht aus der Umlaufbahn der Venus wie Sol aus, obwohl ich nicht glaube, dass sie so groß ist wie Sol."

Anschließend setzte Hawarden seinen Ruf im Kaiserpalast durch, wobei ihm seine Position als örtlicher Leiter des IS C einen schnellen Dienst verschaffte. Nach einigem Feilschen mit dem Sekretär des Kaisers und seinem Beharren darauf, dass es sich um eine äußerst wichtige Angelegenheit handele, die nicht bis zum Morgen warten dürfe, wurde ihm schließlich gesagt, dass Seine Majestät ihn sehen würde.

„Verstanden“, erhob sich Hawarden. "Mitkommen."

Hanlon ging zur Tür und blickte dann auf seine zerrissene und schmutzige Kleidung hinunter. „Ich bin nicht sehr vorzeigbar.“

„Wir können dir eine Uniform aus der Kaserne besorgen.“

Hanlon dachte schnell. „Nein, ich sollte es besser nicht riskieren, obwohl ich es auf jeden Fall gerne tun würde.“

Der Admiral dachte einen Moment nach, dann trat er zurück an seinen Schreibtisch und drückte einen Knopf. „Roberts, komm her.“

Ein junger Mann, der fast genau Hanlons Größe hatte und Zivilkleidung trug, kam ins Büro. Hawarden grinste. „Das tun die?“

Der SS-Mann lächelte zurück. "Anschwellen."

„Ziehen Sie sich aus“, befahl der Admiral dem erstaunten Angestellten. „Wir brauchen schnell deine Kleidung für diesen Mann. Schnell“, während der junge Mann zögerte.

Hanlon entfernte bereits sein eigenes. „Ich gebe dir hundert Credits dafür, Roberts, aber das ist äußerst dringend.“

Da lachte der andere und begann so schnell er konnte seinen Anzug auszuziehen. „Mit hundert Dollar kann ich mir mehr als ein neues kaufen — es ist ein gutes Geschäft.“

Der Umtausch erfolgte schnell. Hanlon gab dem Angestellten sein Geld, dann eilten er und der Admiral zum Palast, wo sie ohne Verzögerung zum privaten Arbeitszimmer des Kaisers geführt wurden.

„Beobachten Sie mich ziemlich genau“, flüsterte Hanlon, als sie den Flur entlang gingen. „Wenn ich den Kopf schüttle, lügt er.“

Admiral Hawardens Augen weiteten sich, und obwohl er nichts sagte, dachte er: „Das ist sicherlich der erstaunlichste junge Mann, den ich je getroffen habe. Woher hat die SS sie ? “

Sie hatten kaum das Arbeitszimmer betreten, als sich eine Tür auf der anderen Seite des Raumes öffnete und der Kaiser hereinkam, auf den Arm eines Adjutanten gestützt. Er ließ sich schwerfällig hinter den reich verzierten Schreibtisch fallen.

" Also Also „Na ja “, bellte er kleinlich. „Worum geht es hier, Sir?“ Was ist so wichtig, dass du mich aus dem Bett holen musst?“

„Es tut mir sehr leid, Ihrer Majestät solche Unannehmlichkeiten bereitet zu haben“, sagte Admiral Hawarden diplomatisch, „aber Sie werden bald sehen, dass dies tatsächlich äußerst dringend ist. Es ist außerdem sehr geheim, und ich bitte respektvoll darum, dass wir sprechen dürfen." mit dir allein.

Der Kaiser winkte ungeduldig ab und der Adjutant verließ den Raum.

Admiral Hawarden stellte ein kleines Kästchen auf den Schreibtisch und betätigte einen Schalter. „Nur ein tragbarer Spyray- Block", entschuldigte er sich.

„Ich weiß, ich weiß", kam die verärgerte Stimme. „Mach weiter, Mann, ich bin müde."

„Erlauben Sie mir, Ihnen George Hanlon vom Corps vorzustellen. Wir haben Ihrer Majestät zunächst eine traurige Nachricht zu überbringen und dann einige Fragen, die wir Sie dringend bitten, so vollständig wie möglich zu beantworten."

Der Kaiser schien über diesen Vorschlag, ihn zu befragen, nicht erfreut zu sein, sagte aber nichts.

„Ihr Premierminister, Gorth Bohr, wurde vor ein paar Stunden getötet, Sire."

"Was?" Der Kaiser saß aufrecht, sein Gesicht zeigte äußerste Ungläubigkeit, aber Hanlons Gedankenprüfung hatte ihn auf die Reaktion vorbereitet, so dass es ihn nicht überraschte, weder Bestürzung noch Bedauern zu bemerken.

Denn der Monarch sank plötzlich in seinen Stuhl zurück und ein langer, lauter Seufzer der Erleichterung kam von ihm. Er schloss die Augen und sein Gesicht entspannte sich endlich ein wenig. Plötzlich saß er kerzengerade da. "Bist du sicher?" er bellte.

„Positiv", versicherte ihm der Admiral. „Die Leiche liegt an der Basis, und das schon seit mehreren Stunden."

"Wie ist er gestorben?"

„Er wurde von Bienen zu Tode gestochen, Herr", antwortete Hanlon.

„Bienen?" ungläubig.

„Das stimmt, Sire. Er und drei seiner Männer wurden in einem der Kellerräume seines Palastes von einem Bienenschwarm angegriffen und starben innerhalb weniger Minuten."

Der Kaiser schwieg einen Moment lang, seine Gedanken waren in Aufruhr. Dann schüttelte er den Kopf, als würde er es fast nicht wagen, diese Nachricht zu glauben.

„Es mag seltsam klingen, Hawarden", sagte er schließlich, „aber ich glaube nicht, dass ich jemals in meinem Leben über irgendetwas so froh war wie über das hier. Er war ein böses Ding, obwohl ich es nicht einmal ansatzweise ahnte." Es dauerte bis Jahre, nachdem ich ihn zu meinem Minister ernannt hatte. Als ich mir sicher war, war es zu spät. Er hatte ... eine Art Macht über mich erlangt ... ich schien keinen Willen oder Willen mehr zu haben nicht mehr besitzen .

Der Admiral riskierte einen Blick auf Hanlon, der zustimmend nickte.

„Wissen Sie, was er vorhatte, Majestät?"

„Planung? Planung? Du meinst etwas anderes, als Simonides durch mich zu regieren oder mich möglicherweise ganz zu verdrängen?"

„Ich fürchte, das war er, Sire. Wussten Sie, dass er heimlich eine große Kriegsflotte auf einem anderen Planeten aufbaute?"

Es gab eine fast unmerkliche Pause, bevor die Antwort gebrüllt wurde. „Unsinn, Sir. Das kann ich nicht glauben!"

Hanlon schüttelte den Kopf. Der Kaiser log jetzt. Warum? War er Teil – vielleicht sogar der Kopf – der Verschwörung?

Seine Gedankenforschung hatte noch keine Antwort auf diese wichtigen Fragen gefunden. Sie mussten ihn geschickt befragen, damit er an die Dinge dachte, die Hanlon so dringend wissen musste.

Kapitel 22

„Sie bauen auf jeden Fall eine große Flotte auf, Sir, auf einem Planeten, den sie , Algon ' nennen", erklärte Hanlon knapp und stieß fast einen Freudenschrei aus, als der Geist des Kaisers flüchtig ein Bild aufrief – verzerrt, als wäre es nur beschrieben worden für ihn – von einem der Grünen. Er schlug hastig weiter. „Ich weiß, dass Seine Hoheit der führende Kopf dahinter war, denn ich sollte für ihn arbeiten, und ich bin gerade von vier Monaten dort zurückgekommen."

Der Kaiser wollte es leugnen, aber Admiral Hawarden trat näher an den Schreibtisch und fixierte den Monarchen mit strengem Blick.

„Wir möchten nicht unhöflich oder unverschämt sein, Sire, aber wir wissen, dass Sie etwas darüber wissen. Warten Sie bitte", er hob seine Hand, als der Kaiser seinen Mund öffnete, offenbar im Begriff, eine Entschuldigung zu fordern Es *ist* eine *Majestätsbeleidigung* , ihn einen Lügner zu nennen. „Wir glauben nicht, dass Sie dies aus eigenem Antrieb getan haben oder dass Sie die Verschwörung initiiert haben. Aber wir sind sicher, dass Sie etwas darüber wissen. Und für den Frieden der Föderation müssen wir alle möglichen Informationen haben, die Sie geben können." uns."

Der Kaiser wurde allmählich weniger feindselig, und als sein Gesicht rot wurde, wurden seine Augen flehend.

„Ich ... ich ...", er bemühte sich fortzufahren, dann merkte er, dass ihn etwas zurückhielt, und wechselte leicht das Thema. „Ich hoffe, meine Herren, Sie werden mir verzeihen. Ich weiß nicht, was in den letzten Jahren über mich gekommen ist. Ich denke, Sie wissen, Hawarden, dass ich immer von ganzem Herzen für die Föderation war und alles getan habe, um sie zu erreichen." Es ist eine Kraft für den Frieden im gesamten System. Ich weiß nur zu gut, wie ein interplanetarer Krieg alle unsere Volkswirtschaften zerstören würde, und das möchte ich nicht. Aber ich habe mich in den letzten Jahren ... verändert ... und ich wollte nicht!" Es war fast ein Schluchzen.

Der Admiral ging von Mann zu Mann schnell um den Schreibtisch herum und legte tröstend seine Hand auf die kaiserliche Schulter. „Das haben wir alle gespürt, Herr. Sie waren ein viel zu großer Herrscher, um sich so radikal geändert zu haben. Es hat uns alle verwirrt und traurig gemacht, aber ich glaube, wir können jetzt beginnen, den Grund zu erkennen – und es schadet Ihnen unserer Meinung nach nicht." Jetzt, wo wir erkennen, dass du nichts dagegen tun konntest.

Der Kaiser blickte verwirrt auf. "Was meinst du damit?"

„Darf ich das beantworten, Sire?" Hanlon trat vor. „Wir wissen jetzt, dass Gorth Bohr kein Mensch war – er war ein Außerirdischer aus …"

"Ein Außerirdischer?" Der Kaiser zitterte.

„Ja, Sire, auf jeden Fall. Wir wissen noch nicht, woher er ursprünglich kam, aber wir wissen, dass er über erheblich mehr – oder in gewisser Weise andere – geistige Kräfte verfügte als die meisten Menschen. Sie stehen unter einer Art Zwang oder Hypnose Das hindert Sie daran, sich zu äußern. Die Tatsache, dass Ihre Gesundheit versagt hat und sich Ihr Körper so schnell verschlechtert hat, beweist, dass es gegen Ihre Wünsche war."

Der Kaiser erschrak darüber und sein Körper zitterte, als wäre er gelähmt. Er wiederholte dumpf seine Frage: „Ein Außerirdischer?"

Hanlon und Hawarden nickten schweigend. Nach einem Moment holte Hanlon tief Luft und wagte die Frage: „Dürfen wir die Erlaubnis bekommen, Bohrs Quartiere und Büros zu durchsuchen, um zu sehen, welche Beweise wir finden können, die uns vielleicht mehr über seine Projekte verraten?"

Seine Majestät richtete sich entschlossen auf, und die Jahre schienen aus seinem Gesicht und seiner Figur zu verschwinden. „Das können Sie auf jeden Fall, ich gebe sofort Befehle und Sie können so viele Ihrer Experten schicken, wie Sie möchten. Ich spüre, dass es schnell gehen muss."

Hanlon verneigte sich und der Admiral dankte ihm. „Das ist sehr gnädig, Sire. Das Corps dankt Ihnen."

Der Kaiser gewann von Augenblick zu Augenblick an Stärke und seiner alten Klugheit. „Was ist mit der Flotte, auf der Sie sagen, dass sie auf einem anderen Planeten gebaut wird?"

Hanlon bemerkte dieses Zögern und erriet den Grund. Aber für den Moment ließ er es ruhen und beantwortete die Frage. „Es ist noch keine ernsthafte Bedrohung, Sire, aber es wird bald drohen, wenn es nicht in die Hände des Corps gelangt."

Admiral Hawarden erklärte weiter, dass die große Flotte gerade zusammengestellt werde und das Problem innerhalb weniger Tage bewältigen werde.

„Gut. Gut. Bitten Sie uns um jegliche Hilfe, die wir geben können."

Sie unterhielten sich eine Zeit lang über viele Einzelheiten, dann erhob sich der Admiral, als wollte er sich verabschieden.

Aber Hanlon war noch nicht bereit. Er wollte die Angelegenheit wieder aufgreifen, die er vor einigen Minuten offen gelassen hatte. Er trat an den Schreibtisch und blickte direkt in die Augen des Kaisers.

„Sire, denken Sie bitte mit aller Kraft nach. Ich glaube, Sie wissen mehr über Bohrs Pläne, aber das Wissen war hypnotisch in Ihrem Unterbewusstsein versiegelt. Bohr hatte diese Macht, das wissen wir. Bitte versuchen Sie, dieses Siegel zu brechen. Bohr ist es jetzt tot – sein *Zwang* kann dich nicht länger fesseln!"

Der Kaiser schien skeptisch zu sein, stimmte aber auf Hanlons anhaltendes, sicheres Drängen schließlich zu, es zu versuchen. Er konzentrierte sich lange, lange, qualvolle Minuten. Auf seinem weißen, angespannten Gesicht standen große Schweißperlen, und seine Hände waren zu festen Kugeln geballt.

Hanlon bereute es fast und dachte darüber nach, den Zauber zu brechen und dem leidenden Herrscher zu sagen, dass es nicht so wichtig sei, dass sie das Wissen anderswo bekommen könnten. Aber er *musste* über diese Fakten verfügen – und wenn er so leiden konnte wie er, konnten es auch andere tun.

Doch in diesem Moment entspannte sich der Kaiser plötzlich. Seine Gesichtszüge wurden gelassener und natürlicher und er lächelte erleichtert.

„Es kommt jetzt", er wischte sich mit seinem Seidentuch über das Gesicht. „Bohr prahlte mir gegenüber damit, dass er eines Tages die Galaxis regieren würde. Aber dann sagte er mir, ich müsse vergessen, was er gesagt hatte, und das tat ich."

Diese Rede schien ihn noch mehr von der schrecklichen Spannung zu befreien, die ihn so viele Jahre lang festgehalten hatte. Er war müde, aber glücklich. „Soweit ich mich erinnern kann, hat er mir nicht viel im Detail erzählt. Lediglich dass Pläne geschmiedet wurden, um zuerst die Kontrolle über diesen Planeten, dann über die Föderation und danach über die gesamte Galaxie zu erlangen."

„Hat er gesagt, wer bei diesem ungeheuerlichen Unterfangen an seiner Seite war?" Hawarden schnappte nach Luft und Hanlon fügte hinzu: „Wir meinen, war er allein darin oder hat ihn ein anderer Planet oder ein anderes System unterstützt?"

Der Kaiser dachte eine Weile nach, dann schüttelte er den Kopf. „Ich scheine mich nicht zu erinnern", seufzte er traurig. Er konnte es auch nicht, nach einer halben Stunde mehr Konzentration. „Es tut mir leid, dass ich Ihnen diese Informationen nicht geben kann, meine Herren. Aber wir vertrauen darauf, dass Sie bald Grund zu der Annahme haben werden, dass wir erneut den Wunsch haben, alles Mögliche für den Frieden und das Wohlergehen der Föderation zu tun."

In Admiral Hawardens Augen standen Tränen, und er trat impulsiv vor und ergriff die Hand des Kaisers.

„Willkommen zurück, Sire", sagte er aufrichtig.

Zurück in der Basis warteten Nachrichten auf sie, die während ihrer Abwesenheit eingegangen waren. Der Admiral reichte Hanlon eines davon. Es war knapp, zauberte aber ein glückliches Lächeln auf sein Gesicht.

„Komme sofort mit voller Besatzung. Herzlichen Glückwunsch. NEWTON. "

Andere kamen von der Grand Fleet und betrafen die Maßnahmen, die für das Flottentreffen ergriffen wurden, und die Rolle, die der Simonidean-Sektor spielen sollte. Ein anderer stammte von den Planetographen und gab den räumlichen Standort von Algon an , mit dem Hinweis, dass sie ihn endlich auf einer Sternenkarte gefunden hatten und dass sofort ein Vermessungsschiff dorthin geschickt wurde.

Hanlon schlug einen Schlag. „Halten Sie sich von Algon fern ", rief er, als das Gesicht des Wissenschaftlers auf dem Bildschirm erschien. „Schicken Sie das Schiff nicht los, bis Sie die Erlaubnis erhalten haben. Vergessen Sie einfach, dass Sie überhaupt von Algon gehört haben !"

Der Älteste sah den jungen Zivilisten fragend an, der ihm solche Befehle erteilte. "Ich weiß nicht ..."

„Hawarden spricht", der Admiral schob Hanlon beiseite und starrte auf den Bildschirm. „Das ist ein Befehl! Vergiss es, wie dir gesagt wurde!"

„Ja, Sir. Es ist vergessen."

Hanlon wandte sich müde dem Admiral zu. „Mir fehlen im Moment Schlaf und Kraft, Sir. Ich denke, ich werde mich etwas ausruhen. Am Morgen komme ich zurück und wir beginnen mit der Durchsuchung von Bohrs Sachen."

„Richtig, ich könnte etwas Abdichten gebrauchen. Noch ein paar Befehle, dann gehe ich nach Hause. Willst du hier in der Basis schlafen?"

„Nein, ich schätze, ich gehe besser zurück ins Hotel. Ich kann hier nicht zu oft auftauchen, wissen Sie – vielleicht werde ich von einem terranischen Offizier erkannt. Und das wirft ein Problem auf. Wie wird mein offensichtlicher Status vor den Besatzungen sein? die Suche durchführen?

„Zivilspezialist, vom Korps hinzugezogen", Hawarden war es gewohnt, schnelle Entscheidungen zu treffen. „Wir benutzen so etwas oft. Ich unterschreibe einen Pass für dich. Verwende lieber eine Verkleidung und einen anderen Namen, oder?"

Hanlon nickte. „Falscher Schnurrbart, dunkle Haut, Kontaktlinsen zum Färben meiner Augen. Und ich werde mich Spencer Newton nennen."

Hawarden sah überrascht aus. „Man wählt schnell einen Namen."

Der SS-Mann grinste zurück. „Es ist das, mit dem ich geboren wurde" – und dann war der Admiral wirklich überrascht, stellte aber keine Fragen. Er hat den Pass mit diesem Namen ausgefüllt. „Kommen Sie besser direkt in dieses Privatbüro."

Als sie sich am Morgen trafen, lobte Hawarden Hanlon für seine Verkleidung und berichtete dann schnell, dass er bereits Besatzungen zusammengestellt hatte und eine davon im Kaiserpalast und die andere in der Residenz des ehemaligen Premierministers arbeitete.

„Gut", Hanlon war ausgeruht und seine Stimme war klar. „Ich glaube, ich fange bei Bohr an."

Die beiden Beamten verließen den Stützpunkt und wurden von einem Dienstwagen zur Residenz des Ministers gebracht. Sie traten ein und Hawarden ging voran durch einen Flur zu Bohrs Privatbüro.

Doch gerade als sie die Tür erreichten und sich umdrehten, um hineinzugehen, stieß Hanlon den Admiral plötzlich daran vorbei und sprang dann selbst über die Öffnung. Hawarden drehte sich verwirrt um, aber Hanlon bedeutete Ruhe und führte ihn in einen kleinen Empfangsraum daneben.

„Da drin ist ein Mann, den du loswerden musst, bevor ich reingehen kann", erklärte er flüsternd. „Junger Unterleutnant namens Dick Trowbridge. Er würde mich sogar in dieser Verkleidung erkennen. Wie ist er jemals zu Sime gekommen ?"

„Trowbridge? Oh ja, er wurde von Terra hierher geschickt, als wir Prime nach einem Code-Experten fragten."

„Ähm, das stimmt, Dick war ein Code-Spezialist", Hanlon nickte. „Er war während der gesamten Kadettenschule mein Zimmergenosse", erklärte er. „Es würde alles verraten, wenn er mich hier sehen würde."

„Er ist unser einziger guter Decoder", sagte Admiral Hawarden stirnrunzelnd. „Wir haben unseren Trauzeugen verloren. Wir müssen ihn einsetzen, wenn irgendein Code auftaucht."

„Das ist mir klar, aber schicken Sie ihn vorerst weg. Wenn wir den Code bekommen , können wir ihn ihm zur Basis schicken."

„Richtig, Sir, ich werde eine Ausrede vortäuschen."

Etwa fünf Minuten später kam Hawarden zurück. „Jetzt ist alles klar, Sir."

Sie machten sich auf den Weg, dann stoppte Hanlon den Admiral mit einer Hand auf seinem Arm. „Bitte, Sir", sein Gesicht glühte, seine Augen waren traurig, aber seine Stimme war ziemlich ruhig. „Bitte nennen Sie mich nicht ständig ‚Sir'. Es mag sein, dass meine Position als SS-Mann diese Unterscheidung trägt, aber es macht mich nervös. Ein junger Mensch wie ich hat nichts damit zu tun, von einem Top-Mann ‚Sir' genannt zu werden." wie Sie, der fast ein halbes Jahrhundert daran gearbeitet hat, diese Ehre zu erlangen."

Admiral Hawarden grinste plötzlich und umarmte Hanlon mit einer väterlichen Geste. „Du bist in Ordnung, Sohn, und ich bin für dich. Von jetzt an bist du einfach nur ‚Newton'. Gibt es irgendetwas, das dich … hey, ‚Newton' macht? Bist du …?"

Hanlon nickte. "Sein Sohn."

Die Augen des Admirals leuchteten. „Wunderbarer Mann, dein Vater. Einer der Größten des Corps."

Der junge Mann schluckte schwer. "Das denke ich auch."

Sie waren fast eine Viertelstunde damit beschäftigt, die umfangreichen Papiere im Schreibtisch und in den Akten des Ministers zu sortieren, als ein anderer Corps-Leutnant mit verbundener Hand hereinkam.

„Was ist mit dir passiert, Patrick?" fragte Hawarden überrascht.

„Das hat mich verdammt noch mal gebissen, und ich musste mir die Hand verbinden."

„Was denn denn ?"

„Eines, das Bohrs Haustier gewesen sein muss. Es flog durch den Raum und schrie und beschimpfte uns. Ich ging gerade in die Ecke des Raumes, als es schrie und herumschoss und mir die Hand aufschlitzte, als ich es hochwarf." beschütze mein Gesicht.

Ein anderer der Männer meldete sich zu Wort. „Wir brauchten drei von uns, um es einzufangen, und ich wollte ihm den Hals umdrehen, aber Kapitän Banister ließ mich nicht, also stopften wir es in seinen Käfig und schickten es in den Zoo."

Hanlon interessierte sich intensiv dafür, aber eines verwirrte ihn. Er gab Hawarden ein Zeichen zur Seite und fragte flüsternd: „Was ist ein Toogan ?"

„Ein hier heimischer Vogel, ähnlich wie Ihre Terranischen Papageien, aber mit noch schönerem Gefieder, und sie können viel besser sprechen als Papageien. Sie scheinen ziemlich viel Intelligenz zu haben."

Hanlon war sofort aufmerksam. „Bring es für mich hierher zurück."

Verwirrt, aber ohne Fragen, ging der Admiral zum Visiphon und wählte die Nummer im Zoo. „Admiral Hawarden, Kurator. Ich glaube, die Akte des Premierministers wurde Ihnen gerade zugestellt.

Ungeduldig legte er den Schalter um und blickte den jungen Geheimdienstmann mit verwunderten Augen an. Ein Toogan ? Was um alles in der Welt wollte der Kerl mit ... Das war der erstaunlichste Mann, den er je gesehen hatte. Aber er hat auf jeden Fall Ergebnisse erzielt.

Er wandte sich wieder seinen Männern zu. "Noch nichts?"

„Bisher nichts als gewöhnliche Staatspapiere, Sir“, war der Konsens.

„Suchen Sie weiter. Denken Sie daran, wir möchten insbesondere die Planeten erwähnen, deren Namen Sie nicht kennen; alles, was mit Schiffbau, Bergbau oder anderen Planeten zu tun hat.“

Hanlon überreichte Hawarden eine Nachricht, und der Admiral schickte ein paar Marines auf die Flucht. Eine halbe Stunde später hielt ein Lastwagen vor uns, und die Marines trugen einen weiteren Schreibtisch herein. Es war das aus dem Hinterzimmer der Bacchus-Taverne.

Hanlon selbst hat das durchgemacht, wurde aber schnell enttäuscht. In keiner der Schubladen befand sich etwas, das er haben wollte. Er drehte den Schreibtisch auf den Kopf und suchte nach Geheimfächern. Als er keines fand, befahl er den Marinesoldaten, es in Stücke zu reißen. Auf ein Nicken des Admirals hin bauten sie den Schreibtisch ab.

Aber es war völlig harmlos.

Hanlon wandte sich gerade angewidert ab, als ein Mann mit dem eingesperrten Togan aus dem Zoo kam . Beim Anblick des vertrauten Raumes wurde der Vogel munter.

"Hallo Chef!" Es rief mit klarer, aber pfeifender Stimme: „Ich bin wieder zu Hause.“ Hanlon hatte keine Probleme, seine Worte zu verstehen, die natürlich auf Simonideisch gesprochen wurden, war aber damit beschäftigt, seinen Geist zu untersuchen. Er ging zum Boten und streckte ihm die Hand entgegen. „Ich nehme den Vogel.“

Der Zoowärter sah ihn zweifelnd an. „Das ist eine bösartige Sache, Sir“, sagte er. „Seien Sie vorsichtig – es ist bereits ein Mann verletzt. Sie sagen, niemand außer dem Premierminister kann damit umgehen.“

„Es ist alles in Ordnung“, sagte der Admiral. „Danke, dass du es mitgebracht hast. Das wird alles sein.“

Hanlon nahm den Käfig, warf dem Admiral einen bedeutungsvollen Blick zu und verließ damit den Raum.

Kapitel 23

Im Nebenzimmer ließ sich George Hanlon in einen bequemen Stuhl sinken, dann öffnete er die Käfigtür, und der Togan flatterte heraus und setzte sich auf die Armlehne des Stuhls. Der junge Mann passte seine Gedanken genauer an das Gehirn des Vogels an und begann mit der Untersuchung. Sorgfältig studierte er jede Zeile und jeden Kanal, ohne auf alles andere zu achten.

Seine erste kurze Untersuchung brachte einen leichten Klang erfreuter Überraschung auf seine Lippen. Dieser Vogel hatte einen echten Verstand, weitaus besser als alles, was er bisher bei irgendeinem Tier oder Vogel entdeckt hatte, sogar besser als der eines Hundes . Und er konnte alles darin lesen.

Das Beste von allem war, dass der Togan einen bildnerischen Geist hatte – er erinnerte sich sowohl in Szenen als auch in Worten. Es vermittelte ein fast perfektes Abbild des Wesens, das Hanlon zunächst als „Der Anführer" und später als „Seine Hoheit Gorth Bohr" gekannt hatte – geringfügige Abweichungen waren jedoch auf den Unterschied zwischen der Sehfähigkeit eines Vogels und der eines Menschen zurückzuführen.

Wie ein schnell ablaufender dreidimensionaler Film sah Hanlon, wie der Minister an seinem Schreibtisch arbeitete, durch den Raum ging, Anrufe entgegennahm, mit dem Vogel spielte, aß – und sein Futter mit ihm teilte – und vertraulich mit ihm redete, wie er es hätte tun können ein vertrauenswürdiger Helfer.

Über eine Stunde lang saß Hanlon da, und der scheinbar schlafende Vogel saß regungslos auf der Stuhllehne. Schließlich erhob sich Hanlon, und der Togan flog auf seinen ausgestreckten Arm, so wie ein Falke reiten würde. Auf diese Weise kehrten sie zum Hauptbüro zurück, wo die anderen noch arbeiteten.

Sie waren alle erstaunt über diese seltsame Situation, aber nur Admiral Hawarden konnte auch nur annähernd erraten, was vor sich ging. Die Erinnerung an diese erstaunliche Leistung der Taube ließ ihn denken, dass dieser überraschende junge Mann vielleicht tatsächlich die Gedanken des Vogels gelesen hatte – oder etwas ähnlich Fantastisches.

Hanlon stellte den Togan auf eine Ecke des großen Schreibtisches und ging dann auf einen Eckschrank zu. Als er sich ihm näherte, schien der Vogel zum Leben zu erwachen. Es fing an zu schreien: „Da muss man nicht suchen! Da ist nichts drin. Niemand darf jemals in diesen Schrank schauen! Scheiß auf sie , Pet!"

Es stürzte direkt auf Hanlon zu, den Schnabel geöffnet und schrie vor Wut. Aber die Hand und der Verstand des Mannes waren schneller. Er nahm den Geist des Vogels wieder in Besitz, brachte ihn zum Schweigen, packte ihn am Hals und hielt ihn sanft, aber fest unter seinem Arm.

„Öffnen Sie den Schrank und durchsuchen Sie ihn gründlich", blaffte Hawarden.

Mehrere der Corpsmen sprangen nach vorne, und erneut wehrte sich der Togan , aber Hanlon hielt ihn mit Gewalt fest und verstärkte seine mentale Kontrolle, die der mächtige Zwang, den Bohr in den Geist des Vogels implantiert hatte, für einen Moment durchbrochen hatte.

Innerhalb weniger Minuten war alles aus dem Schrank, und während einige der Beamten jeden Teil des Inhalts untersuchten, gingen andere mit leistungsstarken, tragbaren Glo-Lights über die Wände und Regale. Im Schrank befand sich ein drei Fuß hoher Leiterhocker, und einer von ihnen begann, ihn zu besteigen, um die Decke abzusuchen.

Doch in dem Moment, als der Mann den Stuhl berührte, vermittelte der Geist des Vogels Hanlon ein klares Bild eines Vorgangs, den er viele Male miterlebt hatte. Er schnappte nach Luft und rief den Corpsmen zu: „Dieser Hocker! Schauen Sie sich den Schrank selbst oder das andere Zeug nicht an. Bringen Sie den Hocker hier raus!"

Der überraschte Leutnant sprang herunter und trug die kleine Leiter dorthin, wo Hanlon mit dem Vogel stand.

„Schrauben Sie das linke Hinterbein ab – ungefähr in der Mitte, glaube ich."

Der Beamte stellte den Stuhl um und fand nach kurzer Zeit heraus, wie man das Bein abschraubt – es hatte ein umgekehrtes Gewinde. Wenige Augenblicke später hatte er es geschafft, und alle schnappten nach Luft.

Das Bein war hohl und darin befanden sich mehrere eng zusammengerollte Blätter aus sehr dünnem, zähem Papier.

Der Corpsman begann, die Papiere auszurollen, aber auf ein schnelles Zeichen von Hanlon trat Admiral Hawarden vor.

„Die nehme ich, Lieutenant. Ich denke, zumindest vorerst brauchen wir nicht weiter zu suchen. Da es sich bei den meisten Papieren, die wir hier gefunden haben, um rein planetarische Angelegenheiten handelt, dürfen wir uns nicht in sie einmischen. Auch wenn wir die Erlaubnis dazu haben. Zurück zur Basis – wenn das nicht das ist, was wir wollen, können wir später von vorne beginnen."

Als die Männer hinausgingen, aktivierte Hawarden das Visiphon und gelangte in das Büro des Ministers im Kaiserpalast. „Finden Sie dort alles, was wir suchen, Captain?" fragte er den Mann, der antwortete.

„Noch nicht, Sir."

„Dann melden Sie sich bitte bei der Basis. Ich denke, wir haben es geschafft."

Togan inzwischen in seinen Käfig zurückgebracht hatte und sich nun setzte. Er sah, wie sich das Gesicht des jungen Mannes auf den ersten Blick verzog, als er die Dutzende zusammengerollter Laken sah.

"Was ist falsch?"

„Es ist im Code", kam die erklärende Antwort, als Hanlon schnell jede Seite durchging. „Im Code – oder in Bohrs Muttersprache, was auch immer das sein mag."

„Autsch! Wenn das so ist, sind wir am Boden zerstört. Es ist doch besser, Trowbridge dazu zu bringen, oder?"

„Ja", langsam, „das ist alles, was wir jetzt tun können." Nach einigen Augenblicken: „Ich schätze, ich bleibe eine Weile außer Sichtweite. Ich gehe zurück zum Hotel. Dort kannst du dich mit mir in Verbindung setzen. Ich bin immer noch etwas zittrig von den Schlägen, die ich bekommen habe und brauche." viel Ruhe."

„Möchten Sie, dass der Arzt Sie noch einmal untersucht?"

„Nein, ich glaube nicht, dass ich das jetzt brauche. Er sagte, ich solle die Verbände in zwei Tagen erneuern lassen, also sehe ich ihn morgen."

„Richtig, Newton. Wenn sich etwas ergibt, melde ich mich."

„Oh, seien Sie sicher und sagen Sie mir Bescheid über den Frachter. Ich nehme an, Sie haben noch nichts davon gehört."

„Nur, dass es immer noch da ist und beladen wird. Die Späher beobachten es genau und sind bereit, beim ersten Anzeichen des Aufbruchs zu explodieren."

„Warnen Sie sie, dass wir die *gesamte* Besatzung und die Passagiere wollen."

Die beiden machten sich auf den Weg, doch plötzlich stoppte Admiral Hawarden Hanlon mit seiner Hand auf dem Arm des jungen Mannes. „Wegen der Sache mit dem Togan . Ich bin nicht neugierig, wenn du nicht reden willst, aber sollte ich nicht alle Männer, die es gesehen haben, warnen, Stillschweigen zu bewahren?"

„Shades of Snyder, ja! Ich war so interessiert, dass ich ganz vergessen habe, dass andere mich damit gesehen haben. Ja, absolut, darüber darf nie gesprochen werden."

Er sah den Admiral erneut flehend an. „Es … es tut mir leid, Sir … aber ich weiß, dass Sie schlau genug sind, das meiste herausgefunden zu haben. Alles klar, streng vertraulich, ich kann ein bisschen Gedanken lesen, und vor allem mit Tieren und Vögeln, deren Verstand nicht so komplex ist wie der des Menschen. Ich kann sie sogar bis zu einem gewissen Grad kontrollieren."

Der Admiral nickte. „Das habe ich mir irgendwie gedacht, angesichts der erstaunlichen Leistung dieser Taube. Dein Geheimnis ist bei mir sicher – es darf auf keinen Fall weitergegeben werden. Aber es macht mir nichts aus zu sagen, dass ich froh bin, dass du diese Fähigkeit hast , nicht ich." ," mit einem halbherzigen Lachen.

„Es ist eine Last", gab Hanlon nüchtern zu und wurde dann fröhlicher, „aber es hat mir auf jeden Fall den Hals gerettet, als Bohr mich gefangen hatte und mich foltern wollte."

Der Admiral wirkte erstaunt, dann zitterte er. „Die Bienen! Ich hatte keine Verbindung …", seine Stimme verstummte und nach einem weiteren kurzen Zögern ging er, während Hanlon sich langsam auf den Weg nach draußen machte, ein Bodentaxi nahm und zurück zum Hotel gefahren wurde.

Gegen fünf am nächsten Morgen wurde Hanlon durch das verstohlene Geräusch eines Schlüssels im Schloss seiner Hotelzimmertür geweckt. Seine Hand glitt schnell unter sein Kissen und umklammerte den Blaster dort fest.

Als er sah, wie sich die Tür öffnete und eine Gestalt hereinschlüpfte, setzte er sich mit einer schnellen Bewegung auf und schaltete das Bettlicht ein. „Hoch mit den Händen!" befahl er dem Mann, der die Tür vorsichtig schloss, immer noch mit dem Rücken zum Bett.

Die Hände hoben sich und der Mann drehte sich langsam um.

"Papa!" Hanlon schrie erleichtert auf und kletterte aus dem Bett. „Wie bist du so schnell hierher gekommen?"

Sein Vater kam ihm auf halbem Weg entgegen und sagte aus ihrer Umarmung: „Ich war auf Estrella, als dein Anruf kam. Das sind nur ein paar Lichter von hier, und sie haben einen Flitzer geschickt." Dann grinste er. „Ich freue mich zu sehen, dass du lernst, die Augen offen zu halten, auch im Schlaf."

Hanlon begann sich anzuziehen, während sie redeten. In kurzen, prägnanten Sätzen erzählte er seinem Vater alles, was ihm seit seinem Amtsantritt passiert war.

„Gute Arbeit, Spence", applaudierte sein Vater, als er fertig war, und grinste dann erneut, „obwohl ich dich dafür verprügeln sollte, dass du solche Risiken eingegangen bist, nachdem ich dir zuerst gesagt hatte, du sollst ruhig sein. Ich war ein bisschen besorgt, als du verschwandst , bis Hooper berichtete, was Sie wollten. Aber was Ihren Job angeht", fuhr er nach einem Moment fort, „wir hatten keine Ahnung, dass Sie so viel bekommen könnten. Wir haben nur gehofft, dass Sie vielleicht ein oder zwei Hinweise finden, an denen wir arbeiten können. Aber Sie." „Ich habe das praktisch für uns erledigt."

„ Unh -uh", widersprach sein Sohn. „Es ist noch lange nicht fertig. Wir müssen nach Algon kommen und uns diese Schiffe schnappen. Und wenn eines von ihnen oder genug von ihnen kampffähig sind, kann das einiges an Arbeit erfordern ... wenn wir es überhaupt schaffen." „Alles. Dann ist da noch die Aufgabe, herauszufinden, wo Bohr herkam und welche Bedrohung sein Planet oder System oder was auch immer es sein wird, darstellen wird."

„Klar, klar, das ist mir klar, mein Sohn. Aber das sind Nebensächlichkeiten. Du hast uns das ‚Was' und ‚Wer' gegeben, das wir wissen mussten. Aber ich sehe, du bist angezogen und ich habe Hunger. Lass uns gehen." essen."

Während sie frühstückten, fragte sein Vater nach Einzelheiten, und Hanlon erzählte ihm von seinen neuen geistigen Kräften und wie sie ihm geholfen hatten. „Ich kann mit Männern nicht viel anfangen, außer ihre oberflächlichen Gedanken zu lesen", erklärte er. „Aber bei Tieren kann ich mehr tun. Ich kann diesen oberflächlichen Gedanken und Erinnerungen bis in ihren gesamten Geist folgen und sie übernehmen und kontrollieren . Aber bei Menschen wird das nicht funktionieren – Menschen scheinen eine Art natürliches Wesen zu haben." Block oder Bildschirm, den ich nicht durchdringen kann.

Newtons Gesicht war ein Musterbeispiel, als er den Kopf schüttelte. „Zu glauben, dass mein Junge so etwas kann!"

„Wie denkst du, dass ich das kann, Dad?"

„Du hast es nicht von mir bekommen, das ist sicher", verzog sein Vater reumütig das Gesicht. „Vielleicht durch deine Mutter, von ihrem Vater. Er war eine eigenartige Ente. Früher nannten sie ihn Hellseher, weil er die verrücktesten Ahnungen hatte – weil es kein besser beschreibendes Wort gab. Er schien oft eine Menge davon zu wissen." Dinge, bei denen niemand herausgefunden hat, wie er sie hätte erlernen können. Sag mal, wenn ich mich jetzt erinnere, hatte er früher auch ein gutes Gespür für den Umgang mit

Tieren, obwohl ich bezweifle, dass er auch nur annähernd so stark war wie deine Kräfte."

„Sie sagten, ich würde wahrscheinlich andere geistige Fähigkeiten entwickeln", grinste Hanlon nervös, „aber so etwas habe ich mir bestimmt nie vorgestellt."

„Ich auch nicht", ungrammatisch. "Es ist komisch!"

Sie waren fast mit dem Essen fertig, als ihr Kellner ein tragbares Visiphone an den Tisch brachte. „Ein Anruf für Sie, Mr. Hanlon", und er steckte das Gerät in eine Steckdose.

Hanlon legte den Schalter um und sah Admiral Hawardens Gesicht auf dem Bildschirm lächeln. „Wir haben den Frachter erst vor ein paar Minuten bekommen", berichtete er. „Einer unserer Männer mischte sich mutig unter die Besatzung, als sie an Bord gingen, und verstopfte die Luftschleuse, so dass sie nicht geschlossen werden konnte. Wir verhafteten sie alle, nur zwei unserer Männer wurden verletzt und fünf vom Feind. Sie bringen sie jetzt in die Basis.

„Gute Arbeit, Sir. Admiral Newton ist hier bei mir – wir sehen uns in Ihrer Freizeit … Warten Sie, Sir … Dad sagt, Sie sollten besser hierher ins Hotel kommen. Zimmer 946."

Sie waren kaum zurück in Hanlons Zimmer, als Admiral Hawarden klopfte. Er und Newton waren alte Freunde und begrüßten einander mit echter Herzlichkeit.

„Das ist ein ganz schöner Junge von dir, Newt. Er hat das Zeug dazu."

„Ja, ich bin auch irgendwie stolz auf ihn. Er hat wirklich gute Arbeit geleistet, vor allem beim ersten Einsatz."

„Hat einer von euch irgendwelche Anweisungen für mich bezüglich des Aufwischens?" fragte Hawarden, sah aber Hanlon an.

„Frag Papa …"

Aber sein Vater unterbrach ihn. „Es ist deine Partei, mein Sohn. Sag deine Stimme. Im Moment bist du kein Jugendlicher, der gerade die Schule abgeschlossen hat, du bist das Inter-Stellar Corps", fügte er eindrucksvoll hinzu.

Hanlon errötete, aber als er antwortete, klang eine Sicherheit in seiner Stimme, die ihm nur die bitteren Erfahrungen bringen konnten, die er erst vor Kurzem durchgemacht hatte und die ihn so sehr gereift hatten.

„Wir müssen Algon natürlich so schnell wie möglich befreien und diese neuen Schlachtschiffe erobern. Aber gleichzeitig müssen wir versuchen herauszufinden, von welchem Planeten oder System Bohr stammt, und Maßnahmen ergreifen, um zu sehen, dass dies nicht möglich ist." Uns schaden. Das bedeutet, dass wir alle Anstrengungen unternehmen müssen, um jede einzelne Person zu erreichen, die mit oder für Bohr gearbeitet hat, und insbesondere herauszufinden, ob er Vorgesetzte hatte.

Algon fliegen wollen . Die andere Sache wird von so vielen Dingen abhängen, die wir noch nicht wissen."

„Hat Trowbridge diesen Code schon geknackt?"

„Er hat heute Morgen als erstes berichtet, dass er es letzte Nacht spät gebrochen hat. Ich habe mehrere Männer beauftragt, ihm zu helfen, und sie sollten es bald transkribieren lassen."

Hanlon wandte sich an seinen Vater. „Sind Ihre Männer schon hier?"

„Sie kommen so schnell sie können hierher."

„Untersuchen Sie besser diese Männer vom Frachter aus und lassen Sie Ihre Bande allen Hinweisen nachgehen. Sie müssen Bohrs Hypnose durchbrechen, um an Informationen zu kommen. Obwohl", er hielt inne und sein Gesicht wurde nachdenklich, „ich frage mich, ob jemand." Außerdem wusste Bohr wirklich alles, was er vorhatte. Ich fange an zu glauben, dass er ein einsamer Wolf war.

Admiral Hawarden nickte zustimmend. „Ich wurde zu demselben Glauben gezwungen."

In Hanlons Kopf machte etwas Klick. „Der Kaiser", rief er. „Vielleicht sollten wir es besser noch einmal mit ihm versuchen. Ich wette, sein Geist ist jetzt viel freier von diesem Zwang, und vielleicht kann er sich an mehr von dem erinnern, was Bohr aus seinem bewussten Gedächtnis verbannt hat."

Hawarden nickte. „Das ist eine gute Wette. Ich werde es arrangieren."

Zwei Stunden später konnte der Kaiser sie empfangen, und die vier wurden bald in seinem Arbeitszimmer eingeschlossen.

„Es ist ein seltsames, seltsames Gefühl, meine Herren", sagte er, als sie erklärt hatten, was sie wollten. „Es ist fast so, als würde man versuchen, die Gedanken einer anderen Person zu lesen. Ich hatte das Gefühl, dass Bohrs Einfluss nachließ, und ich habe versucht herauszufinden, was ich noch finden könnte."

Er saß einen Moment schweigend da und sagte dann langsam, fast mit einer Singstimme, als würde er von einer gedruckten Seite lesen: „Ich wusste, dass er einige Schiffe auf Algon baute , aber ich wusste nicht, dass es Kriegsschiffe waren. Er erzählte mir, dass sie es waren." waren ein neuer Typ mit einem völlig neuen Antriebsprinzip, das einer unserer Wissenschaftler entwickelt hatte."

„Diese Möglichkeit besteht natürlich immer", sagte Newton.

„Warum sagte er, dass sie sie anderswo als auf diesem Planeten bauen würden?" fragte Hawarden.

Der Kaiser runzelte konzentriert die Stirn, dann zeichnete sich ein eigenartiger Ausdruck auf seinen Gesichtszügen ab. „Das ist seltsam", staunte er . „Man könnte meinen, dass ich das auf jeden Fall gefragt hätte, aber ich kann mich nicht daran erinnern, dass ich das jemals getan hätte."

„ Algon verfügte über die meisten natürlichen Ressourcen für den Schiffsbau", grübelte Hanlon laut. „Es gab die Minen, die Wälder und Sklavenarbeit, um die Kosten zu senken. Es waren hauptsächlich Ingenieure, Wissenschaftler und Spezialtechniker, die dort die Aufsicht führten."

„Mir fallen die Namen anderer Personen nicht ein, die an der Verschwörung mit Bohr beteiligt gewesen sein könnten", antwortete der Kaiser auf eine andere Frage. „Er brachte nur einen Mann mit zu mir und bat mich, ihm eine Auszeichnung zu überreichen. Es sei der Wissenschaftler gewesen, der den neuen Antrieb erfunden habe, sagte er. Ein Professor Panek , glaube ich ..."

„ Panek ?" Hanlon unterbrach ihn. „Ein stämmiger, rotgesichtiger, rothaariger Mann?"

„Ja, das beschreibt ihn in etwa."

„Aber Panek war nur einer seiner Schützen", war der junge SS-Mann ratlos. „Er hatte nicht genug Verstand, um eine Ausrede zu erfinden."

„Ich frage mich dann, was Bohr vorhatte, einen solchen Mann so hierher zu bringen?" Hawarden runzelte die Stirn.

„Vielleicht ein Trick, um Seine Majestät unvorbereitet zu machen", schlug Newton vor.

„Oder nur ein Trost für Paneks Eitelkeit, um ihn enger an Bohr zu binden", sagte Hanlon. „So etwas hätte Panek gekitzelt ."

„Dann werden wir ihn zusammentreiben lassen."

„Nicht nötig, Sire", erklärte Hanlon. „Er war einer dieser Männer, die mich gefoltert haben, und wurde von den Bienen getötet."

Der Kaiser sah den jungen Mann fragend an und ein wissendes Lächeln löschte einen Großteil der Anspannung aus seinem Gesicht. „Ich habe von diesem Vorfall gehört. War es nicht ziemlich seltsam, dass Ihnen keine dieser wilden Bienen Schaden zugefügt hat?"

Hanlons Gesicht war so ausdruckslos, wie er nur konnte. „Nicht unbedingt, Sire. Ich saß still und gefesselt da, wie Sie sich erinnern. Sie bewegten sich umher und kämpften gegen die Insekten.“

Der Kaiser zwinkerte, und Hanlon erkundete seine Gedanken und empfing den deutlichen Eindruck von Freundlichkeit, während die oberflächlichen Gedanken sagten: „Ich werde nicht neugierig sein, aber ich würde viel dafür geben, zu erfahren, was wirklich passiert ist – und wie.“

„Das Korps dankt Eurer Majestät“, Admiral Hawarden erhob sich, um zu gehen, und Newton und Hanlon taten es ihm gleich. „Wir werden Sie genau über die Dinge auf dem Laufenden halten, wenn sie kaputtgehen“, und die drei traten mit einer Verbeugung aus dem Arbeitszimmer zurück.

Kapitel 24

Die Große Flotte hatte sich rasch in der Gegend um Simonides versammelt, knapp außerhalb der Sichtweite und abseits der Passagier- und Frachtrouten. Die Mobilisierung war nun abgeschlossen.

Admiral Newton und Oberleutnant Hanlon waren eingeladen worden, an Bord der Sirius, dem Flaggschiff von Hochadmiral Ferguson, zu fahren, und waren froh, dieses Privileg in Anspruch zu nehmen. Sie trugen Uniformen, die ihrem Rang entsprachen, waren jedoch so verkleidet, dass zufällige Bekannte sie nicht erkennen konnten, obwohl sich keine anderen Terraner an Bord befanden.

Befehle wurden erteilt und die Flotte stürmte in strenger Formation nach Algon . Zuerst ging der große Schirm aus Kundschaftern, der sich von einem gemeinsamen Zentrum aus in alle Richtungen ausbreitete, die äußeren Ränder mit höherer Geschwindigkeit, bis eine große schüsselartige Formation gesichert war. Dann vereinheitlichten alle Scouts ihre Geschwindigkeit. Wenn sie Algon erreichten , würden sie den Planeten knapp außerhalb der Erfassungsreichweite vollständig einhüllen.

Algon einschlugen, würden sie in die Kugel der Späher vordringen, näher an die Oberfläche des Planeten. Dann würden die schweren Kreuzer und Schlachtschiffe in drei Massenformationen landen, eine direkt über jeder der drei bekannten Werften.

„Wenn eines der Schiffe, die dort gebaut werden, in der Lage ist, anzugreifen – wenn sie über Waffen und Besatzungen verfügen, die sie einsetzen können", waren die Befehle von Hochadmiral Ferguson sehr deutlich gewesen, „dann müssen Sie sie niederbrennen. Andernfalls wollen wir diese ." Schiffe unberührt.

George Hanlon war begeistert von der Aufregung dessen, was auf ihn zukam, verspürte jedoch auch einen Anflug von Angst. Er war noch nie unter Beschuss gewesen und wusste nur vom Hörensagen, was es bedeutete, sich auf einem Schiff zu befinden, das jeden Moment zerstört werden konnte, ohne dass irgendjemand die geringste Chance hatte, zu entkommen. Im Weltraumkrieg gab es meist einfach keine Überlebenden. Du hast gewonnen und überlebt – oder du hast verloren und wurdest aus dem Leben gerissen.

Aber es würde nicht mehr lange dauern – die Späher waren bereits dabei, ihren Globus knapp außerhalb der Erfassungsreichweite zu errichten. „Noch gibt es keine Anzeichen dafür, entdeckt zu werden", berichteten sie.

Dann begannen die leichten Kreuzer durch den Spähschirm zu schlüpfen, um ihre Positionen einzunehmen. Plötzlich schossen eine Reihe großer

Energiestrahlen von unten auf sie zu, und die Schirme der Kreuzer flackerten in strahlenden Flammen auf, als diese mächtigen Strahlen sie trafen.

ihr , Kreuzer und Späher, nicht dumme Risiken ein!" Die Stimme von Hochadmiral Ferguson drang krächzend ins Mikrofon. „Wenn diese Strahlen zu heiß sind, kommen Sie schnell zurück! Schwere Kreuzer und Schlachtschiffe, runter!"

Hanlon konnte sofort die Beschleunigung spüren, als das große Schiff, auf dem er saß, auf den Planeten stürzte. Auf der Platte, die er und sein Vater scannten, konnte er die blauen Lichtpunkte sehen, die die nächsten Späher identifizierten, und einen Moment später die grünen Lichtkreuzer.

Dann verschwanden diese Punkte hinter seinem Blickfeld, als die Schweren an ihnen vorbeisausten.

Die von Hanlon verwendete Platte hatte eine eingeschränkte Sicht, so dass er die Schlacht nicht als Ganzes sehen konnte, wie es Großadmiral Ferguson auf seinen großflächigen Bildschirmen konnte. Für Hanlon war nur sichtbar, was direkt unter ihm und in der Nähe zu beiden Seiten vor sich ging. Dennoch konnte er mehrere dieser großen, stechenden Strahlen sehen, die auf die Flotte zustrebten.

Eine Farbveränderung an einer Kante seines Tellers fiel ihm ins Auge, und er sah, wie das Schiff rechts von ihm zu leuchten begann, als ein schwerer Strahl von unten auf seine Schirme eindrang, sich immer weiter hineinbohrte und versuchte, das Schiff herauszusprengen der Existenz.

Große Strahlungsströme trafen und prallten von seinen Schirmen ab, die schnell durch das Spektrum anstiegen, während der Feind unten immer mehr Macht gegen sie schleuderte.

Die Luft im Sirius begann heißer zu werden und sein Vater antwortete auf seinen fragenden Blick: „Sie greifen uns auch an und das heizt uns ein. Hoffentlich halten unsere Bildschirme", grinste er grimmig.

"Du hast es gesagt." Ein Schauder der Angst erfasste den jungen Mann und er spürte, wie er zitterte. Sein Vater legte ihm tröstend einen Arm um die Schulter. „Erste Kämpfe sind immer die härtesten", sagte er ruhig und Hanlon beruhigte sich sofort.

Er richtete seine Aufmerksamkeit wieder auf den Bildschirm. Das benachbarte Schiff kämpfte verzweifelt um die Flucht, da es wusste, dass es nicht mehr viel ertragen konnte.

„Was ist mit diesem Piloten los?" schrie Hanlon. „Warum dreht er sie nicht um und schlägt sie?"

„Scheint von etwas festgehalten zu werden", die besorgte Stimme seines Vaters war angespannt. „Haben die anderen eine Art Traktorstrahl?"

„Traktoren?" Hanlon blickte überrascht auf. „Ich habe darüber gelesen, dachte aber, sie seien unmöglich."

sie noch nicht haben ", sagte Newton abwesend. „Theoretisch sind sie möglich."

Jeder Strahl von jedem Corps-Schiff drang nach unten. Plötzlich tauchten andere Schiffe auf, und der junge Mann erkannte, dass die leichten Kreuzer herabkamen, um ihre Macht zu der der Schlachtschiffe und schweren Kreuzer zu verstärken.

Vier der leichten Kreuzer manövrierten schnell unter dem Schlachtschiff neben der Sirius, einer unter dem anderen, und im Augenblick ihrer Ausrichtung löste sich das große Schiff, während die anderen von diesem einengenden Haltetraktor oder was auch immer es war, wegschossen.

Es schien Stunden zu dauern, in denen Hanlons Augen angestrengt versuchten zu erkennen, was vor sich ging. Sie waren langsamer geworden, sagte ihm der Sinn seines Raumfahrers, und jetzt konnte er sehen, dass sie sich in der Atmosphäre befanden, nicht zu hoch über dem Boden. Jetzt konnte er riesige, gedrungene Mechanismen erkennen, aus denen diese tödlichen Strahlen strömten.

die Guddus keine Kenntnisse über mechanische Dinge hatten, hatten sie Hanlon davon nicht berichtet, sonst hätte er Admiral Ferguson davor warnen können, und der Angriff wäre möglicherweise anders gehandhabt worden.

Plötzlich brüllte ein Sprecher: „Sektor Zwei ist in unseren Händen. Keine Totalverluste. Einige der feindlichen Späher sind entkommen – sie sind viel schneller als alles, was wir haben."

Aus allen Kehlen im Kontrollraum stieg ein Schrei auf.

Hanlon wusste, dass Sektor Zwei der Weltraumbahnhof war , auf dem die Aufklärer und leichten Kreuzer gebaut wurden. „Sie hatten dieses Feld wahrscheinlich nicht so stark bewaffnet wie diese anderen", sagte er zu seinem Vater.

Newton nickte, dann gingen die beiden zur Station des Hochadmirals und warfen einen Blick auf seine größere Plattensammlung.

Jetzt konnte Hanlon klar sehen und wusste auf den ersten Blick, dass keines der neuen feindlichen Schiffe unter ihm kämpfte – nur die Bodenbatterien, die die Werft umzingelten. Er konnte sehen, dass die meisten davon inzwischen außer Gefecht waren und von den Föderationsschiffen zerstört wurden. Die anderen standen unter gewaltigem Bombardement, nicht nur durch die Strahlen der Schiffe, sondern auch durch deren Bomben und Lenkraketen.

Aufgrund des Aussehens der zerstörten Batterien vermutete Hanlon, dass den Sprengbomben Thermit gefolgt war, um ihre Zerstörung zu vollenden.

„Wir haben viele verloren?" fragte Newton.

„Keine Gesamtzahl", Fergusons Stimme klang vergnügt, „außer einem leichten Kreuzer. Wir müssen sie beim Schlafen erwischt haben. Wenn sie keine weiteren Streitkräfte aufbringen können, ist in ein paar Minuten alles vorbei."

Ein paar Minuten! Hanlons Gedanke war ein Keuchen. Er warf einen Blick auf sein Chronom und war erstaunt. Er war sich sicher, dass dieser Kampf Stunden gedauert hatte – aber es dauerte weniger als zehn Minuten. Es schien nicht möglich zu sein ... aber er erinnerte sich schnell daran, was er in der Schule gelernt hatte, und da er etwas über diese schrecklichen Kräfte wusste, die dort freigesetzt wurden, war es jetzt ein Wunder, dass es so lange angehalten hatte.

Ein Lautsprecher in ihrer Nähe dröhnte. „Admiral Houghton meldet sich. Sektor Drei besetzt. Zwei unserer Kreuzer wurden in die Luft gesprengt und ein Schlachtschiff beschädigt. Ein feindliches Schlachtschiff kämpfte gegen uns und musste zerstört werden. Sie haben wirklich etwas, Sir, das wir studieren wollen und." für uns selbst bekommen.

Ein weiterer Triumphschrei kam von den Corpsmen, und Hanlon verspürte einen Schauer des Stolzes auf den Dienst, dem er angehörte.

Dann, einen Moment später, rief Admiral Ferguson in sein Mikrofon: „Stellen Sie das Feuer ein, aber bleiben Sie wachsam. *Orion* und *Athenia* , schicken Sie Ihre Spezialisten in Gigs nach unten. Wir treffen uns dort."

Nachdem die Landung erfolgreich abgeschlossen worden war, ohne dass der Feind weitere Maßnahmen ergreifen musste, gingen Ferguson, eine Reihe designierter Offiziersspezialisten, Newton und Hanlon, einige Techniker und eine Kompanie Marinesoldaten in voller Rüstung von Bord und marschierten zum sichersten Teil der zerstörten, noch Brennender Weltraumhof .

Eine sorgfältige Untersuchung der dortigen Schiffe wurde angeordnet. Die Offizierstechniker , die an Bord der feindlichen Schiffe strömten, berichteten bald nacheinander, dass keines dieser halbfertigen Schiffe irreparabel beschädigt zu sein schien.

„Gott sei Dank haben sie die wenigen Bodenbatterien, die sie hatten, weit außerhalb des Feldes gebaut", sagte Ferguson zu Newton und Hanlon. „Wir werden sofort Mannschaften hierher schicken und diese Schiffe fertigstellen."

Nachdem George Hanlon sich zum ersten Mal kurz um den angerichteten Schaden gekümmert hatte, versuchte er, telepathisch mit einem der Eingeborenen in Kontakt zu treten, hatte aber keinen Erfolg gehabt. Waren sie alle getötet worden? Die hier auf der Werft wahrscheinlich ja, musste er traurig zugeben. Die schreckliche Hitze hätte sie verbrannt. Aber was ist mit den anderen? Warum konnte er sie nicht kontaktieren?

„Entschuldigen Sie, Sir", wandte er sich an den Hochadmiral. „Was ist mit den Minen und Fabriken?"

„Alles ohne Probleme unter Kontrolle, bis auf ein paar einzelne Verluste. Leichte Kreuzer und Späher haben sich darum gekümmert, während die Hauptschlacht im Gange war."

„Ich hätte gerne einen kleinen Kreuzer, der mich zu der Mine bringt, in der ich gearbeitet habe", sagte er, und einer wurde angewiesen, herunterzukommen und sich ihm für einen Sonderauftrag zur Verfügung zu stellen.

„Willst du mitkommen, Papa?" er hat gefragt.

Die beiden Admirale wechselten einen Blick und Ferguson nickte. „Mach weiter, wenn du willst. Wir werden dich hier vorerst nicht brauchen."

In der Luftschleuse des Kreuzers entfernte Hanlon das Tarn-Make-up, und als sein Algonier bekanntes Ich, gekleidet in Zivilkleidung, die er zu diesem Zweck mitgebracht hatte, stieg er zum vertrauten kleinen Raumhafen hinab.

Sein Vater interessierte sich intensiv für den fantastischen, scheinbar lebendigen Dschungel, durch den sie zur Minenräumung gingen. „So etwas habe ich noch nie gesehen", kommentierte er erstaunt. „Sind diese Bäume und Büsche auch bei Bewusstsein?"

„Ganz leicht", sagte ihm sein Sohn. „Die Guddus nennen sie ihre ‚kleinen Cousins', und ich glaube, dass sie bis zu einem gewissen Grad kommunizieren können, aber ich konnte es nie."

Als sie sich vom Rand des Dschungels lösten, sahen sie eine Doppeltrupp Marines, die Wache hielten. Die beiden wurden durch die Warteschlangen gelassen und betraten das Büro. Hinter seinem Schreibtisch saß Peter Philander, sein Gesicht war bleich vor Spannung, und im Raum lagen die Ingenieure, Wachen und andere Arbeiter ausgestreckt.

„Hallo, Herr Philander!" Hanlon rief fröhlich, und als er diese erinnerte Stimme hörte, schnellte der Kopf des Superintendenten, wie auch die aller anderen, hoch.

"Du!" In der Stimme und im Verhalten des Vorgesetzten lag Ungläubigkeit.

„Ja, ich bin es", grinste Hanlon. „Ich bin froh, dass keinem von euch etwas passiert ist."

„ *Hmmpff!* " Philander schnaubte niedergeschlagen. „Was ist der Unterschied zwischen einem sauberen Tod in einem Kampf und einer lebenslangen Haftstrafe oder einem Erschießungskommando?"

„Sie werden keines davon bekommen", sagte Hanlon leise und erinnerte sich an die Macht, die er als Geheimdienstagent hatte. „Natürlich wird es einen Prozess geben, aber ich weiß, dass es euch zumindest gut geht."

„Er ist der Boss, nicht wahr?" einer der Wachen knurrte widerspenstig. „Warum sollte er frei davonkommen ? Der Rest von uns nicht?"

„Niemand von Ihnen wird wegen Ihrer Beteiligung an der Verschwörung, die Seine Hoheit Gorth Bohr geplant hat, zu Schaden kommen. Das ist gebrochen, und wir wissen, dass Sie alle nur seine Werkzeuge waren. Vor Gericht werden nur Ihre Handlungen gegenüber den Grünen stehen . Wenn Brutalität gegen sie nachgewiesen wird, werden Sie allein dafür angemessen bestraft."

Er wandte sich an Philander. „Geht es den Eingeborenen gut?"

Der Mann blickte hoffnungslos auf, unfähig, Hanlons Aussage über sich selbst zu glauben. "Wie soll ich wissen?" seine Stimme war entmutigt. „Als das Corps uns gefangen nahm, schleppten sie uns von dort weg, wo wir arbeiteten, und soweit ich weiß, ließen sie die Grünen unbeaufsichtigt. Wahrscheinlich sind sie alle zurück in den Wald gerannt."

Hanlon sah seinen Vater an. „Ich gehe raus, um nachzuschauen. Ich habe das Gefühl …" und er ging hinaus, ohne mehr zu sagen. Es überraschte ihn auch nicht besonders, die Eingeborenen alle ruhig in ihren Lagern sitzen oder stehen zu sehen. Einige ernährten sich von dem Dünger, der, wie Hanlon sich freute, noch gefüttert wurde, andere ruhten nur und warteten.

Die Tore waren natürlich unverschlossen und weit offen, also ging Hanlon schnell zurück zu der Hütte, in der seine Mannschaft wohnte, und trat durch die Tür. Während er darauf wartete, dass sich seine Augen an die Dunkelheit gewöhnten, sah er eine Gestalt, die sich auf ihn stürzte. Aber als er schnell wieder nach draußen ging, für den Fall, dass es sich um einen Angriff handelte, sah er, dass es Geck war .

„Du bist zurückgekommen, du bist zurückgekommen!" Der Eingeborene plapperte telepathisch vor Freude. „Als die neuen Menschen kamen und die alten Menschen gefangen nahmen, sagte ich, es sei deine Aufgabe. Ich wusste, dass du kommen würdest. Ich sage den anderen Guddu, sie sollen hier auf dich warten."

„Was ist mit denen in der Nähe der Orte, an denen die Schiffe gebaut wurden?" fragte Hanlons Verstand besorgt. „Ich habe versucht, mit ihnen in Kontakt zu treten, aber es gelang mir nicht."

„Viele von ihnen wurden getötet, doch die meisten flohen in die Wälder, als große, vernichtende Brände ausbrachen", lautete die traurige Antwort.

Hanlon schwieg einen Moment, dann telepathierte er erneut. „Es besteht für Sie alle keine Notwendigkeit, noch länger hier zu bleiben. Sagen Sie allen Ihren Leuten, sie sollen in ihre Wälder zurückkehren, denn sie sind alle frei."

Geck drehte sich zu den anderen Eingeborenen um, die sich dicht drängten, und Hanlon konnte sehen, wie er schnell mit diesem eigenartig aussehenden kleinen dreieckigen Mund sprach. Bald wurde sein Geist von einer gewaltigen Welle der Freude und Ekstase durchdrungen und sie begannen loszustürmen. Hanlon konnte sehen, wie sie in allen Hütten mit den Eingeborenen sprachen, und schon nach wenigen Augenblicken strömten alle Eingeborenen außer Geck glücklich in die nahegelegenen Wälder.

Hanlon wandte sich an Geck . „Ich möchte, dass du für eine Weile bei mir bleibst oder wo ich dich erreichen kann. Sobald wir uns geklärt haben, werden wir Vorkehrungen treffen, um alles für dich zu tun, was wir können."

„Ich bleibe bei Freund An-yon", sagte Geck schlicht und Hanlon war froh und stolz über die Freundschaft mit diesem seltsamen Außerirdischen.

Sie gingen zurück zum Minenbüro, und dort erzählte Hanlon seinem Vater, was er mit den Eingeborenen gemacht hatte.

Admiral Newton war äußerst interessiert und studierte ganz offen den seltsamen, unheimlichen Geck . Es war sein erster Blick auf diese „pflanzlichen" Lebewesen. „Belebte Bäume" hatte Hanlon sie zunächst genannt, obwohl sie ihm inzwischen so vertraut waren und er sie so gut kannte, dass er sie ganz natürlich und ohne Frage für „Menschen" hielt.

Der junge Geheimdienstmann erzählte dem Älteren von dem Frequenztransformator, den er gebaut, aber vor seiner Abreise aus Algon demontiert hatte . Er schlug vor, Spezialisten hierher zu schicken, um zu sehen, was getan werden könne, um den Eingeborenen alles beizubringen, was sie wissen möchten.

„Aber lassen Sie nicht zu, dass sie versuchen, die Guddus in eine mechanische Zivilisation zu zwingen", flehte er. „Lass sie auf ihre eigene Art wachsen und so viel Fortschritt machen, wie sie können, auf die Art und Weise, die für sie selbstverständlich ist."

„Natürlich", stimmte sein Vater schnell zu. „So arbeiten wir immer mit solchen Primitiven. Wir sagen ihnen und zeigen ihnen, was wir haben, geben ihnen aber nur das, was sie konkret verlangen, unabhängig davon, ob wir denken, dass es das ist, was sie ‚haben sollten' oder nicht. Keine Sorge." , deine Freunde werden in guten Händen sein. Aber", da war ein eigenartiges Leuchten in seinen Augen, „ich würde auf jeden Fall gerne einer Autopsie von einem von ihnen zusehen. Ein pflanzliches Gehirn ..."

„Ja, das wäre interessant", gab Hanlon zu, „aber ich bin froh, dass du sie so behandelst." Er wandte sich wieder an Geck und erklärte es telepathisch, so gut er konnte.

„Du bleibst hier bei uns", fragte der Guddu hoffnungsvoll.

„Es tut mir leid, aber ich habe andere Arbeit zu erledigen", und dann sah er, wie der andere den Mut verlor. Hanlon beeilte sich hinzuzufügen: „Ich muss anderen versklavten Völkern auf anderen Welten helfen."

oft besuchen kommen ."

bei jeder Gelegenheit tun, Geck , mein Freund."

Kapitel 25

„Wir haben hier ein Problem", sagte Admiral Newton, als sie den Marines folgten, die die Minenarbeiter zum Kreuzer brachten, um sie für ihre Prozesse nach Simonides zurückzubringen.

„Ich weiß es", sagte Hanlon nachdenklich. „Die Guddus sind zu hoch auf der Skala, als dass der Planet kolonisiert werden könnte, und derzeit zu niedrig, um als echte Mitglieder in die Föderation aufgenommen zu werden. Dennoch verfügen sie über immense Reichtümer und Ressourcen, die die Föderation nutzen kann, und es muss etwas getan werden." um sie vor Dieben und anderen zu schützen, die erneut versuchen könnten, sie zu versklaven."

„Das wird nie wieder erlaubt sein. Wir müssen eine Art Vertrag mit ihnen schließen, wahrscheinlich hier eine kleine Basis errichten und vielleicht ein paar Vorkehrungen treffen, um ihre Erze abzubauen – wenn wir etwas haben, können wir ihnen als Gegenleistung geben." Ich stelle mir vor, Sie sollten sich besser darauf vorbereiten, die Kommission zu leiten, die diesen Vertrag bearbeiten soll."

„Meine Güte, vielen Dank dafür, Papa. Sie sind so tolle Menschen, wenn man sie kennenlernt. Normalerweise leben sie wie ‚Kinder der Natur' in den Wäldern, ohne ein Zuhause oder Werkzeug oder ähnliches zu benötigen. Sie ernähren sich von den Elementen." im Boden, also gibt es kein Nahrungsproblem. Wir haben ihnen hier zwar Nitrate gegeben, aber das lag daran, dass sie die Elemente in den Lehmböden ihrer Gefängnishütten erschöpft hatten. In den Wäldern wird das nicht nötig sein. Ach ja, wann Wir bekommen hier Techniker mit Transformatoren, wir können herausfinden, was wir damit machen können."

„Ich gehe jetzt zurück zur Flotte", sagte der ältere SS-Mann. „Ich nehme an, Sie möchten zu Simonides zurückkehren, um sich um die Einzelheiten der Prozesse gegen diese Männer zu kümmern. Übrigens, was ist mit diesem ... Philander, haben Sie gesagt, dass sein Name lautet? Warum glauben Sie nicht, dass er bestraft werden muss?" "

Hanlon erklärte schnell und schloss mit den Worten: „Ich bin mir also sicher, dass man mit ein paar psychiatrischen Behandlungen seine Minderwertigkeit beseitigen kann, und dann wird er eine echte Bereicherung für uns oder denjenigen sein, der ihn anstellt." Ein plötzliches Leuchten trat in seine Augen. „Sagen wir, wenn wir diesen Vertrag mit den Guddus schließen , wäre er genau der richtige Mann, der hier unter der Leitung des Korps das Kommando übernimmt."

„Dann lauf mal und kümmere dich darum. Und Spence, habe ich daran gedacht, dir zu sagen, wie stolz ich auf dich bin?"

Hanlon umarmte seinen Vater. „Danke, Dad. Ich hoffe, dass du es immer sein wirst. Ich nehme an, dass der Kreuzer-Commander mich mit ihm fahren lässt?"

Newton lächelte liebevoll. „Lass dich nicht, mein Sohn. Du sagst ihm nur, dass du mitkommen wirst. Admiral Ferguson hat dir dieses Schiff für einen Sondereinsatz zugewiesen."

Hanlons Lächeln war verlegen. „Ich denke immer noch, dass ich zu sehr ein Kind für so viel Verantwortung bin."

„Hör auf, nach Mitgefühl zu suchen." Es war ein liebevolles Knurren.

„Okay, dann. Gute Flüge, Papa – bis bald auf Sime."

„Ja, ich werde wahrscheinlich einen Tag oder so nach dir dort sein. Sichere Flüge."

Sobald der Kreuzer im Weltraum war und der Beschleunigungsdruck nachließ, sandte Hanlon die Nachricht an die Wachen, Philander in seine Kabine zu bringen. Als sie dies getan hatten, entschuldigte er sie und sagte, er sei für die Sicherheit ihres Gefangenen verantwortlich.

„Setzen Sie sich, Sir", sagte Hanlon freundlich zu dem staunenden Mann.

„Was soll das denn, Hanlon?" Philander war verwirrt. "Wer sind Sie überhaupt?"

„Ich wurde beauftragt, herauszufinden, was sich um Simonides drehte und dem Frieden der Föderation zuwider war. Die Spur führte mich nach Algon."

„Wo hast du mich benutzt, um deine Pläne voranzutreiben, nicht wahr?" Der Ton war bitter.

„Bitte, Herr Philander, verurteilen Sie mich nicht falsch, bis Sie alles darüber wissen. Lassen Sie mich zunächst fragen: Wussten Sie, wer ‚Seine Hoheit' wirklich war?"

Der Bergbauingenieur zuckte mit den Schultern. „Sie wissen es wahrscheinlich schon, also warum fragen Sie mich? Premierminister von Simonides natürlich ... aber Sie sagten ‚war'?"

„Er ist jetzt tot. Wussten Sie auch, dass er kein Mensch war – dass er von einigen ..."

„Kein Mensch? Du bist verrückt. Er war genauso menschlich wie jeder von uns.“

„Wenn wir zurückkommen, zeige ich Ihnen auf Wunsch ein vollständiges Röntgenbild von ihm. Er plante die Eroberung unserer gesamten Föderation und Galaxie. Die Corps-Experten arbeiten immer noch daran, die Einzelheiten seiner Geschichte herauszufinden Plan war, aber so viel wissen wir. Wussten Sie von all den Kriegsschiffen, die er auf Algon baute?“

„Schiffe? Auf Algon ?“ Die Überraschungen kamen zu schnell, als dass Philander sich darauf hätte einstellen können.

„Ja. Dachten Sie, dass Ihre Mine alles war, was es gab? Wir wissen von neun Minen der einen oder anderen Art, einer Reihe von Fabriken, Hütten und drei großen Werften. Übrigens ist jetzt alles in den Händen des Corps.“

Philander schüttelte verblüfft den Kopf. „Ich bezeichne Sie nicht als Lügner, Sir, aber es ist schwer, Ihnen zu glauben. Ich wusste, dass es mehrere Minen gab, aber nicht so viele, auch nicht über den Rest.“

„Es ist alles wahr genug. Und für Sie, mein guter Freund, bin ich immer noch ‚George‘, nicht ‚Sir‘.“

Das war etwas zu viel für den älteren Mann. „Was für ein Chaos ich aus meinem Leben gemacht habe“, stöhnte er.

Hanlon war zutiefst traurig und mitfühlend, aber in gewisser Weise war er froh, diese gegenwärtige Stimmung zu sehen. Es würde zweifellos einfacher machen, was er tun wollte. Er ging hinüber, setzte sich auf die Armlehne von Philanders Stuhl und legte seinen Arm um die Schulter des anderen. Er berührte sanft diese schreckliche Narbe. „Wann und wie hast du das bekommen?“

Philander schreckte vor ihm zurück, aber die Geschichte raste ihm durch den Kopf, und Hanlon las sie.

Als er (Philander) etwa acht Jahre alt war, spielte eine Gruppe von Jungen um ein altes, heruntergekommenes Gebäude und schlug dabei irgendwie die Stütze um, die die Überreste hielt. Drei weitere wurden verletzt, Philander erlitt diese Schnittnarbe und sein Bruder wurde getötet.

„Und du hattest all die Jahre das Gefühl, dass du an seinem Tod schuld bist!“ rief Hanlon aus. „Wenn wir zurückkommen, werde ich diese Narbe vom besten plastischen Chirurgen entfernen lassen, damit sie nicht länger eine ständige Erinnerung sein wird. Dann wird Ihnen ein Top-Psychiater eine Therapie geben und Ihnen helfen, zur Ruhe zu kommen. Danach.“ Sie werden bereit sein, Ihren Platz in der Gesellschaft als sehr wertvoller Bürger einzunehmen.“

„Du vergisst, was mit mir passieren wird, weil ich an dieser Verschwörung beteiligt bin", war Philander immer noch verbittert und nicht überzeugt.

„Dir wird nichts passieren – du hast dich an nichts schuldig gemacht, außer dass du von einer außerirdischen Supermentalität hypnotisiert wurdest ", sagte Hanlon überzeugend. „Darum kümmere ich mich selbst."

Philander blickte überrascht auf. „Du meinst, du … ein junger Kerl wie du … kann es sagen …"

„Nicht ganz", unterbrach Hanlon grinsend. „Aber das war mein Auftrag, und meine Empfehlungen werden maßgebend sein. Die Hauptsache ist, werden Sie dem von mir vorgeschlagenen Plan zustimmen?"

Philander saß lange, nachdenkliche Minuten da und blickte dann mitleiderregend auf. „Wenn du es nur schaffst!"

Als der Kreuzer Simonides erreichte und Hanlon die anderen Minenarbeiter sicher im Corps-Gefängnis auf Base gesehen hatte und Philander in einem Zimmer neben ihm im Hotel untergebracht war, rief er Admiral Hawarden an.

„Herzlichen Glückwunsch zum Aufwischen, was, wie ich verstanden habe, hundert Punkte wert war, oh oh." „Oh Prozent", sagte der Beamte.

„Ja, das andere Ende ist unter Kontrolle. Wie wäre es mit Bohrs Notizen?"

„Sie sind gestern Abend fertig geworden. Wir haben eine vollständige Liste aller Untergebenen, die von den Hauptteilen der Verschwörung wussten, und die SS-Agenten haben sie alle untersucht."

"Gute Arbeit."

„Sie haben großartige Arbeit geleistet, Sir. Nochmals meine Glückwünsche."

„Danke, Admiral Hawarden. Ich muss mich jetzt mit meinem Bericht an den Rat befassen."

„Rufen Sie mich um jede Hilfe an, die ich geben kann. Ich würde Ihnen meine vertrauliche Sekretärin anbieten, der Sie diktieren können, wenn es nicht so geheim wäre."

„Danke. Sie wäre eine große Hilfe, aber das sollten wir besser lassen."

„Woher wusstest du, dass es eine ‚sie' war?"

„Sogar eine Taube kann eine wohlgeformte Form bewundern", witzelte Hanlon, als er die Verbindung trennte.

Der junge SS-Mann beendete gerade seinen Bericht am nächsten Tag, als Admiral Newton sein Hotelzimmer betrat.

„Meine Güte, Papa, freue ich mich *besonders*, dich dieses Mal zu sehen!" sein Sohn war begeistert. „Sie müssen diesen Bericht überprüfen."

„Mal sehen, was du hast." Newton ließ sich auf einem großen Stuhl nieder, um den Bericht zu studieren, während Hanlon ängstlich im Raum herumlief.

„Ein sehr klarer, prägnanter und vollständiger Bericht, Spence", applaudierte Newton, als er mit dem Lesen fertig war.

„Wohin schicke ich es und an wen?"

Sein Vater sah ihn fragend an. „Haben Sie den Sonderbriefkasten für SS-Männer vergessen?"

Der jüngere Mann sah erstaunt aus. „Du meinst, selbst so etwas geht einfach da rein?"

Newton nickte. „Da ich in diesem Fall jedoch derjenige gewesen wäre, der es abgeholt hätte, werde ich es zur Basis bringen und an den Rat weiterleiten. Zukünftige Berichte sollten übrigens auf dem Umschlag mit „Bericht an den Föderierten Rat" gekennzeichnet sein. "

Ein paar Stunden später rief Admiral Hawarden Hanlon im Hotel an, wo er gerade die Vorbereitungen für Philanders Operation und Behandlungen getroffen hatte.

„Ihr Vater und ich möchten, dass Sie sofort zur Basis kommen, Sir."

Als er in Hawardens Privatbüro ankam, überreichte ihm der Admiral ein Paar Silberbarren. „Das gehört jetzt Ihnen, Captain Hanlon."

Der junge Mann blickte überrascht auf.

„Man hat Ihnen gesagt, dass es in der SS schnelle Beförderungen gibt – für diejenigen, die produzieren", kicherte sein Vater. „Der Rat war mit Ihrem Bericht sehr zufrieden und ordnete die Beförderung an."

Hanlon blickte auf die beiden Insignien und seine Finger streichelten sie fast zärtlich.

„Du vermisst die Uniform, nicht wahr, Spence?" mitfühlend.

Hanlon schluckte und nickte stumm, den Tränen nahe.

„Bedauern Sie, dass Sie die Entscheidung getroffen haben, das alles aufzugeben?"

Ein langer, ergreifender Moment des Schweigens, dann warf Hanlon in einer Geste des Stolzes den Kopf zurück. „Nein, Dad. Ich bin ehrlich gesagt froh, dass ich es getan habe. Diese guten Guddus aus der Sklaverei befreien zu können und die Föderation vor dieser schrecklichen Verschwörung zu retten – das kleine Leid, das es mich kosten wird, war es auf jeden Fall wert. Aber, „Und sein Lächeln war erbärmlich: „Ich vermisse die Uniform. Ich war so stolz, sie zu tragen."

Einen Moment, dann sprach Hawarden. „Hier sind die Abschriften der Bohr-Notizen", und bald beschäftigten sich die beiden SS-Männer intensiv mit ihrem Studium. Als sie einige Zeit später fertig waren, waren sie sich einig, dass es sich um einen sehr umfassenden Plan handelte.

„Aber ist dir aufgefallen", Hanlons Augen waren trüb, „er sagt nirgendwo etwas über die Rolle, die sein Planet oder sein System bei der Eroberung spielen sollten?"

„Ja, das hatte ich bemerkt." Es war ein Duett der beiden anderen, und Newton fügte hinzu: „Bei allem, was hier steht, könnte man fast meinen, dass er eine Einzelperson spielte."

„Wenn das wahr ist", sagte Hawarden dankbar, „dann spielt keiner der anderen Männer, die wir aufgegriffen haben, eine Rolle – wir könnten sie genauso gut gehen lassen."

„Das würde ich sagen", stimmte Newton zu, „wenn wir beweisen können, dass Bohr für sich selbst verantwortlich war und sie kontrollierte."

„Nach allem, was ich von ihm gesehen habe", sagte Hanlon nach langem Nachdenken ernst, „würde ich sagen, dass er dazu in der Lage war. Er hatte auf jeden Fall ‚den Willen zur Macht'." Und er war kein Dummkopf – er hatte einen wirklich starken Verstand. Aber er war kalt unter seinem sanften, sanft wirkenden Äußeren. Er war völlig ohne Mitgefühl, Gnade oder jegliches Gefühl der Gerechtigkeit. Es war ihm egal, wer oder was geschädigt wurde solange er bekommen konnte, was er wollte. Ich bezweifle, dass es jemanden gab , den er wirklich einen Freund nennen oder mit dem er in vollem Vertrauen sprechen konnte."

„Außer vielleicht dem Vogel, den du erzählt hast ...", begann sein Vater geistesabwesend, als Hanlon ihn mit einem Schrei unterbrach.

„Hey, das ist es!" Er sprang auf, rannte zum Visiphone und wählte den Zoo. „Bringt diesen Togan von Bohr zurück zur Basis!"

"Was nochmal?" fragte der empörte Kurator.

„Es tut mir leid, Sir, aber das ist wahrscheinlich das letzte Mal, dass wir es brauchen. Bitte bringen Sie es sofort hierher."

„Was ist die Aufregung?“ fragte Newton neugierig.

„Ihre Bemerkung erinnerte mich an etwas, das ich nur vage im Kopf bemerkte und das ich damals nicht weiterverfolgte.“

Während sie auf den Vogel warteten, fragte Hanlon: „Was ist mit den neuen Schiffen? Haben die Experten sie schon herausgefunden?“

„Nicht ganz. Die Rümpfe sind ungefähr die gleichen wie die der Snyder-Schiffe, nur größer. Aber dieses neue Energiesystem ist so radikal anders, dass sie schnell verrückt werden, wenn sie versuchen, es zu verstehen. Und sie haben Traktorstrahlen.“

Kaum war der Bote gegangen, nachdem er den Togan überbracht hatte , holte Hanlon ihn aus dem Käfig und setzte sich auf die Armlehne seines Stuhls. Dann saß er fast eine Stunde lang da, taub, stumm und blind für alles andere, während er jeden Winkel dieses Vogelgeistes erkundete.

"Habe es!" schrie er schließlich, und der Vogel, befreit von der Kontrolle, sprang in die Luft und flog wild umher, auf der Suche nach einem Ausweg.

"Was hast du gelernt?" Die Admirale waren genauso aufgeregt wie er.

„Wir haben nichts zu befürchten. Bohr war völlig auf sich allein gestellt. Die Menschen seines Planetensystems – Canopus – sind so weit fortgeschritten, dass sie auf völlig kooperativer Basis leben und jeder instinktiv für das Gemeinwohl aller arbeitet. Bohr war ein Atavismus – sie erwischten ihn beim Versuch, dort „die Macht zu übernehmen“ und verbannten ihn. Er kam hierher, denn sein ruheloser Geist und sein wilder Drang, andere zu dominieren, ließen ihn nicht ruhen, bis er der absolute Herrscher einer Welt oder eines Systems war – der Je größer, desto besser aus seiner Sicht.“

„Und das alles hast du von einem Vogel bekommen?“ ungläubig.

Togan keinen Freund hatte . Ich glaube, das ist der Grund, warum er mich irgendwie mochte – vielleicht hatte er das Gefühl, ich wäre einer von ihnen. Alle Männer haben manchmal das Bedürfnis, mit jemandem zu reden , also wählte Bohr diesen Togan , der wirklich ziemlich intelligent ist und mit ihm reden konnte. Der Vogel ‚erinnert‘ sich natürlich nicht an alles, aber es ist alles in seinem Gehirn eingeprägt.“

„Das bedeutet also“, sagte Newton dankbar, „dass wir uns keine Sorgen über einen Krieg mit einem anderen System oder einer anderen Galaxie machen müssen.“

„Ja, und das ist eine echte Hilfe“, fügte Hawarden hinzu. „Selbst ein einziger Mann oder ein Wesen wie Bohr hätte uns eine schlimme Zeit bereiten und vielleicht sogar die Föderation ruinieren können.“

„Nun, ich schätze, das ist bis auf eine Menge Detailarbeit das Ende", erhob sich Newton. „Ich muss mich wieder meiner Arbeit auf der Estrella widmen. Hawarden, ruf bitte im Hafen an und halte mein Schiff bereit. Und es war schön, dich wiederzusehen. Danke für alles."

„Gute Flüge, Newton", und der Admiral rief den Raumhafen an.

mit der Provision nach Algon zurückzukehren ", sagte Newton zu Hanlon. „Bis dahin könnte ich auch hier bleiben."

Nach liebevollen Verabschiedungen begann er, hörte dann auf und brach in Gelächter aus.

„Was ist der Gag, Dad?"

„Mir ist gerade aufgefallen, dass hier einmal der Sohn dem Vater alles über ‚die Vögel und die Bienen' erzählt hat."

„Nun", witzelte Hanlon, behielt aber sein Gesicht ernst. „Ich dachte, du wärst jetzt alt genug, um es zu wissen."

Das Ende